Türkisch kochen

WDR Türk mutfağı

Türkisch kochen

200 köstliche Spezialitäten
aus allen Provinzen
und Wissenswertes über Essen und Trinken
in der Türkei

Herausgeber: Hubert Knich
Türkische Redaktion
Westdeutscher Rundfunk
Fachliche Beratung: Melek Renan Atalay

GU GRÄFE UND UNZER

Inhalt

Inhalt

Inhalt

Die Rezepte sind, wenn nicht anders angegeben, für 4 Personen berechnet.

Ein Wort zuvor

Kilometerlange sonnige Sandstrände und altehrwürdige kulturelle Sehenswürdigkeiten machen die Türkei zu einem attraktiven Reiseland. Und die türkische Küche, die bei uns nicht zuletzt durch die hier im Lande lebenden Türken bekannt geworden ist, hat mehr und mehr Freunde gewonnen. Türkische Spezialgeschäfte, in denen man besondere Zutaten erwerben kann, gibt es inzwischen allerorten. Doch fehlte es bislang an einer umfassenden Einführung in das türkische Kochen.

Nun aber liegt hiermit das erste große Bildkochbuch der türkischen Küche in deutscher Sprache vor – unentbehrlich für alle, die an unvergessenen Urlaubstagen genossene Köstlichkeiten daheim nach Original-Rezepten nachkochen möchten.

In der Türkischen Redaktion des Westdeutschen Rundfunks faßten wir den Plan zu diesem Kochbuch, weil wir meinten, daß die türkische Küche mit ihren vielfältigen Zubereitungsarten, ihren herzhaft gewürzten Gemüsen und Fleischgerichten und ihren liebevoll hergestellten Süßspeisen den Einsatz lohnt. Seit dem 1. November 1964 strahlt der Westdeutsche Rundfunk täglich, also auch sonn- und feiertags, für die in der Bundesrepublik Deutschland lebenden türkischen Bewohner vierzig Minuten lang eine Sendung in türkischer Sprache aus. Ein wichtiges Ziel dieser Sendungen ist die Integration. Aber an dieser Integration müssen sich alle beteiligen. Dafür bedarf es freilich guten Willens und des Verständnisses anderer. Man muß einen Blick über den Zaun tun, in diesem Fall in das Land Türkei, ein Land mit einer alten Kultur, von der Stätten wie Ephesus zeugen, und ein Land mit einer reichen Tradition, die nicht zuletzt in den Eß- und Trinkgewohnheiten zum Ausdruck kommt.

Als wir uns in der Türkischen Redaktion des Westdeutschen Rundfunks anschickten, ein türkisches Kochbuch ins Leben zu rufen, waren wir uns des Erfolges keineswegs sicher – wußten wir doch nicht, ob wir auf die türkischen Frauen rechnen konnten, die im allgemeinen sehr zurückhaltend sind. Trotzdem wagten wir es und riefen im Dezember 1982 die türkischen Hörerinnen und Hörer auf, uns Rezepte einzuschicken. Unsere Skepsis war nicht berechtigt. Kurz nach dem Programmhinweis konnten wir vielmehr eine lebhafte Anteilnahme feststellen und vermerken, daß der Versuch geglückt war. Mehrere hundert Einsendungen mit Lieblingsrezepten der türkischen Hörer erhielt die Redaktion in Köln.

Beraten von türkischen Fachleuten haben wir aus dieser Fülle von Rezepten rund 200 der köstlichsten Spezialitäten aus allen Provinzen des Landes ausgewählt. Sie zeugen von der Buntheit und Vielschichtigkeit der türkischen Küche, deren geographische Spannweite von Mittelasien bis Marokko, vom Jemen bis fast nach Wien reicht. So enthält dieses Buch Rezepte von nicht zu übertreffender Echtheit – besondere, in den Familien von Generation zu Generation weitergereichte Kochgeheimnisse und beliebte regionale Leibspeisen: Man denke nur an die vielen kleinen, herzhaft gewürzten Gerichte aus Gemüse und Fleisch, von denen bis zu 30 bei einer Vorspeisen-Tafel gereicht werden oder an köstliche Pilaws, mit Korinthen und Pistazien zubereitet. Natürlich umfaßt diese Sammlung auch berühmte Nationalgerichte und die in die klassische internationale Küche eingegangenen türkischen Gerichte wie »Baklava« oder Fleischspießchen.

Bei der Auswahl der Rezepte haben wir aber auch darauf geachtet, daß alle Gerichte – bis auf wenige Ausnahmen – leichtbekömmlich sind, sich ohne großen Aufwand zubereiten lassen und daß man die Zutaten hierzulande ohne Schwierigkeiten bekommen kann – sei es in einem türkischen Spezialgeschäft, sei es in großen Kaufhäusern. Eine rasche Orientierungshilfe bietet hier der Überblick über die besonderen Zutaten am Schluß des Buches. In der Türkei beliebte Gemüse wie Zucchini, Auberginen, Peperoni, Okra oder Artischocken sind während der Saison auch bei uns in ausgezeichneter Qualität auf dem Markt. Wer sich und seine Gäste mit original türkischen Gerichten verwöhnen möchte, kann auch als Ungeübter nach den ausführlich abgefaßten Rezepten dieses Buches spielend kochen, zahlreiche Tips und Küchenratschläge bieten ihm praktische Hilfe, und die brillanten Farbfotos machen es ihm leicht, sich das fertige Gericht vorzustellen. Das Kapitel mit den detaillierten Menüvorschlägen zeigt zudem, wie man ein typisches türkisches Essen zusammenstellt. Die Eingangskapitel aber, die einen Einblick in die Eß- und Trinkgewohnheiten in der Türkei geben, die über die regionalen Besonderheiten, über Feste, Brauchtum, traditionelle Tischsitten und Gastfreundschaft informieren, machen eines deutlich: Die türkische Küche verfügt über eine erstaunliche Vielfalt und über eine ungebrochene Kreativität. Ob ein türkischer Koch oder eine türkische Köchin eine festliche »Rakı«-Tafel oder ein einfaches tägliches Menü vorbereiten, sie kochen stets mit Lust und Sorgfalt; denn die Mahlzeit ist für die Türken weit mehr als nur eine Gelegenheit, ihren Hunger zu stillen, sie ist vielmehr ein willkommener Anlaß zu geselligen Tafelfreuden.

Aus einer Idee wurde ein Buch. Eine politische Redaktion stellte ein Kochbuch zusammen. Dank dafür gilt in erster Linie den türkischen Hörerinnen und Hörern des Westdeutschen Rundfunks, dem Verlag Gräfe und Unzer, der den Versuch einer Integration auf diese Art aufgriff, wie der Türkischen Botschaft in Bonn, dem Ministerium für Tourismus in Ankara und dem Türken Mehmet Tançgil aus Düsseldorf, die uns Informations- und Bildmaterial zur Verfügung gestellt haben.

Ein besonders herzliches Dankeschön ist der Pressestelle des Westdeutschen Rundfunks zu sagen, die mit Engagement und Begeisterung dazu beitrug, daß dieses Buch überhaupt erscheinen konnte.

Hubert Knich

Zu diesem Buch

»Die Ausländer brauchen Lebenshilfe«. Mit dieser Forderung wurde der Westdeutsche Rundfunk vor über zwanzig Jahren konfrontiert, und unsere Anstalt erkannte schon bald, daß wir uns dieser Verpflichtung nicht entziehen können. Der WDR sendete dann innerhalb seines Sendebereichs an einigen Tagen der Woche für Italiener, Griechen und Spanier. Schon bald einigten sich die Intendanten der in der ARD zusammengeschlossenen Rundfunkanstalten, tägliche Sendungen für ausländische Bürger, auch für Türken, in Deutschland auszustrahlen. Aber diese Sendungen sind mehr geworden als nur Lebenshilfe in einem fremden Land, sie sind eine Brücke zwischen den Heimatländern, in diesem Falle also der Türkei und Deutschland. Schließlich wollen wir ja, daß die türkischen Mitbürger nicht den Kontakt zu ihrem Mutterland verlieren. Obwohl heute doch so viel von Integration gesprochen wird, scheint es sehr schwer, sie, gerade zwischen Türken und Deutschen, herbeizuführen.

Als unsere türkische Redaktion den Vorschlag unterbreitete, doch einmal die Hörer zu einem Beitrag aufzurufen, waren wir uns nicht sicher, ob dies auch Erfolg haben würde. Dann aber kam eine unerwartet starke Resonanz.

Wir alle sind der Auffassung, daß Integration weder vom Staat noch von anderen Stellen angefordert oder durchgeführt werden kann. Wir hoffen vielmehr, mit dem jetzt vorliegenden türkischen Kochbuch Deutsche und Türken über die Kochkultur einander näherzubringen; denn die uns von fleißigen und schwer arbeitenden Hörern überlassenen eigenen Rezepte zeigen doch sehr deutlich, daß unsere türkischen Gäste gewillt sind, Freundschaft auf dem Wege über ihre Kochkunst zu geben. Wir sollten dies dankbar annehmen, nicht nur weil wir unseren täglichen Speiseplan mit diesem Kochbuch aufs schönste bereichern, sondern auch vielleicht zu mehr Freundschaft mit unseren türkischen Gästen finden können. So möchte ich denn diesem Buch mit einem Wort aus dem Ruhrgebiet »Glückauf« sagen, damit unser Versuch eines Beitrages zur Integration und zum Dialog mit den türkischen Menschen gelingen möge.

Friedrich-Wilhelm v. Sell
Intendant des WDR Köln

Als der Landtag von Nordrhein-Westfalen vor dreißig Jahren das Gesetz über den Westdeutschen Rundfunk Köln beriet, das im Mai 1954 verabschiedet wurde und ab Januar 1956 den Programmbetrieb des neuen WDR ermöglichte, hat wohl keiner der Abgeordneten vorausahnen können, welche Verpflichtungen dem WDR aus der seither entstandenen gesellschaftlichen Situation eines Zusammenlebens der Einwohner Nordrhein-Westfalens mit Hunderttausenden von Menschen aus gänzlich verschiedenen Kulturkreisen und mit sehr unterschiedlichen Lebensgewohnheiten erwachsen würden. Gleichwohl gibt § 4 WDR-Gesetz der Anstalt, ihren Organen und ihren Mitarbeitern wichtige Hinweise, welche Aufgaben der Rundfunk in dieser Situation zu übernehmen hat. In seinen Sendungen sind die sittlichen und religiösen Überzeugungen der Bevölkerung zu achten, und das betrifft mit Sicherheit nicht nur die in der deutschen Bevölkerung vorhandenen sittlichen und religiösen Überzeugungen, sondern auch diejenigen von Menschen aus anderen Ländern und Kulturen. Auch Konflikte, die dann und wann unvermeidlich auftreten, werden auf der Grundlage der gegenseitigen Achtung gelöst werden müssen. Denn § 4 WDR-Gesetz enthält noch eine weitere Aufforderung an die Anstalt, ihre Organe und ihre Mitarbeiter: Der Westdeutsche Rundfunk soll die internationale Verständigung fördern, zu Frieden und zur sozialen Gerechtigkeit mahnen, die demokratischen Freiheiten verteidigen und nur der Wahrheit verpflichtet sein. Er darf nicht einseitig einer politischen Partei oder Gruppe, einer Interessengemeinschaft oder einer Weltanschauung dienen.

Weshalb werden diese Grundsätze hier zitiert? Ist es nicht übertrieben, eine Veröffentlichung wie diese mit so bedeutenden Zielen in Beziehung zu setzen? Ich glaube nicht. Völkerverständigung findet zu allererst zwischen Menschen statt. Sie sollen einander besser kennen und verstehen lernen. Wie könnte das besser geschehen als im Gedanken- und Erfahrungsaustausch? Und wie könnte ein solcher Austausch harmonischer verlaufen als bei gutem Essen? Die traditionelle Gastfreundschaft türkischer Familien hat Wurzeln, die weit zurückreichen. Sie kennt Geheimnisse, von denen die Hörerinnen und Hörer, welche uns ihre Rezepte übermittelten, einige offenbart haben. Für das Vertrauen gegenüber dem WDR und für das Interesse an unseren Sendungen, welche hierin zum Ausdruck kommen, danken meine Kolleginnen und Kollegen vom WDR allen, die uns bei diesem Buch geholfen haben.

Manfred Jenke
Direktor des Hörfunks, WDR Köln

Die Absicht, der deutschen Öffentlichkeit eine Auswahl türkischer Kochrezepte zugänglich zu machen, erscheint mir in Anbetracht der Tatsache, daß unsere Küche als eine der besten in der Welt gilt, sehr begrüßenswert. Wenn Sie jedoch unsere Art zu kochen unseren deutschen Freunden vorstellen, so leisten Sie damit aber auch einen Beitrag zur Förderung der kulturellen Beziehungen unserer Länder, denn die türkische Kochkunst ist zweifellos zu einem Bestandteil türkischer Kultur geworden. Ich möchte der türkischen Redaktion des WDR und dem Verlag Gräfe und Unzer für ihre Initiative aufrichtig danken und meine besten Wünsche übermitteln.

Oktay Işcen
Botschafter der Republik Türkei

Als ich 1961 die Türkei zum erstenmal besuchte, wußte ich gerade, daß sie irgendwo hinter dem Balkan liegt, daß es dort einmal Sultane gegeben hat und daß die Türken einmal bis Wien gekommen sind, also sehr nahe meiner böhmischen Heimat.

Inzwischen war ich zehnmal in der Türkei, habe sie kennen, schätzen und lieben gelernt. Ich habe die antiken Denkmäler und die prächtigen Moscheen bewundert, die Naturschönheiten bestaunt, habe mich mit den türkischen Menschen angefreundet, und ich habe die türkische Küche genossen.

Da man weder Moscheen noch Natur oder Menschen von einer Reise mitbringen kann, blieb die Küche das wichtigste Souvenir meiner Türkei-Reisen. Daß ich die Rezepte daheim in Köln auch originalgetreu nachkochen kann, dazu verhelfen mir die türkischen Metzger, Bäcker und Gemüsehändler in der Weidengasse, die ich gegen kein vornehmes Feinkostgeschäft in München, Paris oder New York eintauschen möchte. Und da Liebe bekanntlich durch den Magen geht, wird meine Liebe zur Türkei immer wachgehalten ... bei jedem türkischen Essen ... und deren gibt es viele in meiner Küche.

Dr. Alfred Biolek

Besonderheiten der türkischen Küche

Die Türken sind sehr nationalstolz, haben einen ausgeprägten Hang zur Familie, und die Küche ist ein Heiligtum. Heiligtümer behält man für sich und gibt sie höchst ungern preis. Dies gilt auch für die Geheimnisse der Zusammenstellung türkischer Gerichte, aber hier kann kaum von einer türkischen Eigenheit die Rede sein, denn auch in westeuropäischen Ländern werden ja Rezepte von der Großmutter auf die Enkelin weitergereicht und gehütet, wie es auch hierzulande Bäckereien und Konditoreien gibt, die um nichts in der Welt bereit sind, die Zusammenstellung ihres Käsekuchens zu verraten.

Das Leben kommt aus dem Magen

Fährt man in der Türkei über Land und kehrt in einem Provinzrestaurant ein, findet man nirgendwo eine Speisekarte. Der Gast geht geradewegs in die Küche, in der die Speisen zur freien Wahl ausgestellt sind, und stellt sich nach Duft, Aussehen und Farbenpracht sein Essen zusammen. Ein Restaurant ist eben keine Bibliothek, der Gast informiert sich über seine Sinne, nicht über geschriebenes Papier. Die türkische Küche ist auf diese Weise vor dem sonst für die Türkei sprichwörtlichen Papierkrieg verschont geblieben – mit Ausnahme des »Kebaps« in Butterpapier, des Barsches und anderer Köstlichkeiten in Folie kommt Papier hier nicht vor. Die traditionelle türkische Küche verschmähte bis in die jüngste Vergangenheit die schriftliche Fixierung von Rezepten mit exakten Gramm- und Kochzeitangaben – so etwas gibt es erst neuerdings für Ausländer und für die jüngere Generation.

Überall in der Welt messen die Menschen dem Essen eine große Bedeutung zu. In Deutschland heißt es: »Die Liebe geht durch den Magen«, in der Türkei gibt es ein sehr ähnliches Sprichwort: »Das Leben kommt aus dem Magen«. Gemeint ist in beiden Fällen dasselbe, denn »Leben« und »Liebe« kann man nicht trennen. Ohne Liebe gibt es kein Leben, und was wäre das Leben ohne Liebe? Und die türkischen Frauen kochen mit Liebe. Zeitaufwendige Zubereitungsarten sind für sie etwas Selbstverständliches, Schnellgerichte nicht ihre Sache. Sie halten sich gerne ausgiebig in der Küche auf und überprüfen die Qualität der Gerichte durch immer neue Kostproben. Kein Wunder, daß da unter den leidenschaftlichen Köchinnen manch mollige Figur zu finden ist.

Knoblauchzehen, die hier von einem Bauern für den Verkauf zu Zöpfen gebunden werden, sind in der türkischen Küche sehr beliebt.

Wurzeln der türkischen Küche

Die Entwicklung der türkischen Küche ist eng mit der Geschichte und der Ausdehnung des Osmanischen Reiches verknüpft. Die geografische Spannweite der türkischen Küche reicht von Mittelasien bis Marokko, vom Jemen bis fast nach Wien. Und die wissenschaftlich bewegt geführte Debatte zwischen den Historikern einerseits und den Gourmetologen andererseits ist immer noch nicht entschieden: Ging es dem Großwesir Kara Mustafa Pascha, als er vor dreihundert Jahren mit seinen Janitscharen vor den Toren Wiens erschien, darum, die Sachertorte in die Türkei zu holen, oder wollte er Europa den türkischen Mokka zum Geschenk machen? Nun, das Osmanische Reich ist nach dem Ersten Weltkrieg zusammengebrochen, aber das Imperium der türkischen Küche ist bestehen geblieben wie der Berg Ararat oder der Eiffelturm von Paris – allerdings nicht als historisches Wahrzeichen, sondern glücklicherweise als erlebbare Gegenwart. Die Türken waren stets offen für fremde Einflüsse, dies findet seinen Niederschlag auch in der türkischen Küche. Sie hat ausländische Speisen, die die türkischen Vorfahren von Reisen und Kriegszügen mitgebracht haben, aufgenommen. Ein typisches Beispiel hierfür ist die aus Rußland kommende und in der Türkei sehr beliebte Borschtsch-Suppe, die in den Monaten Oktober bis März gegessen wird.

Vor einigen Jahren besuchten türkische Journalisten China und kamen dabei in die kleine Provinz Turpan mitten in der Wüste Gobi. Beim Essen erlebten sie eine große Überraschung, denn man servierte ihnen hier ein »Şiş Kebap«, ein Fleisch am Spieß (Rezept Seite 50) wie in der Türkei. Doch dann erinnerten sie sich, daß die Vorfahren der Türken aus Mittelasien, dem heutigen China, kamen und von dort – wenn wir der Mythologie glauben dürfen – mit der Hilfe eines grauen Wolfes (eines zwar bekannten, aber sogar in der türkischen Küche ungenießbaren Tieres) nach Kleinasien, Anatolien also, übersiedelten; der Wolf zeigte dem türkischen Stamm, der sich auf der Flucht vor den Truppen Dschingis-Khans in einer Höhle des Tienschan-Gebirges versteckt hatte, den Weg aus den Bergen. Ohne diesen Wolf wären weder »Şiş Kebap« (auch in seiner veränderten Form als Schaschlik) noch die türkischen Gastarbeiter je in der Bundesrepublik erschienen.

Doch wieder zurück zur türkischen Küche. Eine traditionelle türkische Mahlzeit besteht aus einer Fülle von kleineren Happen (»Meze«). In der klassischen türkischen Küche waren zwanzig bis dreißig solcher Appetitanreger durchaus normal – von Sultan Mahmut (1730 bis 1754) wird berichtet, daß er nicht selten zweiundsiebzig Gänge auftischen ließ.

Sie werden nun vielleicht fragen, ob die Türken eigentlich jemals etwas anderes tun außer kochen und essen. Zum Glück legt der türkische Magen einmal im Jahr dreißig Tage (Schein-) Urlaub ein, und dies ohne jeden Tarifvertrag. Denn dreißig Tage lang wird im »Ramadan« gefastet: Zwischen Sonnenaufgang und Sonnenuntergang erhalten dann weder ein Tropfen Wasser noch ein Krümel Kümmelbrot ein Einreisevisum für den Muslimmagen ... Schweigen wir darüber, was zwischen Sonnenuntergang und Sonnenaufgang geschieht!

(Örsan Öymen)

Essen und Trinken in der Türkei

In der Türkei kennt man – abgesehen von regionalen Unterschieden – zweierlei Arten, sich selbst und Gäste an der Tafel zu verwöhnen: Zum einen die sogenannte »Rakı«-Tafel und zum anderen die traditionelle bürgerliche Tafel. Die »Rakı«-Tafel, die ebenso für zwei wie für zwanzig Personen serviert werden kann, besteht aus zahlreichen warmen und kalten kleinen Vorspeisen, mit deren Genuß man mehrere Stunden hinbringt. Danach folgt das aus Fisch oder Grillfleisch bestehende Hauptgericht; später Dessert, Obst und Kaffee.

»Rakı«-Tafel und bürgerliche Küche

Der Hauptakzent der »Rakı«-Tafel liegt auf den Vorspeisen (»Meze«), von denen im Vorspeisen-Kapitel dieses Buches eine Auswahl zusammengestellt ist. Ergänzt werden diese köstlichen Gerichte durch kleine Happen wie Wurst, geräucherter, gebeizter oder in Öl und Essig angerichteter luftgetrockneter Fisch (»Çiroz«), Tomaten, Radieschen und frische Salatblätter. Von geübten »Rakı«-Trinkern wird als Vorspeise Melone mit Schafkäse ganz besonders geschätzt. Und ein weiterer Favorit als »Rakı«-Begleiter ist »Leblebi«: Das sind geröstete und getrocknete Kichererbsen, denen man nachsagt, daß sie helfen, den hochprozentigen »Rakı« besser zu vertragen. Ähnliche Eigenschaften sagt man dem Schafkäse und dem »Cacık« (Rezept Seite 29) nach, einer Joghurtspeise mit Gurken. Allerdings helfen diese Magenschoner bei Alkohol nur in begrenztem Maße – und sicher nicht einer überlasteten Leber!

Es gibt in türkischen Städten – vor allem in Istanbul – Restaurants, die entweder auf »Rakı«-Tafel oder auf bürgerliche Küche spezialisiert sind. So werden Sie beispielsweise in einem Restaurant am Bosporus eher eine reiche »Rakı«-Tafel vorfinden als in so manchem erstklassigen Gourmet-Restaurant, das die traditionell bürgerliche Küche ohne alkoholische Getränke pflegt. Bei einem auf »Rakı«-Tafel spezialisierten Restaurant würde das Bestellen einer Mahlzeit ohne zumindest ein Glas »Rakı« bei Kellnern und Gästen großes Befremden auslösen. Die »Rakı«-Tafel fängt – wie gesagt – mit kalten Vorspeisen an. Allmählich kommen dann warme Happen hinzu wie Hackfleischröllchen verschiedenster Art, gefüllte Teigröllchen oder Leberwürfel. Aber Vorsicht! Die Häppchen sind als ein ausgedehntes Präludium zur eigentlichen Mahlzeit gedacht, und es wäre gegen das Ritual, sich an diesen Köstlichkeiten schon satt zu essen – denn Hauptgericht, Dessert und Obst folgen ja noch! Das Obst wird meist eisgekühlt auf überquellenden großen Platten serviert. Den Abschluß bildet schließlich ein türkischer Mokka, der zugleich als Zeichen zum Aufbruch gilt. Der Hauptzweck einer solchen »Rakı«-Tafel liegt weniger darin, den Hunger zu stillen, sie dient vielmehr unbekümmerter Geselligkeit.

Manches Restaurant und mancher Gastgeber bieten, falls dem Alkohol reichlich zugesprochen worden ist, vor dem Nachtisch zur Aufmunterung noch eine Suppe an. Besonders beliebt hierfür ist die Kuttelflecksuppe (Rezept Seite 20). Wer sich an eine derart exotische Spezialität nicht heranwagen möchte, kann es auch mit einer übrigens recht köstlich schmeckenden Mehlsuppe (Rezept Seite 26) probieren.

Große Üppigkeit und Vielfalt sagt man den »Rakı«-Tafeln der Feudalherren alter Zeiten nach. Doch auch um die Jahrhundertwende sah eine »Rakı«-Tafel sehr reich aus, wie das nachfolgende Beispiel veranschaulicht:

Erster Gang
Kalte Vorspeisen wie eingelegte Gemüse, Käse, Schinken, Wurst, Preßrogen, Kaviar, Nüsse, Gurken mit Joghurt, Salat aus weißen Bohnen, Bohnen in Öl . . .

Zweiter Gang
Warme Vorspeisen wie gebratene Muscheln, Leberwürfel, Kalbshirnfladen, Teigröllchen . . .

Dritter Gang
Fisch oder Hummer

Vierter Gang
Fleischgerichte

Fünfter Gang
Geflügel oder Wild

Sechster Gang
Gemüsegerichte

Siebter Gang
Teigwaren

Achter Gang
Verdauungssuppe

Neunter Gang
Dessert

Zehnter Gang
Obst

Elfter Gang
Mokka

Tomaten geben vielen türkischen Speisen ihr Gepräge. Für die »Rakı«-Tafel ist Tomatensalat typisch.

Essen und Trinken in der Türkei

Wie Sie an dieser Speisenfolge sehen, werden in der Türkei – anders als in Europa – die Teigwaren und Gemüsegerichte nach dem Hauptgericht serviert. Das gilt auch für die traditionell bürgerliche Tafel, die schon erwähnte zweite Art der türkischen Eßgewohnheiten. Sie unterscheidet sich von der sogenannten »Rakı«-Tafel darin, daß sie zeitlich weniger ausgedehnt ist, nicht unbedingt alkoholische Getränke voraussetzt und vor allem auf die vielen, vielen Vorspeisen verzichtet. Die übliche Speisenfolge in der traditionell bürgerlichen Küche ist Suppe, Eierspeisen, dann wahlweise Fisch, Geflügel oder Fleisch als Hauptgericht, anschließend warme oder kalte Gemüsegerichte, Teigwaren, Dessert, Obst und Mokka. Diese Menüfolge eignet sich besonders für Familienessen, bei denen Kinder und dem Alkohol abgeneigte Mitglieder der Familie ebenso ihre Freude haben wie andere, die auf ein Gläschen Wein oder »Rakı« nicht verzichten wollen.
(Ulya-Breuer-Üçer)

Getränke – mit und ohne Alkohol

Es ist für viele sicher überraschend, daß in der Türkei auch Wein angebaut wird. Denn, so glaubt man, ein Muslim trinkt keinen Alkohol, weil der Koran es verbietet. In der Tat hat die Türkei bei Weinkennern auch nicht den Namen als Weinland wie etwa Italien, Frankreich oder Deutschland. Trotzdem sind die Tischweine, seien es Weiß- oder Rotweine, von beachtlicher Qualität im Geschmack. Magenempfindliche schätzen den türkischen Wein wegen seines geringen Säuregehaltes.

Der Wein – ein festliches Getränk

Der Wein hat in der Türkei eine lange Tradition. Will man der Überlieferung glauben, so soll Noah, als er mit seiner Arche auf dem Berg Ararat landete, Weinreben gesehen haben. Heute werden die Weintrauben in meist staatlichen Kellereien zu Wein verarbeitet. Hier wie auch bei anderen Alkoholika hat die Regierung ein Staatsmonopol. Anbaugebiete für türkische Weine liegen in Mittelanatolien, am Marmara-Meer, am Schwarzen Meer, am Ägäischen Meer und in Ost- und Südostanatolien.
In der Türkei wird Wein nur bei festlichen Essen mit mehreren Gängen getrunken, wenn man in geselliger Runde einen Gast besonders ehren will. Die Türken gehen für solche Anlässe gerne in ein vornehmes Restaurant.

»Rakı«, ein echtes Volksgetränk

Im Gegensatz zum Wein ist der »Rakı« ein echtes Volksgetränk. Ihn trinkt man sowohl zum Essen als auch beim gemütlichen Plausch in kleineren oder größeren Gastwirtschaften. Natürlich fehlt er auch in keinem türkischen Haushalt. Er wird gern als Willkommenstrunk gereicht, wenn Besuch von Verwandten und Bekannten kommt. Auf keinen Fall darf »Rakı« beim Essen fehlen. Er wird zwischen den verschiedenen Gängen und auch während des Essens genossen. »Rakı« wird aus Anis und Rosinen hergestellt und hat 45 Prozent Alkoholgehalt. In den seltensten Fällen genießt man ihn pur. Vielmehr trinkt man ihn aus einem Wasserglas, das zu einem Drittel oder Viertel »Rakı« enthält und mit gekühltem klarem Wasser – keinem Mineralwasser – aufgefüllt wird. »Rakı« ist übrigens nicht nur wegen seines vorzüglichen Geschmacks beliebt. Geschätzt wird er als Magenelexier – vor allem bei ausgedehnten Mahlzeiten mit zum Teil üppigen Speisen. Auch wirkt »Rakı« der häufig nach dem Genuß von frischen Salaten oder Obst auftretenden »Sommerkrankheit« entgegen. Schon deshalb ist allen Mitteleuropäern bei einem Türkeibesuch anzuraten, sich zu den Mahlzeiten ein Gläschen »Rakı« zu gönnen.

Türkischer Kaffee – ein besonderer Genuß

Der türkische Mokka, »Türk Kahvesi«, ist der Höhepunkt und zugleich Abschluß eines großen Essens; denn wenn die Dame des Hauses den Kaffee serviert, heißt dies durch die Blume, daß man sich zum Aufbruch rüsten möge. Nach dem Genuß des überaus starken und dennoch wohlschmeckenden Getränks verabschiedet man sich. Das gilt übrigens auch, wenn ein Türke Freunde oder Geschäftspartner zum Essen in ein Restaurant eingeladen hat.
In der Türkei wird seit über vierhundert Jahren Kaffee getrunken; in viele Länder, unter anderem in die Balkanstaaten, haben die Türken auf ihren Feldzügen den Kaffee eingeführt. Sie beanspruchen – wie schon erwähnt – daher auch für sich, bei ihrer Belagerung von Wien den Kaffee in dieser Stadt hoffähig ge-

Der beste Kaşar-Käse wird aus Schafmilch gewonnen. Hier eine Schafherde auf anatolischem Weideland.

Essen und Trinken in der Türkei

macht zu haben. Wer sich einmal in einem Hotel oder Restaurant türkischen Mokka servieren läßt, ist von der Feierlichkeit dieser Handlung beeindruckt: In Landestracht kredenzen die dienstbaren Geister das schwarze Getränk, das zwar aus einer Mokkatasse getrunken, dem Gast aber in einem Kupfertiegel »Ceszve« serviert wird. Er ist zugleich das Meßgerät für Kaffee, Wasser und – je nach Geschmack – zwei bis drei Zukkerwürfel. Am besten gelingt der Mokka auf Holzkohlenfeuer. Die Bohnen sollten kurz zuvor in einem Tontopf geröstet worden sein. Der gemahlene Kaffee und die übrigen Zutaten werden dann unter ständigem Rühren im Kupfertiegel zum Aufkochen gebracht. Der Kaffee muß serviert werden, sobald er hochschäumt. Natürlich ist der türkische Kaffee anders geröstet als der deutsche. Wichtiger aber ist, daß der türkische Kaffee sehr fein gemahlen wird, bis er schließlich wie Puder aussieht.

Den aus Kupfer oder Messing gefertigten Kaffee-Tiegel erhält man hierzulande in allen Geschäften, die Gegenstände aus Kupfer oder Messing anbieten, speziell aber in türkischen Läden. Sollte ein solcher »Ceszve« nicht aufzutreiben sein, empfiehlt es sich, den Kaffee in einem Krug oder in einer Kanne zuzubereiten, ehe er in die Mokkatasse gegossen wird.

»Çay«, der schwarze Tee

Der aromatische schwarze Tee wird normalerweise nicht zum Abschluß eines Essens gereicht. Dies fand nur im Jahre 1982 statt, als der Kaffee ausschließlich auf dem schwarzen Markt zu haben war und zu Wucherpreisen gehandelt wurde. Damals hatten die herrschenden Militärs den Kaffee-Import für einige Monate gesperrt, um kostbare Devisen zu sparen.

Im übrigen spielt der Tee im türkischen Tageslauf eine wichtige Rolle. Er wird zum Frühstück gereicht und im Büro, beim Einkauf, im kleinen Laden wie in großen Geschäften. Ja sogar bei Besprechungen in der öffentlichen Verwaltung wird angefangen von der untersten Ebene bis hinauf zum Ministerpräsidenten Tee serviert, dann erst beginnt man mit den Gesprächen und Verhandlungen. In allen Dienststellen, die etwas auf sich halten, sieht man daher junge Männer umhergehen, die auf einem eigens dafür konstruierten Tablett bis zu zwanzig Gläser Tee jonglieren. Die winzigen Gläser stehen auf einem Untersatz, auf dem die obligatorischen zwei Zuckerstücke liegen. Und nicht zu vergessen: In der Stadt wie auf dem Land trifft sich die Männerwelt in kleinen Restaurants zum Tee, wo debattiert und gespielt wird. Diese Lokale entsprechen in ihrer Funktion unseren Kneipen, und der Tee-Treff ist unserer Stammtischrunde bei Bier und Brotzeit vergleichbar.

Zur Teezubereitung benötigt man zwei Teekannen und ein Teesieb. Pro Portion wird ein gehäufter Löffel türkischer Tee in eine der Kannen geschüttet und mit kochendem Wasser überbrüht. In das zweite Kännchen gibt man nur heißes Wasser, mit dem jeder nach Belieben den starken Tee verdünnt. Die Tasse wird zunächst etwa gut zur Hälfte mit Tee gefüllt und anschließend mit dem heißen Wasser aufgegossen. Für große Teegenießer empfehlen wir die Anschaffung eines Samowars, den es in türkischen Spezialgeschäften zu kaufen gibt. (Hubert Knich)

An heißen Sommertagen bilden ein Stück Melone, Schafkäse und warmer schwarzer Tee ein erfrischendes Frühstück.

Besondere Feste

»Ramadan« und Zuckerfest sind in der Türkei wichtige Ereignisse. »Ramadan«, den Fastenmonat, nennt man im islamischen Glauben auch »Sultan von elf Monaten«. In der Tat ist es der heiligste Monat im islamischen Kalenderjahr. Der islamische Kalender orientiert sich übrigens nicht an der Sonne, sondern am Mondumlauf um die Sonne und beruht daher auf dem dreiunddreißigjährigen Mondzyklus. Das islamische Jahr ist zehn bis elf Tage kürzer als das bei uns übliche Sonnenkalenderjahr. Der Fastenmonat »Ramadan« fällt somit abwechselnd in verschiedene Jahreszeiten.

Fasten und Feiern

Nach muslimischem Glauben hat Allah dem Propheten Mohammed im Monat »Ramadan« die erste Sure des Korans offenbart, genauer gesagt, an einem der letzten zehn Tage des Fastenmonats. Das exakte Datum ist nicht bekannt. Man nimmt an, daß dies in der Nacht vom 27. auf den 28. »Ramadan«-Tag geschah, und deshalb ist diese Nacht die »Heilige Nacht« – besser gesagt: die heiligste Nacht der islamischen Welt. Der Monat »Ramadan«, der neunte im islamischen Kalender, wurde also zum heiligen Monat, weil in ihn durch die Offenbarung der ersten Sure die Geburtsstunde des islamischen Glaubens fällt.

In diesem Monat fasten alle rechtgläubigen Muslime. Allerdings ist ihre Art zu fasten anders als in den anderen Religionen: Von etwa einer Stunde vor Sonnenaufgang bis ungefähr zwanzig Minuten nach Sonnenuntergang darf nicht gegessen, nicht getrunken, nicht geraucht, nichts gerochen, ja, sogar nicht einmal geweint oder gelacht werden, weil die Augen nicht tränen sollen. Man muß also auch mit dem Weinen und Lachen maßhalten.

In den Nachtstunden aber, nach Sonnenuntergang, ist wieder alles erlaubt. Dann essen die Türken nicht nur, um den Hunger des Tages zu stillen, sondern sie essen und trinken sozusagen auf Vorrat für den kommenden langen Fasttag. Man steht in der Nacht einige Stunden vor Beginn der Fastenzeit auf, um ausgiebig zu essen. Da das Aufstehen in der Nacht aber nicht wenigen schwerfällt, gehen kleine Gruppen trommelnd und singend durch die Dörfer und Städte und übernehmen so das Wecken. Wenn sich auch manch ausländischer Tourist oder Einheimischer, der nicht fasten will, gestört fühlt, die Mehrheit möchte auf diese Tradition des Weckens nicht verzichten.

Für die strengen Fastenregeln des Islam gibt es verschiedene Gründe. So bringt ein Mensch, der nach sechzehn bis achtzehn Stunden Fasten entsprechend hungrig ist, mehr Verständnis für die Lage der Armen auf. Dadurch wird seine Hilfsbereitschaft gefördert. Außerdem dient das Fasten dazu, Selbstdisziplin zu lernen. Wer es wirklich schafft, sechzehn bis achtzehn Stunden täglich nicht zu essen, zu trinken und zu rauchen, ist fürwahr ein Meister der Selbstbeherrschung. Das Ende des heiligen »Ramadan« mit seinen harten Anforderungen an die Gläubigen bietet guten Grund zum Feiern. Das »Ramadan«-Fest, das Zuckerfest, dauert drei Tage, und es versteht sich, daß man sich dazu festlich kleidet, auserlesene Speisen genießt (zum Beispiel gebratene Lammkeule, Leber im Lammnetz, Pilaw, kalte Gemüsespeisen und Desserts) und anderen Freude bereitet – vor allem den Kindern. Es ist Sitte, daß die Kinder ihren Eltern und auch älteren Verwandten die Hände küssen. Man gibt ihnen dann kleine Geldgeschenke, Taschentücher oder Süßigkeiten. Daher wird das »Ramadan«-Fest auch Zuckerfest (»Şeker Bayrami«) genannt.

Auserlesene Speisen oder kostspielige Extras kann sich zu den Festtagen nicht jeder leisten. Es gehört daher zu den Pflichten aller rechtgläubigen Muslime, während der letzten Tage des »Ramadan« Spenden an diejenigen zu verteilen, die weniger gut gestellt sind. Auf diese Weise soll sichergestellt werden, daß auch jeder das nötige Geld hat, um sich die rechten Festtagsfreuden gönnen zu können. Nach islamischem Glauben müssen während des »Ramadan«, und besonders auch während der Feiertage, Streitigkeiten und Feindseligkeiten beigelegt werden. Kontrahenten tun dies durch Handkuß oder Händeschütteln und kehren dann brüderlich versöhnt in den Alltag zurück.

Mit ihren prächtigen Trachten verstehen es die Türken, ihren Festen Glanz zu verleihen.

Der Festtagsbraten für alle

Siebzig Tage nach dem »Ramadan«-Fest wird »Kurban Bayram«, das Opferfest, gefeiert. Genau wie das »Ramadan«-Fest oder auch andere islamische Feiertage wird es nach dem Mondkalender gefeiert und liegt daher jedes Jahr zehn bis elf Tage früher als im vorausgegangenen Jahr. Die Vorbereitungen für das Fest und die Feierlichkeiten, die sich über vier Tage erstrecken, sind ähnlich wie beim »Ramadan«-Fest.

In irgendeiner Form haben fast alle Völker und Religionen ihr Opferfest, man denke etwa an die Karwoche und an das Osterfest in der christlichen Religion. Das türkische Opferfest gedenkt der Begebenheit, wie Gott Abrahams Gehorsam auf die Probe stellte und von ihm verlangte, seinen Sohn Isaak zu opfern, ihm aber im letzten Augenblick Einhalt gebot und ihm befahl, statt des Sohnes eine Ziege oder ein Schaf zu opfern. Heute ist es am Opferfest Sitte, daß jeder fromme Mohammedaner, der sich nicht in finanziellen Schwierigkeiten befindet, Tiere, deren Fleisch zu essen nicht verboten ist, opfert. Das Fleisch eines solchen Tieres wird in drei gleiche Teile geteilt. Der erste Teil wird an Bedürftige verschenkt, der zweite Teil wird Verwandten und Nachbarn gegeben, und der dritte Teil wird zu Hause im Kreise der Familie gegessen. Auf diese Weise ist auch für die Armen der Festtagsbraten gesichert. Und in diesem Geschenk liegt auch der eigentliche Sinn des Opferfestes.

(Ergun Gülen)

Die Folkloristen und Kulturhistoriker haben mehr als zweitausend Titel anatolischer Volkstänze zusammengetragen. Es wäre keine Übertreibung, wollte man sagen: So viele Volkstänze, so viele regionale Spezialitäten der türkischen Küche. Eher sind es mehr. Die Küche eines Volkes kann man mit Recht als den Spiegel seiner Lebenskunst betrachten, und darin gehören die Türken ganz ohne Zweifel zu den großen Epikureern dieser Welt.

Grundelemente und Geschmacksrichtungen der regionalen Spezialitäten werden nicht nur von der jeweiligen Landschaft und ihren Erzeugnissen bestimmt – und die Landschaft der Türkei ist wechselvoll und voller Überraschungen –, sondern auch von der sozialen Geschichte der Region sowie der Geschichte der Türken. So verdanken die Türken ihrer innerasiatischen Vergangenheit manche Grundelemente ihrer Küche. Das Wissen um den Umgang mit Mehl, Fleisch, Milch und tierischen Fetten, die schon vor Jahrtausenden in Innerasien die Ernährungsgrundlage der Türkstämme bildeten, wurden von den Stämmen, die nach Westen, unter anderem nach Anatolien, auswanderten, mitgebracht. Sie bilden heute noch, insbesondere in den inneranatolischen Regionen, die Grundlage der Ernährung. Mehl-, Fleisch- und Milchspeisen gehören auch heute auf den täglichen »Tisch«, der übrigens aus einem großen runden Kupfertablett besteht, das auf den Holzrahmen eines großen Siebes gestellt wird. Darunter liegt ausgebreitet auf dem Boden das große »Tischtuch«. Man nimmt um dieses Tablett herum mit gekreuzten Beinen auf Sitzkissen am Boden Platz. Den Rand des ausgebreiteten Tischtuchs benutzt man als Serviette. Nur in den Städten ist dieser »Tisch« in unserem Jahrhundert durch den europäischen Tisch ersetzt worden.

Inneranatolien – die Wiege der türkischen Küche

Die karge Steppenlandschaft in Inneranatolien eignet sich besonders für Weizenanbau, für Schaf- und Ziegenzucht – ganz wie das innerasiatische Ursprungsland der Türken zwischen dem Kaspischen Meer und Sinkiang. Aus diesen Gebieten haben die Türken auch den Joghurt (übrigens ein türkisches Wort »Yoğurt«) nach Anatolien mitgebracht und von dort aus in alle Welt verbreitet. Der Joghurt wird in Inneranatolien in den Haushalten selbst zubereitet und als Zutat für viele köstliche Speisen verwendet. Allein mit den zahlreichen Joghurtspeisen ließe sich ein ganzes Kochbuch füllen. Joghurt ist eine Zutat für viele Suppen, es gibt sogar eine eigene Joghurt-Suppe. Die berühmte Tarhana-Suppe ist eine besondere Art Joghurt-Suppe. Sie wird in inneranatolischen Regionen vor allem an Winterabenden in immer neuen Zubereitungsarten auf den Tisch gebracht. Tarhana wird aus einem Joghurtteig mit roter Paprika und anderen Zutaten im Sommer vorbereitet. Aus diesem Teig werden kleine Klümpchen gebrochen und auf Tüchern oder Tabletts in der Sonne tagelang getrocknet. Die Herstellung von Tarhana ist ein insgesamt schwieriges Unterfangen. Neuerdings wird die Tarhana-Suppe auch aus frischem Joghurt zubereitet. Häufig gibt man ihr Linsen bei.

Viele Speisen bereitet man auch in Joghurtsauce oder bindet sie pikant mit Joghurt. Die bekanntesten solcher inneranatolischen Speisen sind »Mantı«, Nudeltäschchen mit Hackfleischfüllung, »Erişte« und »Tutmaç«, hausgemachte, kleingeschnittene Nudeln in Joghurtsauce mit Zutaten wie Linsen und Fleischstückchen.

Auch das Joghurtgetränk »Ayran« ist ein in der Türkei beliebtes, insbesondere inneranatolisches Getränk, das im Sommer gerne zur Erfrischung gereicht wird. Es muß in früheren Zeiten in Innerasien sogar einen »Ayran«-Schnaps gegeben haben, doch scheinen die im zehnten und elften Jahrhundert zum Islam übergetretenen Türkstämme diesen Schnaps nicht nach Anatolien mitgebracht zu haben. Statt dessen haben sie den aus Trauben gebrannten Anisschnaps entwickelt.

Ausgesprochen beliebt ist in der Türkei die Weizengrütze. Man kombiniert sie mit Tomaten, kleinen Fleischwürfeln und mancherorts auch mit verschiedenen Gemüsen wie zum Beispiel in dünne Scheiben geschnittenen Auberginen.

Natürlich hat die Türkei als Land der Schafzucht auch besondere Fleischspezialitäten zu bieten – etwa die seit alten Zeiten geübte Art, Fleisch zu konservieren. Hammel- oder Rindfleischstücke werden gebraten und mit ausgelassenem Hammel- beziehungsweise Rinderfett übergossen und so für Monate haltbar gemacht. Dies sogenannte »Kavurma« kann man kalt oder warm servieren. Eine inneranatolische Delikatesse sind auch die unterschiedlich gefüllten

Wer die anatolische Landschaft mit ihren oft abgelegenen Dörfern bereist, wird von der türkischen Gastfreundschaft beeindruckt sein.

Lammdünndärme (»Barsak Dolması«, »Bumbar«). Die luftgetrocknete »Sucuk«, eine Art Knoblauchwurst, und das aus Rinderkeule hergestellte Dörrfleisch »Pastirma«, für das vor allem die Stadt Kayseri berühmt ist, werden auch heute noch in anatolischen Dörfern für den eigenen Bedarf hergestellt. Diese herzhaften Wurstwaren sind über Inneranatolien hinaus in der ganzen Türkei und in den ehemals osmanischen Gebieten, vor allem auf dem Balkan, verbreitet.
Eine inneranatolische Spezialität, die meisterliches Geschick erfordert, ist Brühteig mit Käsefüllung (»Su Böreği«, Rezept Seite 79). Dazu werden hauchdünn ausgerollte Blätterteigplatten für ein paar Sekunden in kochendes Wasser getaucht und dann übereinandergelegt und mit Schafkäse oder auch Hackfleisch gefüllt. Unter den Süßspeisen rangiert in Anatolien »Helva« (Rezepte Seite 93) an erster Stelle. Diese Speise wird sehr gerne aus Mehl oder Grieß bereitet. Jeder Ort in Anatolien verfügt über seine eigene »Helva«-Variation.

Mit viel Phantasie werden frische Kräuter, wie sie hier ein Bauer anbietet, von den türkischen Köchinnen für ihre Gerichte genutzt.

Manche Orte sind für bestimmte Spezialitäten berühmt, und es gibt diese Speisen auch nur an diesem Ort. Dies gilt zum Beispiel für »Arabaşı« aus dem Ort Sivrihisar bei Ankara. »Arabaşı« besteht aus Teigwürfeln und Hühnerbrühe. Diese Winterspezialität können Fremde kaum zu sich nehmen, weil die geschmacksneutralen Teigwürfel unzerkaut geschluckt und dann mit einem Löffel Hühnerbrühe heruntergespült werden müssen. Die relativ großen Teigwürfel unzerkaut zu schlucken, verlangt schon einige Übung. Derartige Kuriositäten seien hier aber nur am Rande erwähnt, wichtiger sind für uns die allerorten geschätzten und köstlich schmeckenden Spezialitäten. Dazu zählen nicht zuletzt auch Reisgerichte wie Pilaw (Rezept Seite 43) und »Zerde« (Hochzeitsreis, Rezept Seite 92), eine Süßspeise, die mit Safran zubereitet wird. Pilaw und »Zerde« dürfen bei einer anatolischen Hochzeit oder bei einem Beschneidungsfest nicht fehlen. Pilaw gehört aber nicht nur in die Festtagsküche, sondern ist zugleich auch ein gängiges Gericht der Alltagsküche. Bei der Pilawzubereitung gehen die Türken mit besonderer Sorgfalt vor, und jede Hausfrau und jeder Koch wird an seiner Pilawzubereitung gemessen. »Einen guten Koch erkennt man an seinem Pilaw«, heißt es. So ist es nicht verwunderlich, daß man in der Türkei eine ganze Palette von lekkeren Reisspeisen findet. Zu den begehrtesten zählt gemischter Pilaw (»İç Pilav«, Rezept Seite 44), eine mit Zutaten wie Korinthen oder Pistazien köstlich zubereitete Reisspeise. Für ihren scharf gewürzten, gemischten Pilaw ist die südanatolische Stadt Diyarbakır berühmt.

Türkische Gastfreundschaft

Gemeinsames Essen mit Bekannten, Freunden, Nachbarn, Verwandten und nicht zuletzt mit überraschend eingetroffenen Gästen wird in Anatolien und in der Türkei gepflegt. Dies ist Ausdruck der sprichwörtlichen, bis heute ungebrochenen türkischen Gastfreundschaft. Man nennt den unerwarteten und wildfremden Besuch ganz einfach »Gast Allahs« und öffnet ihm die Tür und bittet ihn zu Tisch. Mag man auch noch so arm sein, dem »Gast« und dem »Gast Gottes« gehört das Beste, was das Haus zu bieten hat – ja, was darüber hinaus in der Nachbarschaft und im ganzen Dorf aufgetrieben werden kann. Keine Mühe wird gescheut, den Gast mit besonderen Speisen reichlich zu bewirten. Bei großen Ereignissen wie Hochzeiten nehmen die Gänge, die aufeinander folgen, manchmal kein Ende. Aber auch bei einfachen Besuchen sind mehrere Gänge der Brauch. Dabei geht es nicht um Imponiergehabe, sondern ganz einfach um die Wertschätzung des Gastes. An Anlässen, um Bekannte, Nachbarn, Freunde und Verwandte zu einem festlichen Essen einzuladen, fehlt es nie. Vor allem die türkisch-islamische Sitte, an »Ramadan«-Abenden zu gemeinsamem Essen einzuladen, hat eine ungebrochene Tradition in Anatolien. Kommen Gäste aus der Fremde oder aus einem fernen Ort, zögert der Gastgeber nicht, sein einziges Haustier – ein Huhn oder einen Hammel – für den Gast zu schlachten.

Die Türkei hat nicht nur Kulinarisches zu bieten – zu ihren Kostbarkeiten gehören auch Keramikwaren und Teppiche.

Türkei – das Land der Spezialitäten

Zum Pilaw wird oft ein Gericht aus weißen Bohnen und Hammelfleisch oder Kichererbsen und Fleisch serviert. Diese Kombinationen sind nicht nur in anatolisch-ländlichen Regionen, sondern auch in den Städten so verbreitet, daß die Türken hier von Nationalgerichten sprechen. Dennoch kann man bei einer an Spezialitäten so reichen Küche wie der türkischen nur schwer von Nationalspeisen sprechen, da es keine festgeschriebenen Rezepte gibt. Man denke zum Beispiel an »Kebap«. Für diese Fleischspieße ist die Türkei international berühmt. Doch kann man hier nicht von einem spezifischen Gericht sprechen.

Vielmehr ist »Kebap« eine Sammelbezeichnung für eine unübersehbare Zahl von verschiedenen gegrillten, gerösteten, gebratenen und gedünsteten Speisen. Jeder Ort in der Türkei ist stolz auf seine besondere Art, »Kebap« zuzubereiten. Ländlichen Ursprungs ist die »Kebap«-Spezialität »Şiş Kebap«, Fleisch am Spieß (Rezept Seite 50). Eine mehr städtische Spezialität dagegen ist »Döner Kebap«. Die in der Türkei sehr beliebte Spezialität »Döner Kebap« ist zu Hause nur schwer zuzubereiten. Man benötigt dafür einen besonderen, senkrecht stehenden Grill. Die Zubereitung erfordert großes Geschick und viel Zeit, und eine Zubereitung in kleinen Mengen ist kaum möglich. Zuerst befreit man das Lamm- oder Hammelfleisch von Sehnen und Knorpeln und schneidet es in hauchdünne Scheiben. Diese Scheiben werden je nach Dicke bis zu zwanzig Stunden mariniert. Jeder Koch tut dies auf seine Weise (zum Beispiel in Milch, Eiern, Olivenöl, gewürzt mit Salz, Pfeffer, Paprika, geriebenen Zwiebeln, Pimentpulver und Kreuzkümmel). Die vorbereiteten Lamm- oder Hammelscheiben werden sodann abwechselnd in Spindelform auf den Spieß geschichtet, der sich senkrecht vor dem Grill, am besten einem Holzkohlengrill, dreht. Sobald die Oberfläche des Fleisches knusprig geröstet ist, wird sie in dünnen Scheiben von oben nach unten abgeschält und serviert. So röstet man das Fleisch und schneidet es Lage für Lage herunter.

Zu den »Kebaps«, die durch ihren Namen mit einer Stadt verbunden sind, gehört »Adana-Kebap«, der nicht nur in der Türkei landesweit bekannt ist, sondern auch in Deutschland in allen türkischen Restaurants angeboten wird. »Adana-Kebap« besteht aus besonders scharf gewürztem Hackfleischbrät, das am Spieß gebraten wird und je nach Wahl auch mit Fladenbrot und mit Joghurt gereicht wird. Adana ist wie auch andere Städte im Süden der Türkei – zum Beispiel Diyarbakır, Urfa, Gaziantep oder Mardin – bekannt für scharf gewürzte Speisen.

Neben den ausgesprochen scharf gewürzten Gerichten fallen in der türkischen Küche auch die extrem süßen Speisen wie »Baklava« (Rezept Seite 98) auf. Doch handelt es sich dabei lediglich um Besonderheiten, meist sogar um lokale Spezialitäten. Im ganzen gesehen neigt die türkische Küche nicht zu Extremen, sondern bevorzugt schmackhafte und bekömmliche Gaumenfreuden.

Adana ist über die regionalen Grenzen hinaus auch noch für eine weitere Spezialität bekannt: »Lahmacun«, eine Art Pizza mit dünnerem Teig und besonders zubereitetem Hackfleisch (Rezept Seite 80). »Lahmacun« ist außerdem in der Südtürkei zu Hause, wo man überhaupt köstliche Hackfleischgerichte wie »Çiğ Köfte« (Tatarbällchen, Rezept Seite 40) und »İçli Köfte« (Frikadellen mit einer Grütze-Nuß-Füllung, Rezept Seite 58). Beide Spezialitäten erfordern bei der Zubereitung besonderes Geschick und Erfahrung.

Wenn man von der Küche der Schwarzmeer-Region spricht, denkt jeder Türke unwillkürlich an »Hamsi«. »Hamsi« ist eine Art Sardelle, sie ist jedoch viel kleiner als die sonst übliche Sardelle. »Hamsi« ist im Schwarzen Meer sehr häufig. Der Fisch hat nicht nur vielen Fischspeisen den Namen gegeben, er ist praktisch auch das Wahrzeichen für die Kultur dieser Region. Jeder Einheimische kann auf Anhieb mehrere »Hamsi«-Witze erzählen oder eine endlose Reihe von »Hamsi«-Speisen aufzählen. Die zentrale Bedeutung des Fisches nimmt nicht wunder, wenn man sich vergegenwärtigt, daß zwischen den Bergketten und dem Schwarzen Meer kaum bebaubares Land vorhanden ist. Neben Mais, Rot- und Schwarzkohl bildet so »Hamsi« das Hauptnahrungsmittel der Bevölkerung. Die Menschen dieser Region behaupten in ihrer überaus sympathischen Art, daß sie aus »Hamsi« sogar Marmelade kochen. Wie dem auch sei, es lohnt sich, die köstlichen »Hamsi«-Gerichte dieser Region auszuprobieren. Sie lassen sich in der Regel auch mit Sardellen zubereiten. Im Fisch-Kapitel dieses Buches finden Sie einige schöne Beispiele.

Die beiden anderen großen Küstenregionen der Türkei, die ägäische und die Marmara-Region, sind im Gegensatz zur Schwarzmeerküste reich an verschiedenen Fischarten und an Gemüsesorten. Als die Türkstämme vor rund tausend Jahren Anatolien besiedelten, waren ihnen Süßwasserfische wie Forelle und Karpfen sowie die Fische aus dem Kaspischen Meer oder dem Aral-See vertraut. Nun lernten sie durch die Einwohner der Küstenregionen zahlreiche neue Fischarten kennen, und sie übernahmen von ihnen die Bezeichnungen. So sind viele der heute gebräuchlichen Fischnamen in der Türkei griechischen oder italienischen Ursprungs (zum Beispiel »Barbunya« = Rotbarbe oder »Levrek« = Barsch).

Die ägäische und die Marmara-Region leben nicht nur vom Fischfang, sie sind

In der küstenreichen Türkei lebt ein großer Teil der Bevölkerung vom Fischfang. Natürlich versteht man sich auch auf die Zubereitung köstlicher Fischgerichte.

zugleich auch die fruchtbarsten Anbaugebiete der Türkei. In der Ägäis lagern die Berge im Gegensatz zu der Schwarzmeer- und Mittelmeer-Region quer zur Küste. Breite Täler ziehen sich von den weiten Küstenebenen in das Innere Anatoliens. Hier wächst fast jedes Gemüse und jedes Obst. Der Anbau in Gewächs- und Treibhäusern wird gepflegt.
Gemüsegerichte mit Artischocken, Auberginen, Weiß- und Blumenkohl, Kartoffeln, Zwiebeln, Tomaten, Spinat, Paprika, Zucchini, Lauch, Weinblättern, Erbsen oder Bohnen sind sehr beliebt. Jeder Ort, jede Stadt hat ihre eigenen Gemüsegerichte hervorgebracht. Sie werden in der Regel entweder als kalte oder als lauwarme Speisen mit Olivenöl serviert oder heiß mit Fleisch. Von den vielen Spezialitäten, die diese Regionen zu bieten haben, seien hier einige besondere Leckerbissen erwähnt: »İzmir Köfte« (Frikadellen Izmir, Rezept Seite 57), ein mit Tomaten und Kartoffelscheiben in Sauce zubereitetes Frikadellen-Gericht; »Menemen« (Rührei mit Gemüse, Rezept Seite 87), eine Speise, die den Namen der zwischen Olivenhainen und endlosen Weingärten etwa hundert Kilometer nördlich von Izmir gelegenen Kleinstadt Menemen trägt; »Çılbır« (pochierte Eier mit Joghurt-Knoblauch, Rezept Seite 87), eine beliebte Spezialität der innerägäischen Region.

Man könnte noch vieles von dem aufführen, was die Städte und Regionen der Türkei an Köstlichkeiten hervorgebracht haben, und hätte doch nur einen Bruchteil all der herrlichen Besonderheiten genannt. So sei zum Schluß noch ein wichtiges Moment hervorgehoben – die Kunst der Hof- und Serailküchen in den Metropolen. Sie haben in der Vergangenheit die verschiedensten regionalen Speisen vielfältig variiert und verfeinert. Die so neuentwickelten Speisen der großen Küchenmeister von Konya, Bursa, Edirne und Istanbul sind wiederum vom Volke übernommen worden. Die anatolische »Tarhana-Suppe« (Rezept Seite 20) wurde beispielsweise in Istanbul zur »Serail«-Suppe mit Datteln oder mit Kornelkirschen variiert und zu einer wirklichen Delikatesse gemacht.
Überhaupt hat die türkische Kochkunst in Istanbul, der Stadt, die seit nunmehr fünfhundert Jahren Metropole des Landes ist, ihre Blüte erreicht. Und es ist zu hoffen, daß die türkische Küche weiterhin so reich an köstlichen Gerichten bleibt, so kreativ in der Erfindung immer neuer Varianten und so aufgeschlossen für alles, was gut schmeckt. Denn die Küche und die Küchenkultur sind wesentliches Merkmal der Lebensqualität, und die Türken haben sich bis heute darauf bestens verstanden.
(Dr. Yüksel Pazarkaya)

Dieser Gemüsestand zeigt den ganzen für die Marmara-Region typischen Reichtum: Bohnen, Zucchini, Weinblätter, Paprikaschoten, Auberginen, Peperoni, Kohl, Tomaten ...

Kulinarische Mitbringsel

Reisende, die für sich und ihre Angehörigen etwas Schönes erstehen möchten, finden in der Türkei ein reichhaltiges Angebot an Souvenirs. Dazu gehören wertvolle Teppiche, Lederwaren, Lederkleidung und Messing- beziehungsweise Kupferkannen sowie Vasen und Töpfe aus Alabaster. Aber auch kulinarische Genüsse kann man gut mit nach Hause nehmen. Dazu gehört nicht nur der türkische Tee. Eine Spezialität, die man unbedingt ausprobieren sollte, ist der bei uns weniger bekannte rote Kaviar. Er ist übrigens preiswerter als der russische Kaviar. Der rote Kaviar wird nicht in Dosen angeboten, sondern ist in einer festen roten Form aus Wachs, in der er sehr lange haltbar ist, verpackt. Groß ist natürlich auch die Auswahl an Süßigkeiten. Hier sollte man allerdings, bevor man größere Mengen einkauft, ein wenig naschen; denn einige der bunten Leckereien sind sehr süß und nicht jedermanns Geschmack. Am bekanntesten ist das »Lokum«, das es in vielen Ausführungen gibt – mit Kokosraspel versehen, mit Früchten vermengt, mit Nüssen verarbeitet oder pur. Die Istanbuler schwören im übrigen darauf, daß in ihrer schönen Stadt, die durch eine Brücke Europa mit Asien verbindet, das beste »Lokum« hergestellt wird. Über die Landesgrenze hinaus ist vielleicht »Helva« noch bekannter als »Lokum«. Weitere köstliche Mitbringsel sind getrocknete Früchte, vor allem getrocknete Pflaumen, Aprikosen und Nüsse aller Art – nicht zu vergessen die wohlschmeckenden Pistazien. Lohnend sind aber auch die türkischen Gewürze, die an Frische und Intensität ihresgleichen suchen: Türkischer Pfeffer, Paprika, den es in den Geschmacksrichtungen süß, mittelscharf und sehr scharf gibt, Majoran, Thymian und Zimt haben eine optimale Würzkraft.
(Hubert Knich)

Manch Deutscher hat schon die Einladung zu einer türkischen Suppe, ausgesprochen von einem türkischen Gastgeber in Ankara oder Istanbul, abgelehnt, ohne zu wissen, daß er auf etwas Gutes verzichtet hat. Wer aber, vielleicht zunächst auch nur aus Höflichkeit, angenommen hat, brauchte dies nicht zu bereuen, denn die türkische Suppe zeichnet sich durch Schmackhaftigkeit aus, sie ist eher mild als scharf gewürzt. In der Regel leitet sie bei einem bürglichen Essen die Mahlzeit ein, doch wird sie gelegentlich auch als »Verdauungssuppe« vor dem Nachtisch serviert. Eine Kuttelflecksuppe (»İşkembe Çorbası«), bei Kennern als Köstlichkeit geschätzt, oder eine delikat schmeckende Mehlsuppe (»Un Çorbası«) dienen diesem Zweck bei einem ausgedehnten Mahl mit reichlichem »Rakı«-Genuß besonders gut.

Zu Nationalspeisen avanciert sind Suppen wie die Hochzeitssuppe (»Düğün Çorbası«), ein exquisites Gericht für besondere Gelegenheiten, oder die »Tarhana-Suppe«, eine Spezialität der anatolischen Bäuerinnen. Die letztere Suppe, die aus »Tarhana«, einem speziellen Joghurt-Suppenmehl, und Fleischbrühe besteht, wird gerne bereits zum Frühstück gereicht. Die Bäuerinnen haben früher »Tarhana« in langwieriger Arbeit selber zubereitet – so wie auch bei uns ehedem die Hausfrauen für die Rindfleischsuppe am Sonntag die Nudeln grundsätzlich selbst hergestellt haben. Heute kann man »Tarhana« fertig kaufen, so daß die lange Zubereitungszeit entfällt.

Beliebt sind in der Türkei auch die Linsensuppen. Sie haben nichts gemein mit dem bei uns üblichen Eintopfgericht, sondern sind einfach nur eine Vorspeise. Man bereitet die Suppen, die nach dem Kochen meist passiert werden, fast immer aus roten Linsen, die im Geschmack feiner sind als die bei uns üblichen Linsen. Die türkische Küche – und dies gilt auch für die Suppen – hat nicht nur die internationale Küche mit Rezepten bereichert, sie hat sich auch von fremden Einflüssen inspirieren lassen. Aus Frankreich übernahm sie zum Beispiel die Zwiebelsuppe, auch wenn die Zubereitungsart abgewandelt wurde. Die typische deutsche Kartoffelsuppe wurde dem türkischen Suppenregister ebenso einverleibt wie die russische Borschtsch-Suppe, die mit Weißkohl, roter Bete und Fleisch zubereitet und nach dem Servieren mit einem großen Eßlöffel saurer Sahne oder Dickmilch pro Teller geschmackvoll angereichert wird.
(Hubert Knich)

◁ Die sommerliche Almsuppe (Yayla Çorbası) wird wie viele türkische Suppen mit Joghurt bereitet. Ihre Frische verdankt sie der Minze, ihre Schärfe dem Paprikapulver.

Almsuppe

Yayla Çorbası

Von März bis September wohnen die Familien der Südtürkei, um der Hitze zu entgehen, in ihren Sommerhäusern auf den Almen. Die Almsuppe ist also eine typische Sommersuppe, die Minzblätter wirken erfrischend. Als belebende Speise wird sie überall in der Türkei auch gerne den Kranken serviert.

½ l Fleischbrühe (vom Lamm oder Kalb) · 250 g Joghurt · 1 Eßl. Mehl · 1 Ei · 100 g Reis · Salz · 3 Eßl. zerriebene getrocknete Minzblätter · 3 Eßl. Butter · reichlich Rosenpaprikapulver

Zubereitungszeit: etwa 35 Minuten
Garzeit: etwa 20 Minuten

Die Fleischbrühe erhitzen. • Den Joghurt mit dem Mehl und dem Ei verrühren. Den Reis zufügen und alles unter ständigem Rühren zum Kochen bringen. Langsam die heiße Fleischbrühe angießen. Die Suppe etwas salzen und 1½ Eßlöffel Minzblätter hinzufügen. • Die Butter in einer Pfanne erhitzen und die restlichen Minzblätter zusammen mit dem Paprikapulver darin kräftig anbraten. Diese Buttermischung zum Schluß in die Suppe geben.
(Fazilet Gündoğdu)

Hochzeitssuppe

Düğün Çorbası

Diese feine Suppe wird traditionell bei einer ländlichen Hochzeit serviert. Sie gilt als Nationalspeise.

250 g Lamm- oder Rindfleisch · 3 Eßl. Butter · 5 Eßl. Mehl · 3 Eier · Saft von 2 Zitronen · Salz · Rosenpaprikapulver

Zubereitungszeit: 1½ Stunden
Garzeit: 1¼ Stunden

Das Fleisch mit gut 1 l Wasser zum Kochen bringen und in etwa 1 Stunde gar kochen. Das Fleisch aus der Brühe nehmen und in kleine Würfel schneiden. Die Brühe erkalten lassen. • Die Butter in einem Topf erhitzen und das Mehl darin anschwitzen. Dann 1 l der Brühe nach und nach zugeben und alles 10 Minuten kochen lassen. • In einem anderen Topf inzwischen die Eier mit dem Zitronensaft verrühren und etwa ⅛ l kaltes Wasser zugeben. In dieses Gemisch nach und nach 5 Eßlöffel Brühe geben und das Ganze verrühren. • Dann das kleingeschnittene Fleisch wieder in die Brühe geben und heiß werden lassen. • Zum Schluß das Zitronen-Ei-Gemisch in die Brühe gießen, die dann nicht mehr kochen darf. Mit Salz und Paprikapulver abschmecken.
(Mualla Önel)

Tip: Es gibt eine Variante dieser türkischen Hochzeitssuppe, in der das Lamm- oder Rindfleisch durch Lamm- oder Rinderhirn ersetzt wird. In diesem Fall muß das Hirn vor der Zubereitung in Essigwasser leicht abgekocht werden, damit man anschließend die Haut abziehen kann.

Schöne-Frauen-Suppe

Güzel Hanım Çorbası

2 Zwiebeln · 250 g Lamm- oder Rinderhackfleisch · Salz · Pfeffer · 2 Eßl. Butter · 50 g Suppennudeln · 1½ Becher Joghurt (250 g) · Rosenpaprikapulver

Zubereitungszeit: 40 Minuten
Garzeit: 25 Minuten

Die Zwiebeln schälen und feinreiben. • Das Hackfleisch mit Salz und Pfeffer und 1 Zwiebel vermischen und kleine Hackfleischbällchen daraus formen. • In einem Topf die Butter erhitzen und die zweite Zwiebel darin andünsten. Mit ½ l Wasser auffüllen und mit Salz und Pfeffer würzen. Sobald das Wasser kocht, die Hackfleischbällchen hineingeben. Nach 5 Minuten auch die Suppennudeln zufügen und alles weitere 5 Minuten kochen lassen. • Zum Schluß den Joghurt unterrühren und die Suppe heiß werden, jedoch nicht mehr kochen lassen. Mit Paprikapulver abschmecken.
(Candan Karso)

Tip: Wer den Zorn seiner Mitmenschen nicht fürchtet, kann in der Butter außer der geriebenen Zwiebel auch noch 1 durchgepreßte Knoblauchzehe anbraten.

Tarhana-Suppe

Tarhana Çorbası

Die Tarhana-Suppe, eine anatolische Spezialität, ist eine Joghurtsuppe besonderer Art. Das Joghurtsuppenmehl, das man heute fertig kaufen kann, wird aus einem raffiniert gewürzten Joghurtteig hergestellt. Je nach Region werden in der Türkei unterschiedliche Arten von Tarhana bereitet. Eine Sorte kommt direkt als Mehl in die Suppe, andere Sorten muß man vorher mit etwas Wasser anrühren. Am besten richtet man sich nach der Anweisung auf der Packung oder läßt sich vom Kaufmann beraten.

2 Zwiebeln · 3 Knoblauchzehen · 2 Tomaten oder 2 Eßl. Tomatenmark · 3 Eßl. Butter · 200 g Hackfleisch (Lamm, Kalb oder Hammel) · 1 l Fleischbrühe (Lamm oder Kalb) · 100 g Tarhana · Salz · Pfeffer · Rosenpaprikapulver

Zubereitungszeit: etwa 35 Minuten
Garzeit: etwa 20 Minuten

Die Zwiebeln und die Knoblauchzehen schälen und kleinschneiden. Die Tomaten kreuzweise einschneiden und mit kochendem Wasser überbrühen, häuten und die Stielansätze entfernen. Die Tomaten kleinschneiden. • Die Butter in einem Topf erhitzen, die Zwiebeln und die Knoblauchzehen darin andünsten und die Tomaten oder das Tomatenmark zufügen. Alles sorgfältig umrühren. Dann das Hackfleisch in den Topf geben und kräftig braun anbraten. Die Fleischbrühe zugeben und alles aufkochen lassen. Das Tarhana langsam dazugeben und unter Rühren auflösen. Die Suppe 10 Minuten kochen lassen und mit Salz, Pfeffer und Paprikapulver abschmecken.
(Birten Kına)

Tip: Die Suppe kann mit in Butter gebratenen Weißbrotwürfeln serviert werden. Die Tarhana-Suppe wird in Istanbul auch mit Kornelkirschen und Datteln variiert. Diese Variation nennt man Serail-Tarhana. Die Früchte werden frisch oder getrocknet mit Kern auf die Teller verteilt und untergerührt. Kornelkirschen gibt es im türkischen Spezialgeschäft frisch zu kaufen.

Fleischbrühe

Et Suyu

Wenn auch für die Fleischbrühe ausschließlich Knochen verwendet werden, verdient sie ihren Namen doch zu Recht, da die türkischen Metzger reichlich Fleisch an den Knochen lassen. Zu den hierzulande üblichen »sauberen« Knochen sollte man für diese Brühe 200 g Suppenfleisch zufügen.

Für 10–12 Personen:
2–3 kg Rinderknochen · Salz · 1 Zwiebel · 1 Möhre · 2–3 Stangen Staudensellerie (oder ½ Sellerieknolle) · 1 Bund Petersilie · 1 Teel. Pfeffer · 2 Lorbeerblätter

Zubereitungszeit: 1 Stunde
Garzeit: 50 Minuten

Die Knochen gründlich waschen und mit etwa 3 l gesalzenem Wasser zum Kochen bringen. Der sich bildende Schaum sollte mit einer Schöpfkelle abgeschöpft werden. • Inzwischen die Zwiebel schälen. Die Möhre waschen, schaben und vierteln. Den Sellerie und die Petersilie waschen. • Das Gemüse mit dem Pfeffer und den Lorbeerblättern in den Topf geben und das Ganze etwa 40 Minuten kochen lassen. Die Brühe durch ein Sieb gießen.
(M. Renan Atalay)

Tip: Die Fleischbrühe kann man ebenso mit Hammel-, Kalb- oder Lammfleisch zubereiten. Sie läßt sich im Kühlschrank aufheben oder auch einfrieren.

Kuttelflecksuppe

İşkembe Çorbası

Diese in der Türkei beliebte kräftige Suppe ist eine Köstlichkeit. Nach reichlichem Genuß von »Rakı« oder Wein bringt sie die Lebensgeister rasch zurück.

Für 4–6 Personen:
500 g Kutteln · Salz · Saft von ½ Zitrone · 4 Eßl. Butter · 1 Eßl. Mehl · 3–4 Knoblauchzehen · 5 Eßl. Essig · ½ Teel. Rosenpaprikapulver

Zeit zum Ziehen: etwa 2 Stunden
Garzeit für die Kutteln: 3–4 Stunden
Garzeit für die Suppe: 20 Minuten

Zuerst die Kutteln waschen, kräftig mit Salz einreiben und dann etwa 2 Stunden ziehen lassen. Dann von den Kutteln mit dem Messer das Salz abstreifen und die Kutteln noch einmal gründlich unter fließendem Wasser säubern. • 1½ l Wasser mit dem Zitronensaft zum Kochen bringen. Die Kutteln hinzufügen und 3–4 Stunden bei schwacher Hitze gar kochen. • Die Kutteln aus dem Sud nehmen, abkühlen lassen und anschließend

Die Tarhana-Suppe (Tarhana Çorbası), die aus einem besonderen Joghurtsuppenmehl (Tarhana) zubereitet wird, ist eine anatolische Spezialität. Die Suppe wird gerne an kalten Wintertagen gegessen. ▷

in dünne Streifen schneiden. Den Sud aufheben. • 2 Eßlöffel Butter in einem Topf erhitzen und das Mehl darin anschwitzen. Die Kutteln mit dem Sud in die Mehlschwitze geben und kurz aufkochen lassen. • In der Zwischenzeit die Knoblauchzehen schälen, mit etwas Salz zerdrücken und mit dem Essig vermischen. Das Ganze in die Suppe geben. • Zum Schluß die restliche Butter in einer Pfanne zerlassen und das Paprikapulver darin kurz anbraten. • Die Suppe in Tassen oder Teller füllen und zum Schluß jeweils etwas von der Paprika-Butter dazugeben.
(M. Renan Atalay)

Hühnersuppe

Tavuk Çorbası

Diese mit Joghurt bereitete Hühnersuppe schmeckt einfach phantastisch. Wenn Kinder am Tisch sind, wird die hier verwendete Paprika-Butter nicht über die Suppenschüssel, sondern über die einzelnen Portionen gegeben, so daß man die Kinder aussparen kann. Die Paprika-Butter verleiht jeder Suppe ein schönes Aussehen und einen pikanten Geschmack.

2 Hühnerbrüste · 250 g Joghurt · 5 Eigelbe · Salz · Pfeffer · 2 Eßl. Butter · Rosenpaprikapulver

Zubereitungszeit: etwa 50 Minuten
Garzeit: 40 Minuten

Die Hühnerbrüste in reichlich Salzwasser etwa 30 Minuten kochen. Das Fleisch herausnehmen und etwas erkalten lassen. Die Hühnerbrühe aufheben. • Inzwischen den Joghurt und die Eigelbe verrühren und in einen Topf geben. Mit ½ l der Hühnerbrühe auffüllen und das Ganze unter Rühren einmal kurz aufkochen lassen. Mit Salz und Pfeffer würzen. • Das Fleisch mit den Fingern in kleine Stücke reißen und in die Suppe geben. Das Ganze noch einmal kurz aufkochen lassen. • Zum Schluß die Butter in einer Pfanne zerlassen und das Paprikapulver dazugeben. Die Paprika-Butter über die Suppe geben.
(Nazmiye Şenyer)

Fischsuppe

Balık Çorbası

Die Meeräsche, die es auch hierzulande in Fischgeschäften zu kaufen gibt, hat einen ausgesprochenen Fleischgeschmack. Sie wird ausschließlich für Fischsuppen verwendet.

Für 4–6 Personen:
500 g Meeräsche (oder ein anderer weißer Kochfisch) · 2 Möhren · ¼ Sellerieknolle · 1 große Kartoffel · 5 mittelgroße Zwiebeln · Salz · 3 Eßl. Butter · 1½ Eßl. Mehl · 1 Ei · Saft von 2 Zitronen · Pfeffer · 2 Eßl. frisch gehackte Petersilie

Zubereitungszeit: 20 Minuten
Garzeit: etwa 20–30 Minuten

Den Fisch säubern. • Die Möhren waschen, schaben und kleinschneiden. Den Sellerie und die Kartoffel waschen, schälen und in kleine Würfel schneiden. Die Zwiebeln schälen und kleinschneiden. • Das Gemüse in 1 l Salzwasser in 10–15 Minuten gar kochen. Das Gemüse anschließend in ein Haarsieb geben, den Gemüsesud in einer Schüssel auffangen. • Den Fisch in der Zwischenzeit in ¼ l schwach gesalzenem Wasser bei schwacher Hitze 5 Minuten gar ziehen lassen, dann herausnehmen und von den Gräten befreien. Den Fisch auf einer vorgewärmten Platte mit Folie abdecken und warm halten. • Die Butter in einem Topf zerlassen, das Mehl hinzufügen und kurz durchschwitzen. Die Gemüsebrühe in den Topf gießen. Das Gemüse durch das Haarsieb in den Topf streichen und alles mit Salz und Pfeffer abschmecken. Den Fisch zufügen. • Das Ei, den Zitronensaft und ⅛ l Wasser vermischen und in die Suppe rühren. Die Suppe soll nicht mehr kochen. • Die Suppe in Tassen oder Teller füllen und zum Schluß mit gehackter Petersilie bestreuen.
(Fazilet Gündoğdu)

Knurrhahnsuppe

Kırlangıç Balığı Çorbası

Der Knurrhahn ist ein kräftig gebauter Seefisch mit gepanzertem Kopf und stacheligen Flossen. Sein Fleisch ist grätenreich, aber sehr wohlschmeckend. Wenn man ihn beim Fischhändler vorbestellt, ist er auch im Binnenland zu erwerben.

Für 4–6 Personen:
500–750 g Roter Knurrhahn · 2 Möhren · 1 kleine Sellerieknolle · 3 Kartoffeln · 3 Zwiebeln · Salz · 4 Eßl. Butter · Pfeffer · 2 Eßl. Mehl · 4 Eigelbe · Saft von 2 Zitronen · 2 Eßl. frisch gehackte Petersilie

Zubereitungszeit: 45 Minuten
Garzeit: 25 Minuten

Den Fisch gründlich waschen. • Die Möhren schaben, die Sellerieknolle und die Kartoffeln schälen, alles waschen und in kleine Stücke schneiden. Die Zwiebeln schälen und kleinschneiden. • 1–1½ l leicht gesalzenes Wasser zum Kochen bringen und das Gemüse darin 10–15 Minuten halbgar kochen. Dann das Gemüse mit einem Schaumlöffel aus dem Sud heben. • Den Fisch im Sud 20–25 Minuten kochen, bis er fast gar ist und sich leicht von den Gräten lösen läßt. Den Fisch aus dem Sud heben, entgräten und in mundgerechte Stücke schneiden. Den Sud durch ein Sieb geben. • Die Butter in einem großen Topf zerlassen, das Gemüse zugeben, einige Minuten dünsten lassen und dann mit Sud angießen. Das Ganze aufkochen lassen und den Fisch 3 Minuten darin kochen lassen. Mit Salz und Pfeffer abschmecken. • Das Mehl in ⅛ l Wasser anrühren, mit den Eigelben verquirlen und den Zitronensaft zugeben. Mit etwas heißer Brühe verrühren und langsam in die Suppe geben, die noch einmal kurz aufkochen soll • Vor dem Servieren mit Petersilie bestreuen.
(Mustafa Sürücü)

Kartoffelsuppe

Patates Çorbası

4 mittelgroße Kartoffeln · Salz · 3 Eßl. Butter · 1 Eßl. Mehl · ½ Teel. geriebene Muskatnuß · ½ l Fleischbrühe · Rosenpaprikapulver

Zubereitungszeit: etwa 45 Minuten
Garzeit: etwa 35 Minuten

Die Kartoffeln waschen, schälen und in Würfel schneiden. In ½ l Salzwasser 10–15 Minuten kochen. Die Kartoffeln auf ein Sieb schütten und das Kochwasser auffangen. Die Kartoffeln durch das Sieb in das Kochwasser passieren. • In einem anderen Topf 1½ Eßlöffel Butter erhitzen. Das Mehl und die geriebene Muskatnuß hinzufügen und unter Rühren anschwitzen. Nach und nach mit der kalten Fleischbrühe auffüllen. Dann das Kartoffelgemisch zufügen. Die Suppe bei schwacher Hitze kurz aufkochen lassen und mit Salz abschmecken. • In einer Pfanne die restliche Butter zerlassen und das Rosenpaprikapulver darin kurz durchrösten. Das Paprika-Butter-Gemisch zum Schluß auf die Suppe geben. Heiß servieren.
(Aysel Şenol)

Tip: Eine besondere Note erhält diese Suppe, wenn man sie mit etwas Zitronensaft ergänzt.

Passierte Gemüsesuppe

Ezme Sebze Çorbası

Für 4–6 Personen:
3 Kartoffeln · 1 kleine Sellerieknolle · 2–3 Möhren · 2 Stangen Lauch/Porree · 2–3 Blätter Weißkohl · 1 Zwiebel · 2 Eßl. Butter · 1 Eßl. Mehl · 1 l Fleischbrühe · Salz · Pfeffer

Zubereitungszeit: 1½ Stunden
Garzeit: 50 Minuten

Die Kartoffeln und die Sellerieknolle waschen und schälen, die Möhren waschen und schaben. Alles in kleine Würfel schneiden. Die Lauchstangen der Länge nach halbieren und unter fließendem Wasser waschen; nur das Weiße verwenden. Die Weißkohlblätter ebenfalls waschen und Lauch und Weißkohl kleinschneiden. Die Zwiebel schälen und in kleine Würfel schneiden. • Die Butter in einem Topf erhitzen und die Zwiebel darin glasig werden lassen. Anschließend mit dem Mehl bestäuben und umrühren. Das kleingeschnittene Gemüse zufügen und leicht anbraten. Dann die kalte Fleischbrühe in den Topf gießen, aufkochen lassen und das Gemüse darin in 30 Minuten garen. • Die Brühe in einen anderen Topf umfüllen und das Gemüse dabei in einem Sieb auffangen. Dann das Gemüse durch das Sieb in die Brühe passieren. • Die Suppe mit Salz und Pfeffer abschmecken.
(Sabahat Han)

Tip: Die Suppe kann nach Belieben verändert werden. Man kann ¼ l Tomatensaft zur Brühe geben oder sie zum Schluß mit einem mit etwas Milch verquirltem Eigelb legieren; die Suppe darf dann nicht mehr kochen.

Zwiebelsuppe

Soğan Çorbası

Die türkische Küche ist ohne Zwiebel nicht denkbar. Auf dem Land und in der Stadt kommen Zwiebeln zu jeder Gelegenheit auf den Tisch. Alle Sorten erfreuen sich großer Beliebtheit. Man sagt ihnen nach, daß sie nicht nur gesund sind, sondern auch Körper und Seele jung erhalten.

4 mittelgroße Zwiebeln · 3 Eßl. Butter · 2 Eßl. Mehl · Salz · Pfeffer · 4 Scheiben Graubrot · 3½ Eßl. geriebener Kaşar Peyniri (ersatzweise mittelalter Gouda-Käse)

Zubereitungszeit: 45 Minuten
Garzeit: 25 Minuten

Die Zwiebeln schälen und in Scheiben schneiden. • Die Butter in einem Kochtopf erhitzen und die Zwiebeln darin glasig werden lassen. Dann mit dem Mehl bestäuben und durchschwitzen lassen. • 1 l kaltes Wasser unter ständigem Rühren langsam hinzufügen und aufkochen lassen. Die Suppe mit Salz und Pfeffer abschmecken und alles 15 Minuten kochen lassen. • Den Backofen auf 180° vorheizen. • Eine feuerfeste Form mit den Brotscheiben auslegen. Die Zwiebelsuppe darübergießen. Anschließend den geriebenen Käse über die Suppe streuen. • Das Ganze auf der zweiten Schiene von unten in den Backofen schieben und so lange überbacken, bis sich der Käse goldbraun gefärbt hat. • Die Suppe auf vier Suppentassen oder -teller verteilen und dabei darauf achten, daß jede Portion eine Scheibe Brot erhält.
(Hacer Grützmann)

Tip: Diese Suppe schmeckt sehr pikant, wenn man 3 Knoblauchzehen zusammen mit den Zwiebeln verwendet.

Erbsensuppe

Bezelye Çorbası

500 g frische Erbsen · 2 Zwiebeln · 1 Kopf grüner Salat · 1 Bund Petersilie · Salz · 1½ l Fleisch- oder Hühnerbrühe · 6 Scheiben Weißbrot · 3 Eßl. Butter · Paprikapulver

Zubereitungszeit: 50 Minuten
Garzeit: 40 Minuten

Die Erbsen aus den Schoten pulen. Die Zwiebeln schälen und hacken. Den Salat in Blätter teilen, diese waschen und trockenschleudern. Die Petersilie waschen und ebenfalls trockenschleudern. • Alles zusammen in 1¼ l Brühe 20 Minuten kochen. • Die Suppe durch ein Sieb in einen anderen Topf streichen. Die restliche Brühe zugeben und die Suppe 15 Minuten kochen lassen. • Inzwischen die Brotscheiben in 3 cm große Würfel schneiden. • Die Butter in einer Pfanne zerlassen und die Brotwürfel darin rösten. Mit Paprikapulver zusätzlich Farbe geben. • Die Brotwürfel nach dem Servieren auf die Teller verteilen.
(Lale Gözlü)

Linsensuppe
Mercimek Çorbası

250 g rote Linsen · 1 mittelgroße Kartoffel · 2 Zwiebeln · 1 Möhre · 4 Eßl. Butter · 1 Eßl. Mehl · 1 l Fleischbrühe (Lamm oder Kalb) · 1 Eigelb · ¼ l Milch · Salz · Pfeffer · Rosenpaprikapulver

Zubereitungszeit: 1 Stunde
Garzeit: etwa 50 Minuten

Die Linsen verlesen und waschen. Die Kartoffel schälen, die Möhre schaben; beides waschen und reiben. Die Zwiebeln schälen und reiben. • 2 Eßlöffel Butter in einem Topf erhitzen und die Zwiebeln darin andünsten. Mit Mehl bestäuben und unter Rühren anschwitzen lassen. Dann nach und nach mit der kalten Brühe auffüllen. Die Linsen samt Kartoffel und Möhre zugeben. Alles 40 Minuten kochen lassen. Dann die Brühe mit dem Gemüse durch ein Haarsieb in einen anderen Topf passieren und noch einmal aufkochen lassen. • Das Eigelb mit der Milch verquirlen und die Mischung 10 Minuten vor dem Servieren in die Suppe rühren. Nicht mehr kochen lassen! Mit Salz und Pfeffer abschmecken. • Die restliche Butter in einer Pfanne zerlassen und das Paprikapulver einrühren. Die Paprika-Butter über die Suppe gießen.
(M. Renan Atalay)

Tip: Statt mit ¼ l Milch kann man das Eigelb auch mit 1 kräftigen Spritzer Zitronensaft vermischen oder eine Mischung aus Eigelb, Zitronensaft und 1 Eßlöffel Mehl anrühren. • Man kann auch auf das Legieren ganz verzichten und die Paprika-Butter weglassen.

Borschtsch
Borç

Die Borschtsch-Suppe wird auf türkische Art mit in Butter geröstetem Paprikapulver serviert. In Anlehnung an das russische Vorbild reicht man separat saure Sahne oder auch Dickmilch, wovon man sich bei Tisch 1 Eßlöffel auf den Teller nimmt.

1 Zwiebel · 2 Knoblauchzehen · 1 Kartoffel · ½ Sellerieknolle · ½ rote Bete · 1 Möhre · 3–4 Blätter Weißkohl · 1 Eßl. Butter · 1 Eßl. Mehl · 1 Eßl. Tomatenmark · Saft von ½ Zitrone · 1 Teel. Zucker · 1 Teel. Rosenpaprikapulver · Salz · 1 l Fleischbrühe

Zubereitungszeit: 45 Minuten
Garzeit: etwa 20 Minuten

Die Zwiebel schälen und reiben, die Knoblauchzehen schälen und in der Knoblauchpresse zerdrücken. Die Kartoffel, die Sellerieknolle und die rote Bete waschen und schälen. Die Möhre waschen und schaben. Die Weißkohlblätter waschen. Alles feinschneiden. • Die Butter in einem Topf erhitzen und die Zwiebel darin glasig dünsten. Das Mehl zufügen und anschwitzen. Dann den Knoblauch und das Gemüse zugeben. Das Tomatenmark, den Zitronensaft, den Zucker, das Paprikapulver und Salz unterrühren. Die Fleischbrühe zugießen, kurz umrühren und die Suppe 10 Minuten bei mittlerer Hitze kochen lassen.
(Nimet Aslan)

Kaukasische Suppe
Kafkas Çorbası

Diese in der gesamten Türkei berühmte Wintersuppe wurde von den kaukasischen Türken mit ins Land gebracht. Sie schmeckt besonders pikant, wenn man sie wirklich scharf würzt.

2 kleine Steckrüben · 1 kleine Sellerieknolle · 1 große Möhre · 4 Blätter Weißkohl · 1 Zwiebel · 3 Eßl. Butter · 1 l Fleischbrühe · 50 g Suppennudeln · 3 Eigelbe · Salz · Pfeffer · Rosenpaprikapulver

Zubereitungszeit: etwa 45 Minuten
Garzeit: 25 Minuten

Die Steckrüben und die Sellerieknolle waschen und schälen. Die Möhre waschen und schaben. Die Weißkohlblätter waschen. Alles in kleinere Stücke schneiden. Die Zwiebel schälen und in Würfel schneiden. • Die Butter in einem Topf erhitzen und die Zwiebel darin glasig werden lassen. Dann das übrige Gemüse zufügen und das Ganze 3 Minuten andünsten. Mit der Fleischbrühe auffüllen und das Gemüse bei schwacher Hitze 15 Minuten garen. Kurz vor Ende der Garzeit die Suppennudeln zufügen und weitere 3–5 Minuten kochen lassen. • Die Eigelbe mit etwas Wasser verquirlen und in die Suppe rühren. Die Suppe darf nicht mehr kochen. Mit Salz, Pfeffer und Rosenpaprikapulver abschmecken.
(Mustafa Sürücü)

Weißkohlsuppe
Lahana Çorbası

Ein typisches Gericht der Schwarzmeer-Küste ist diese mit Maismehl gebundene ländliche Suppe.

Für 4–6 Personen:
150 g weiße Bohnen · Salz · 1 Prise Zucker · 1 Weißkohl · 250 g Suppenfleisch (vom Lamm, Hammel oder Rind) · 3 Eßl. Schmalz (vom Lamm) · 1 l Fleischbrühe · 3 Eßl. Butter · 4 Eßl. Maismehl · Pfeffer · Rosenpaprikapulver

Zeit zum Einweichen: 12 Stunden
Zubereitungszeit: 2 Stunden
Garzeit: etwa 1¾ Stunden

Die Bohnen am Vortag in reichlich Wasser einweichen. • Am Tag der Zubereitung die Bohnen in 1 l Salzwasser, dem die Prise Zucker zugesetzt wurde, 45 Minuten vorkochen. • Inzwischen den Weißkohl von den äußeren Blättern befreien, vierteln, waschen und den Strunk entfernen; die Blätter kleinschneiden, das Fleisch in Würfel schneiden. • Das Schmalz in einem Topf erhitzen und das Fleisch darin anbraten. Etwas später den

Die Wintergemüse Steckrüben, Möhren, Sellerieknolle und Weißkohl geben der Kaukasischen Suppe (Kafkas Çorbası) ihren herzhaften Geschmack. ▷

Weißkohl zugeben und andünsten. Die Fleischbrühe und die Bohnen zufügen und alles zusammen weitere 45 Minuten kochen lassen. • In der Zwischenzeit die Butter in einem zweiten Topf erhitzen. Das Maismehl hinzufügen und unter Rühren leicht Farbe nehmen lassen. Die Suppe dazugießen. Mit Salz, Pfeffer und Rosenpaprikapulver abschmecken und alles noch einmal kurz aufkochen lassen.
(Hatice Henki)

Spinatsuppe

Ispanak Çorbası

125 g Sellerieknolle · 2 große Möhren · 1½ l Fleischbrühe · 250 g Spinat · 3 Eßl. Butter · 2 Eßl. Mehl · 4 Eigelbe · Saft von 1 Zitrone · je 2 Eßl. frisch gehackte Kräuter: Petersilie und Dill · Salz

Zubereitungszeit: 50 Minuten
Garzeit: 40 Minuten

Den Sellerie waschen und schälen; die Möhren waschen und schaben. Beides unzerkleinert in der Fleischbrühe 20 Minuten kochen. • Inzwischen den Spinat verlesen und gründlich in reichlich Wasser waschen; sehr fein schneiden. Den Spinat in kochendes Wasser geben und 10 Minuten darin garen; dann durch ein Sieb abgießen. • Den Sellerie und die Möhren mit der Schaumkelle aus der Brühe heben und in streichholzdünne Stäbchen schneiden, dann beiseite stellen. • Die Butter in einem Topf zerlassen, das Mehl darin Farbe nehmen lassen und mit der Brühe ablöschen. • Die Eigelbe mit dem Zitronensaft und ⅛ l Wasser gut verrühren. • Den Spinat, den Sellerie, die Möhren, die Eigelbmischung und Salz in die Brühe geben und alles nochmals 10 Minuten ziehen lassen.
(Cengiz Aypar)

Mehlsuppe

Un Çorbası

Diese Suppe gilt wegen der darin verwendeten Kräuter als besonders bekömmlich und wird in der Türkei oft Kranken oder Rekonvaleszenten serviert.

3 Eßl. Butter · je 1 Teel. frisch gehackte Kräuter: Thymian, Minzblätter und Petersilie · 1 Teel. Rosenpaprikapulver · 6 Eßl. Mehl · Salz

Zubereitungszeit: 25 Minuten
Garzeit: 20 Minuten

Die Butter in einem Topf erhitzen und die gehackten Kräuter und das Paprikapulver zufügen. Alles leicht anbraten, dann das Mehl hineinstreuen und anschwitzen. Dabei stets rühren. ½ l Wasser dazugießen und aufkochen lassen. Dann nochmals ½ l Wasser zugeben und die Suppe 10 Minuten kochen lassen. Mit Salz abschmecken.
(Hatice Henki)

Milchsuppe

Süt Çorbası

1 l Milch · ½ l Tomatensaft · 3 Eßl. Butter · Salz

Zubereitungszeit: 25 Minuten
Garzeit: 20 Minuten

Die Milch mit dem Tomatensaft vermischen. Bei mittlerer Hitze unter ständigem Rühren erhitzen und dabei die Butter und das Salz hinzufügen. Das Ganze 10 Minuten bei schwacher Hitze kochen lassen; dabei nicht mehr rühren. • Heiß in Suppentassen servieren.
(Hacer Grützmann)

Mandelmilchsuppe

Sütlü Badem Çorbası

Einen feinen Geschmack erhält diese Suppe, die auch bei Kindern großen Anklang findet, durch die Mandeln.

100 g Mandeln · ¼ l Milch · 3 Eßl. Mehl · 1 l Fleischbrühe (Lamm oder Kalb) · Salz

Zubereitungszeit: etwa 35 Minuten
Garzeit: 25 Minuten

Die Mandeln in kochendem Wasser 1 Minute überbrühen und anschließend die Haut abziehen. Die Mandeln zusammen mit der Milch in einen Mixer geben und pürieren. Die Mandelmilch in ein Gefäß gießen und vorsichtig mit dem Mehl verrühren. • In einem Topf die Fleischbrühe aufkochen lassen. Die Mandelmilch langsam unter ständigem Rühren in die Brühe gießen und mit Salz abschmecken. Die Suppe bei schwacher Hitze 15 Minuten kochen lassen.
(Semanur Çay)

Vorspeisen, kalte Gerichte und Beilagen

Vorspeisen fallen in der Türkei sehr verschieden aus – je nachdem, ob sie im Restaurant oder in einem privaten Kreis zu Hause gereicht werden. Im Restaurant gibt es als typische Vorspeise einen Teller mit Schafkäse, rohem Schinken, geräuchertem Fisch und Hartwurst. Einem Deutschen mag das vielleicht ausreichend erscheinen, es ist dies aber kein Vergleich mit dem, was einem Gast geboten wird, wenn eine türkische Familie zu seinen Ehren ein Essen mit Freunden und Verwandten gibt. Kleine Kalbfleisch-Cocktailwürstchen und gefüllte Weinblätter, kleine Fleischbällchen mit Senf oder Tomatenpüree gehören ebenso dazu wie Käsekroketten oder gefüllte Teigröllchen. Dieses Gebäck ist entweder mit Käse oder Gehacktem gefüllt und wird warm gereicht. Und man läßt sich im privaten Kreis viel Zeit für die Vorspeisen, die natürlich mit »Rakı« oder Wein gereicht werden: Zwei Stunden gehen leicht darüber hin. Und wenn ein Mitteleuropäer nach dieser Zeit wohlig satt von all den Köstlichkeiten das Mahl beendet glaubt, wird er erst zum eigentlichen Essen gebeten. Denn nun kommen erst die Hauptgerichte, zu denen die Dame des Hauses den Ehrengast an den großzügig gedeckten und mit Spezialitäten überladenen Tisch führt. Als Vorspeisen sehr beliebt sind mit Reis und Zwiebeln sowie Hackfleisch gefüllte grüne Paprikaschoten, die ihrer pikanten bis scharfen Würzung wegen verständlicherweise den Appetit auf »Rakı« erhöhen. Als Ausgleich gibt es dann verschiedene Pürees, gefüllte Tomaten und diverse Bohnensorten in Öl – allerdings kalt serviert.
Vorspeisen werden meist in größeren Mengen gekocht. Sie halten sich in der Regel im Kühlschrank ein bis zwei Wochen. Wenn man Tag für Tag ein neues Gericht zubereitet, hat man bald eine ansehnliche Zahl an Vorspeisen beisammen. Viele dieser kleinen Speisen werden auch gerne als Zwischengerichte nach einem warmen Gang aufgetragen. Manches gibt auch ein Hauptgericht ab.
(Hubert Knich)

Möhren-Walnuß-Salat

Cevizli Havuç Salatası

500 g Möhren · 125 g Walnußkerne · 2–3 Eßl. Öl · 1 Teel. Pfeffer · 1 Teel. Rosenpaprikapulver · 2 Teel. Kreuzkümmel · Salz · 2 Knoblauchzehen · 1 Becher Joghurt (125 g) · 2 Eßl. frisch gehackte Petersilie

Zubereitungszeit: 30 Minuten

Die Möhren schaben, waschen und reiben. Die Walnüsse hacken. • Das Öl in einer Pfanne erhitzen und die Möhren darin 2–3 Minuten leicht anbraten. Dann die Walnüsse und die Gewürze zugeben und alles 2–3 Minuten braten. Dann erkalten lassen. • Die Knoblauchzehen schälen und in den Joghurt pressen, dann verrühren. Den Knoblauch-Joghurt schließlich mit der Mischung aus Möhren und Walnüssen vermengen. • Den Salat mit Petersilie bestreuen und servieren.
(Hersek Ailesi)

Möhren in Mayonnaise

Mayonezli Havuç

500 g Möhren · 2 Teel. Salz · 2 Teel. Zucker · 2–3 Eßl. Salatmayonnaise · 3–4 Eßl. Milch · 1 Teel. Senf · 1 Teel. Pfeffer · 1 Bund Dill · 1 Bund Petersilie · 3–4 Frühlingszwiebeln

Zubereitungszeit: 25 Minuten
Garzeit: 15 Minuten

Die Möhren schaben, waschen und in dünne Scheiben schneiden. ½ l Wasser mit dem Salz und dem Zucker zum Kochen bringen. Die Möhren darin 15 Minuten kochen; dann abkühlen lassen. • Für die Sauce die Mayonnaise mit der Milch verrühren. Mit dem Senf, dem Pfeffer und etwas Salz würzen. Den Dill waschen und von den Stielen zupfen. Die Petersilie und die Frühlingszwiebeln waschen und feinhacken. Alles in die Mayonnaise rühren. • Die Möhren abgießen, abtropfen lassen und lauwarm mit der Mayonnaisemischung verrühren.
(İsmail Çamlık)

Rindfleischsalat

Sığır Eti Salatası

250 g Rindfleisch (Hochrippe oder Mittelbug) · Salz · 2 mittelgroße Kartoffeln · 2 Eier · 2 Tomaten · 1 kleine Zwiebel · 4–5 Eßl. Öl · 1 Eßl. Essig · Pfeffer · 1 Teel. Rosenpaprikapulver · 2 Eßl. frisch gehackte Petersilie

Zubereitungszeit: 1½ Stunden
Garzeit: etwa 40–50 Minuten

Das Fleisch von Salzwasser bedeckt etwa 40–50 Minuten kochen. Anschließend in kleine Stücke schneiden. • Die Kartoffeln schälen, waschen, von Salzwasser bedeckt 25–30 Minuten kochen und ebenfalls in kleine Stücke schneiden. • Die Eier hartkochen, pellen und in kleine Stücke schneiden. • Die Tomaten kreuzweise einschneiden, mit kochendem Wasser überbrühen und die Haut abziehen. Die Stielansätze entfernen und die Tomaten würfeln. • Die Zwiebel schälen und feinhacken. • In einer Salatschüssel das Öl, den Essig, Salz, Pfeffer und das Paprikapulver gut verrühren. Das Fleisch, die Kartoffeln, die Eier und die Tomaten in die Marinade geben und alles gründlich vermischen. Den Salat 30 Minuten durchziehen lassen. • Vor dem Servieren die Petersilie über den Salat streuen.
(Nesrin Aksoy)

Kartoffelsalat

Patates Salatası

In der türkischen Küche bevorzugt man große Kartoffeln. Sie werden in der Regel in Salzwasser als Pellkartoffeln bereitet.

Für 4–6 Personen:
8–10 mittelgroße Kartoffeln · Salz · 2 Zwiebeln · 1 Eßl. Senf · 2–3 Eßl. Essig · 2–3 Eßl. Olivenöl · 1 Teel. Salz · 1 Teel. Pfeffer · 1 Teel. Rosenpaprikapulver · 1 Eßl. frisch gehackte Minzblätter

Zubereitungszeit: 45 Minuten
Garzeit: 20 Minuten

Die Kartoffeln gründlich waschen und 25–30 Minuten in Salzwasser kochen. • Die Zwiebeln schälen, in Scheiben schneiden und in Ringe zerteilen, dann mit etwas Salz durchkneten, unter Wasser abbrausen und mit Küchenkrepp abtrocknen. • Für die Sauce den Senf, den Essig, das Olivenöl, 1 Teelöffel Salz, den Pfeffer und das Paprikapulver in eine Schüssel geben und alles verrühren. • Die Kartoffeln pellen und in die Schüssel hineinschneiden. Alles nochmals durchmischen. Dann die Zwiebeln und die Minzblätter unterrühren und servieren.
(Gisela Sert)

Tomatensalat

Domates Salatası

Tomatensalat darf auf keiner Vorspeisen-Tafel fehlen. Es gibt ihn in vielen Variationen. Das Rezept hier ist ein ländliches Beispiel.

500 g Tomaten · 2 Zwiebeln · Salz · 5 Peperoni/Spitzpaprika · 1 Teel. frisch gehackte Minzblätter · 3–4 Eßl. Öl · Saft von 1½ Zitronen

Zubereitungszeit: etwa 15 Minuten

Die Tomaten kreuzweise einschneiden, kurz mit kochendem Wasser überbrühen und die Haut abziehen. Die Stielansätze entfernen. Die Tomaten in kleine Stücke schneiden und in eine Schüssel geben. • Die Zwiebeln schälen, halbieren und dann in Scheiben schneiden. Reichlich Salz über die Zwiebeln streuen und diese 5 Minuten ziehen lassen. Dann die Zwiebeln kräftig mit der Hand ausdrücken, waschen und erneut ausdrücken. Die Zwiebeln über die Tomaten legen. Die Peperoni waschen, in Scheiben schneiden und ebenfalls in die Schüssel geben. Die Minzblätter darüberstreuen. • Für die Sauce das Öl mit dem Zitronensaft und Salz verrühren. Die Sauce über die Tomaten gießen und alles gründlich vermischen.
(Hayriye Aygül)

Tip: Der Tomatensalat wird gerne mit 2 Gärtnergurken angereichert. Ab März verwendet die türkische Hausfrau natürlich statt der Zwiebeln 4–5 Frühlingszwiebeln, wobei sie das Zwiebelgrün kleingeschnitten zugibt. Häufig werden auch statt des Zitronensaftes 2–3 Eßlöffel Essig bevorzugt. Verwendet man den Salat für eine Vorspeisen-Tafel, nimmt man gerne 2–3 gepreßte Knoblauchzehen zusätzlich und würzt mit reichlich Rosenpaprikapulver.

◁ Zwei klassische Vorspeisen, die leicht zuzubereiten sind: Gurken mit Joghurt (Cacık) und Tomatensalat (Domates Salatası) mit frisch gehackter Minze, Zwiebeln und Peperoni.

Gurken mit Joghurt

Cacık

Die türkische Hausfrau bereitet ihren Joghurt selbst zu und hat stets einen Vorrat davon in der Küche zur Hand. Für die Vorspeise »Cacık« vermischt sie ihn mit Gärtnergurken, Knoblauchzehen und viel frischem Dill. Dieses seit altersher beliebte türkische Gericht hat unter anderem auch für die griechische Spezialität »Tsatsiki« Pate gestanden.

2 Salatgurken · 4 Knoblauchzehen · 4 Becher Joghurt (je 150 g) · Salz · 4 Eßl. frisch gehackter Dill · 1 Teel. Öl

Zubereitungszeit: 15 Minuten

Die Salatgurken schälen und kleinschneiden. Die Knoblauchzehen schälen. Den Joghurt mit 1 Tasse Wasser und Salz gut verrühren und die Gurken zufügen. Die Knoblauchzehen mit etwas Salz zerdrücken und zum Joghurt geben. Alles gut vermischen. • Mit dem gehackten Dill bestreuen und mit dem Öl beträufeln.
(M. Renan Atalay)

Tip: Cacık wird in kleinen Schalen serviert. Man kann diese klassische türkische Vorspeise auch mit 1 Teelöffel gehackter Minzblätter zusätzlich würzen.

Blumenkohlsalat

Karnabahar Salatası

Für 4–6 Personen:
1 Blumenkohl · Salz · 4–5 Eßl. Öl · Saft von 3 Zitronen · 1 Teel. Rosenpaprikapulver

Zubereitungszeit: 30 Minuten
Garzeit: 10–15 Minuten

Vom Blumenkohl Strunk und Blätter abschneiden. Den Kohl kurz in Salzwasser legen und dann gründlich waschen. • Reichlich Salzwasser in einem Kochtopf zum Kochen bringen. Den Blumenkohl darin 10–15 Minuten garen. Er darf jedoch nicht völlig weich sein. • Den Kohl aus dem Sud nehmen und die einzelnen Röschen abschneiden. Diese auf eine Salatplatte legen. • Für die Sauce das Öl mit dem Zitronensaft, Salz und dem Paprikapulver verrühren. • Die Sauce über den Blumenkohl gießen, etwas einziehen lassen und dann servieren.
(Şehriban Arslan)

Käsesalat

Peynir Salatası

200 g Kaşar-Käse (ersatzweise Greyerzer Käse/Gruyère) · 250 g saure Gurken · 20 entkernte schwarze Oliven · 1 Bund Radieschen · 4–5 Frühlingszwiebeln · 4 Eßl. Öl · 2 Teel. Senf · Salz · Pfeffer · 1 Teel. Rosenpaprikapulver

Zubereitungszeit: 15 Minuten

Den Käse in etwa 3 cm lange und ½ cm breite Streifen schneiden. Die Gurken längs halbieren und die Kerne mit einem Teelöffel entfernen. Dann die Gurken in kleine Stücke schneiden. Die Oliven vierteln. Die Radieschen und die Frühlingszwiebeln waschen, putzen und in kleine Scheiben schneiden. Alles zusammen in eine Schüssel geben. • Für die Sauce das Öl mit dem Senf, Salz, Pfeffer und dem Paprikapulver verrühren und über die Salatzutaten gießen. Den Salat gründlich mischen und servieren.
(Cemile Yaman)

Weißer Bohnen-Salat

Piyaz

Eine »Rakı«-Tafel ohne einen Weiße-Bohnen-Salat ist kaum vorstellbar. Auch in jedem noch so abgelegenen Dorf hat man im Haushalt jederzeit für einen solchen Salat weiße Bohnen und Oliven zur Hand.

Für 4–6 Personen:
250 g weiße Bohnen · Salz · 5 Zwiebeln · 4 Eßl. frisch gehackte Petersilie · 10–20 Oliven · 2–3 Teel. Rosenpaprikapulver · Saft von 1 Zitrone · 6 Eßl. Olivenöl · 4 Eßl. Essig · 3 hartgekochte Eier

Einweichzeit: 8–12 Stunden
Zubereitungszeit: etwa 1½ Stunden
Garzeit: 40 Minuten

Am Vortag die Bohnen in kaltem Wasser einweichen. Die Bohnen danach von Salzwasser bedeckt 30–40 Minuten kochen. Dann abtropfen lassen und kalt stellen. • Die Zwiebeln schälen, halbieren und in dünne Scheiben schneiden. Die Zwiebelscheiben reichlich mit Salz bestreuen und etwa 10 Minuten ziehen lassen. Die Zwiebeln anschließend mit der Hand kräftig ausdrücken, waschen und abtropfen lassen. Die Petersilie unter die Zwiebeln mischen und die Hälfte der Oliven zufügen. Salz und etwas Paprikapulver zufügen. Alles gut verrühren. • Die Bohnen in eine Schüssel geben. Die Zwiebelmasse gleichmäßig über die Bohnen verteilen. • Für die Sauce den Zitronensaft mit dem Olivenöl und dem Essig verrühren. Salz und das restliche Paprikapulver zufügen. • Die hartgekochten Eier pellen, vierteln und auf den Salat legen. Die Marinade über den Salat gießen und 30 Minuten einziehen lassen. • Den Salat mit dem Rest der Oliven verzieren und kalt servieren.
(M. Renan Atalay)

Tip: Dieser Salat eignet sich hervorragend als Beilage zu gebratenem Fisch und Fleisch.

Kalbshirnfladen

Beyin Köftesi

1 Kalbshirn (etwa 500–600 g) · 2 Eier · 1½ Eßl. Mehl · 2 Eßl. frisch gehackte Petersilie · Salz · Pfeffer · 1 Teel. Rosenpaprikapulver · reichlich Öl zum Braten

Zubereitungszeit: 40 Minuten
Garzeit: je Fladen 4 Minuten

Das Kalbshirn gründlich waschen, bis alles Blut entfernt ist. In 1 l kochendem Salzwasser 10–15 Minuten kochen lassen. Das Hirn herausnehmen und mit einem Küchenmesser die Haut vom Fleisch sorgfältig entfernen. • Dann das Hirn in eine Schüssel geben und mit einer Gabel zerdrücken. Mit den Eiern, dem Mehl, der Petersilie, Salz, Pfeffer und dem Paprikapulver vermischen. • Das Öl in einer Pfanne erhitzen. Mit einem Eßlöffel die Hirnmasse portionsweise in die Pfanne geben und etwas flachdrücken. Die Kalbshirnfladen von beiden Seiten je 2 Minuten gleichmäßig braun braten. • Vor dem Servieren die Fladen zum Abtropfen auf Küchenkrepp legen.
(M. Renan Atalay)

Zucchinifladen

Mücver

Wenn man in der Türkei gefüllte Zucchini bereitet, wird das Innere für diese raffinierte Vorspeise genutzt. Man benötigt dafür insgesamt 500 g Zucchinifleisch.

Für 4–6 Personen:
500 g Zucchini · 2 Eier · 4 Eßl. Mehl · 2 Eßl. frisch gehackte Petersilie · 1 Teel. frisch gehackte Minzblätter · 1 Eßl. frisch gehackter Dill · Salz · Pfeffer · 1 Teel. Rosenpaprikapulver · reichlich Öl zum Braten

Zubereitungszeit: etwa 15 Minuten
Garzeit: je Fladen etwa 4 Minuten

Die Zucchini waschen und mit der Küchenreibe in eine Schüssel feinreiben. • Die Zucchini mit den Eiern, dem Mehl und den Kräutern vermischen. Mit Salz, Pfeffer und dem Paprikapulver würzen. • Das Öl in einer Pfanne erhitzen. Mit einem Eßlöffel die Zucchinimasse portionsweise in die Pfanne geben, etwas flachdrücken und von beiden Seiten je etwa 2 Minuten braten. • Anschließend die Zucchinifladen auf Küchenkrepp legen, damit das Fett abtropfen kann.
(Ayfer Işın)

Tip: Besonders pikant schmecken die Zucchinifladen, wenn sie mit einer Joghurt-Sauce serviert werden: 1½ Becher Joghurt (225 g) mit etwas Salz und 2 durchgepreßten Knoblauchzehen vermischen. Diese Joghurt-Sauce über die Fladen gießen.

Blumenkohlfladen

Karnabahar Köftesi

In der Familie Atalay wird dieses Rezept schon seit langem von der Mutter auf die Tochter weitergereicht – eine bei Gästen hochgeschätzte Bereicherung der Vorspeisen-Tafel.

Für 4–6 Personen:
1 kleiner Blumenkohl · Salz · 2 Eßl. Mehl · 2 Eier · je 2 Eßl. frisch gehackte Kräuter: Dill und Petersilie · Pfeffer · 1 Teel. Rosenpaprikapulver · reichlich Öl zum Braten

Zubereitungszeit: 50 Minuten
Garzeit: 30 Minuten

Von dem Blumenkohl den Strunk und die Blätter abschneiden. Den Kohl in Salzwasser legen und dann gründlich waschen. • Den Blumenkohl in einem

Den Weißen-Bohnen-Salat (Piyaz) kann man mit Fug und Recht als Inbegriff der türkischen Vorspeise bezeichnen. Die Zutaten hierfür gehören zum Grundstock eines jeden häuslichen Vorrates. ▷

Topf mit reichlich Salzwasser zum Kochen bringen und etwa 20 Minuten kochen lassen; er soll recht weich sein. Den Blumenkohl aus dem Kochwasser heben und abkühlen lassen. Die Röschen abschneiden und zusammen mit den kleinen Strünken in einer Schüssel mit einer Gabel völlig zerdrücken. • Das Mehl und die Eier zufügen. Den Dill, die Petersilie, Salz, Pfeffer und das Paprikapulver unterrühren. • Reichlich Öl in einer Pfanne erhitzen. Mit einem Eßlöffel aus der Blumenkohlmasse Bällchen ausstechen, in der Pfanne etwas flach klopfen und von beiden Seiten je etwa 2 Minuten braun braten. • Vor dem Servieren die Blumenkohlfladen auf Küchenkrepp legen, damit das Fett abtropfen kann.
(M. Renan Atalay)

Gefüllte Weinblätter

Zeytinyağlı Yaprak Dolması

Eine festliche und pikante Vorspeise für die »Rakı«-Tafel sind mit Reis, Korinthen und Pinienkernen gefüllte Weinblätter. Das fertige Gericht hält bis zu 2 Wochen im Kühlschrank.

Für 6–8 Personen:
1 Beutel eingelegte Weinblätter (aus dem türkischen Spezialgeschäft) · 50 g Korinthen · 2 Zwiebeln · 1 Tasse Olivenöl · 1 Tasse Reis · 100 g Pinienkerne · 1 Teel. Zimt · Salz · Pfeffer · 2 Eßl. frisch gehackte Petersilie · 1 unbehandelte Zitrone

Zubereitungszeit: 2½ Stunden
Garzeit: 35 Minuten

Die Weinblätter in warmes Wasser legen. Getrennt davon die Korinthen 20 Minuten lang in warmem Wasser quellen lassen. Die Zwiebeln schälen und feinschneiden oder auf der Küchenreibe reiben. • Die Hälfte des Olivenöls in einem Topf erhitzen und die Zwiebeln darin anbraten. Dann den Reis, die Korinthen, die Pinienkerne, den Zimt, Salz, Pfeffer und die Petersilie in den Topf geben. Alles zusammen unter ständigem Rühren anbraten. 1½ Tassen Wasser zufügen. Alles bei schwacher Hitze zugedeckt garen, bis das Wasser aufgesogen ist. Das dauert etwa 35 Minuten. Den Topf vom Herd nehmen und abkühlen lassen. • Einen anderen Kochtopf zunächst mit einigen Weinblättern auslegen. Die restlichen Weinblätter mit jeweils etwas Reismischung füllen, oben und unten einschlagen und zusammenrollen. Die gerollten Blätter nebeneinander in den Kochtopf auf die ausgebreiteten Blätter setzen. • Die Zitrone waschen, in Scheiben schneiden und oben auf die gefüllten Weinblätter legen. Den Rest des Olivenöls darübergießen. Dann mit 1½ Tassen Wasser aufgießen und salzen. Einen kleineren Teller umgekehrt auf die Weinblätter legen, damit sie sich während des Garens nicht aufrollen können. • Den Topf zudecken und die gefüllten Weinblätter bei mittlerer Hitze 20 Minuten kochen. • Dann gut durchkühlen lassen. Kalt servieren.
(Zekiye Büyük)

◁ Gefüllte Weinblätter (Zeytinyağlı Yaprak Dolması) sehen nicht nur dekorativ aus, sie schmecken auch ausgezeichnet. Mit Reis, Korinthen und Pinienkernen gefüllt sind sie eine beliebte Vorspeise.

Kartoffelstäbchen

Patates Köftesi

Die in der türkischen Küche beliebte Weizengrütze wird hier mit Kartoffeln, Frühlingszwiebeln, grünen Peperoni und Petersilie zu einer würzigen Vorspeise verarbeitet.

Für 4–6 Personen:
5–6 mittelgroße Kartoffeln · 125 g Weizengrütze (aus dem türkischen Spezialgeschäft) · 10–12 Frühlingszwiebeln · 4 lange grüne Peperoni/Spitzpaprika · 2 Eßl. frisch gehackte Petersilie · ⅛ l Öl · Saft von 1–2 Zitronen · 2–3 Teel. Kreuzkümmel · 2–3 Teel. Rosenpaprikapulver · Salz

Zubereitungszeit: etwa 50 Minuten
Garzeit: 20 Minuten

Die Kartoffeln schälen, waschen und von Salzwasser bedeckt 25–30 Minuten kochen. Dann im Mixer pürieren oder auf der Küchenreibe in eine Schüssel reiben. • Die Grütze von den etwa vorhandenen Rückständen wie kleinen Steinen befreien und in eine Schüssel geben. ¼ l kochendes Wasser darübergießen, die Schüssel abdecken und die Grütze 15 Minuten quellen lassen. • Die Zwiebeln putzen und in Ringe schneiden. Die Peperoni waschen und entkernen. In dünne Ringe schneiden. • Dann die Kartoffeln, die Grütze, die Zwiebeln und die Peperoni in einen Topf geben und mit der Petersilie, dem Öl, dem Zitronensaft und den Gewürzen zu einem Teig verkneten. Daraus mundgerechte Stäbchen formen und diese auf einer Platte servieren. • Tomatensalat und grüner Salat schmecken gut dazu.
(M. Renan Atalay)

Tip: Man kann das Rezept verändern, indem man Rührei aus 3 Eiern ebenfalls in den Teig hineinknetet.

Käsekroketten

Peynirli Kroket

Für 4–6 Personen:
4 Kartoffeln · ⅛ l Milch · 150 g geriebener Kaşar-Käse (ersatzweise Gouda-Käse) · 2 Eier · 1 Teel. Mehl · Salz · Pfeffer · Rosenpaprikapulver · reichlich Öl zum Braten

Zubereitungszeit: 40 Minuten
Garzeit: 20 Minuten

Die Kartoffeln waschen und ungeschält von Salzwasser bedeckt 25–30 Minuten kochen. Die Kartoffeln pellen und im Mixer oder mit dem Kartoffelstampfer pürieren. • Die Kartoffeln in einer Schüssel mit der Milch verrühren. Dann den Käse, die Eier, das Mehl, Salz, Pfeffer und das Paprikapulver untermischen. Alles zu einem Teig verkneten. • Das Öl in einer Pfanne erhitzen. Aus dem Teig längliche mundgerechte Kroketten formen und von allen Seiten in der Pfanne goldbraun braten.
(Durmuş Uzluk)

Kichererbsenpüree
Humus

Diese für die »Rakı«-Tafel typische Vorspeise braucht bei der Zubereitung zwar etwas Zeit, gelingt aber leicht. Man kann nach Geschmack auch 1 Knoblauchzehe hineinpressen.

250 g Kichererbsen · 1–2 Tassen Tahin (Paste aus Sesamöl, Fertigprodukt) · Saft von 3 Zitronen · Salz · Rosenpaprikapulver · 6–7 Eßl. Öl

Zeit zum Einweichen: 8–12 Stunden
Zubereitungszeit: 1½ Stunden
Garzeit: 40–50 Minuten

Die Kichererbsen am Vortag in reichlich kaltem Wasser einweichen. • Dann die Erbsen von Salzwasser bedeckt 40–50 Minuten kochen. Das Wasser abgießen. Die Kichererbsen pürieren oder durch ein Sieb streichen. • Das Püree mit dem Tahin gut verrühren. Mit dem Zitronensaft sauer abschmecken. Mit Salz und etwas Paprikapulver würzen. • Das Öl mit 1 Teelöffel Paprikapulver verrühren. • Den Humus in eine Schüssel füllen und die Paprika-Öl-Mischung darübergießen.
(Ayla Pehlivan)

Sesampüree
Hibeş

Hibeş ist eine Spezialität aus Antalya für die »Rakı«-Tafel. Man kann es mit schwarzen und grünen Oliven oder mit sauren Gurken garnieren.

3 Knoblauchzehen · 2 Tassen Tahin (Paste aus Sesamöl, Fertigprodukt) · 2 Teel. Kreuzkümmel · 1 Teel. Rosenpaprikapulver · Saft von 2 Zitronen · 4–5 Eßl. Öl · Salz

Zubereitungszeit: 15 Minuten

Die Knoblauchzehen schälen und mit einer Knoblauchpresse in das Tahin pressen. Den Kreuzkümmel und das Paprikapulver zufügen. Den Zitronensaft tropfenweise in das Tahin rühren. Dann 3–4 Eßlöffel Öl ebenfalls tropfenweise unter ständigem Rühren zugießen. Zum Schluß mit etwas Salz abschmecken. Die Masse in eine Schüssel füllen. • Das restliche Öl mit etwas Paprikapulver vermischen. Über das Hibeş gießen.
(Fadime Gürler)

Den Imam hat's umgehauen
İmam Bayıldı

In der Türkei heißt es, der Imam sage immer das Richtige. Eines Tages, so erzählt man, habe einem Imam dieses Gericht so gut geschmeckt, daß er davon gegessen habe, bis er umfiel. Und dieses Auberginengericht ist in der Tat sehr köstlich.

4 mittelgroße Auberginen · 1½ Tassen Öl · 4 Zwiebeln · 5 Knoblauchzehen · 2 Eßl. frisch gehackte Petersilie · Salz · 1 Teel. Rosenpaprikapulver · 1 Tomate · 4 Peperoni/Spitzpaprika

Zubereitungszeit: 2 Stunden
Garzeit: etwa 30 Minuten

Die Auberginen waschen und die Stengelansätze abschneiden. Von den Auberginen dann der Länge nach einen etwa 1 cm breiten Streifen abschälen, dann einen Streifen Schale von der gleichen Breite stehen lassen, wieder einen Streifen schälen und so fortfahren, bis die Auberginen ganz gestreift sind. An einem der abgeschälten Streifen einen langen tiefen Schnitt mit dem Messer vollführen, ansonsten von außen an den geschälten Stellen der Auberginen mehrfach mit dem Messer einstechen, damit die Auberginen Fett aufnehmen und das Fruchtfleisch zarter wird. • In einer Pfanne 1 Tasse Öl erhitzen und die Auberginen von allen Seiten etwa 2 Minuten anbraten. • Die Zwiebeln schälen, halbieren und in dünne Scheiben schneiden. Die Knoblauchzehen schälen und in Streifen schneiden. • Das restliche Öl in einer Pfanne erhitzen und die Zwiebeln und den Knoblauch darin andünsten. Die Petersilie, Salz und das Paprikapulver dazugeben. • Den Backofen auf 180° vorheizen. • Die Auberginen in eine gebutterte Fettpfanne geben und dabei darauf achten, daß die Seiten mit den tiefen Einschnitten nach oben kommen. Mit den Fingern an den Schnittstellen möglichst tiefe Mulden eindrücken. In diese Mulden die Zwiebelmischung füllen. • Die Tomate und die Peperoni waschen. Die Tomate vom Stielansatz befreien, in Scheiben schneiden und die Peperoni der Länge nach halbieren. • Auf jede Aubergine 2 Peperonihälften und 1–2 Tomatenscheiben legen. Mit ½ Tasse Wasser umgießen und etwas Salz zufügen. Alles zusammen im Backofen 20 Minuten garen. • Abkühlen lassen und kalt servieren.
(M. Renan Atalay)

Maiscreme
Haviç

Diese Spezialität vom Schwarzen Meer ist sehr milde im Geschmack und paßt gut zu scharf gewürzten anderen Vorspeisen.

Für 4–6 Personen: 2 Becher Joghurt (je 150 g) · 500 g Maismehl · Salz · 250 g Butter · Rosenpaprikapulver

Zubereitungszeit: etwa 30 Minuten
Garzeit: etwa 20 Minuten

Den Joghurt mit 1½ Tassen Wasser verquirlen und unter Rühren zum Kochen bringen. • Von der Flüssigkeit 1 Tasse abnehmen und beiseite stellen. • Unter ständigem Rühren wird nun das Maismehl in den Kochtopf gegeben, bis ein dicker Brei entsteht. Dann löffelweise die zurückbehaltene Joghurtflüssigkeit zugeben und alles mit Salz abschmecken. • Die Butter in der Pfanne zerlassen und das Paprikapulver darin leicht anbraten. • Den Maisbrei in eine Schüssel geben und das Butter-Paprika-Gemisch darübergießen.
(Nargüle Keskin)

Dieses Gericht mit dem Namen »Den Imam hat's umgehauen« (İmam Bayıldı) ist eine wohlschmeckende Auberginen-Speise – ein Glanzstück unter den Vorspeisen. ▷

Auberginenpüree kalt

Patlıcan Ezmesi

Eine geschmacklich ausgewogene Speise für eine festliche Vorspeisen-Tafel ist das kalte Auberginenpüree, das im übrigen auch jedem ungeübten Hobbykoch gelingt. Beim Schälen der Früchte muß man mit etwas Sorgfalt vorgehen.

2 mittelgroße Auberginen · 2 Tomaten · 1 grüne Paprikaschote · 2 grüne Peperoni/Spitzpaprika · 3 Eßl. Öl · 3 Knoblauchzehen · Salz · 1 Teel. Rosenpaprikapulver · 2–3 Eßl. Essig oder Zitronensaft

Zubereitungszeit: etwa 40 Minuten

Den Backofen auf 180° vorheizen. • Die Auberginen, die Tomaten, die Paprikaschote und die Peperoni waschen, abtrocknen und 15 Minuten in den Backofen legen. Anschließend von allen Gemüsefrüchten die Haut abziehen. • Alles so klein wie möglich hacken und mit dem Öl vermischen. • Die Knoblauchzehen schälen, in sehr feine Scheiben schneiden und zum Auberginenpüree geben. Mit Salz, dem Paprikapulver und dem Essig oder dem Zitronensaft würzen. • Alles gut vermischen und servieren.
(Ali Gülüm)

Gefüllte Auberginen und Paprikaschoten

Zeytinyağlı Biber, Patlıcan Dolması

Dieses pikante Vorspeisengemüse läßt sich relativ leicht zubereiten und hält sich im Kühlschrank bis zu 2 Wochen.

4 grüne Paprikaschoten · 4 kleine Auberginen · 75 g Korinthen · 4 Zwiebeln · 1½ Tassen Olivenöl · 1½ Tassen Reis · 150 g Pinienkerne · 1 Teel. Zimt · Salz · Pfeffer · 2 Eßl. frisch gehackte Petersilie · 1 Teel. frisch gehackte Minzblätter

Zubereitungszeit: 2 Stunden
Garzeit: 35–40 Minuten

Die Paprikaschoten und die Auberginen waschen. Von den Paprikaschoten die Deckel abschneiden, innen sorgfältig die Rippen und Kerne entfernen. Die Auberginen von den Stengelansätzen befreien und von der Schnittfläche aus mit einem Teelöffel vorsichtig aushöhlen, so daß schließlich nur noch eine dünne Wand bleibt. Die Auberginen in Salzwasser legen. Die Korinthen in heißem Wasser 20 Minuten einweichen. Die Zwiebeln schälen und auf einer Küchenreibe reiben. • Die Hälfte des Olivenöls in einem Topf erhitzen und die Zwiebeln darin anbraten. Den Reis, die Korinthen, die Pinienkerne, den Zimt, Salz, Pfeffer, die Petersilie und die Minzblätter in den Topf geben und alles zusammen unter ständigem Rühren anbraten. Mit 2 Tassen Wasser auffüllen und alles zugedeckt bei mittlerer Hitze kochen, bis das Wasser verdunstet ist. Das dauert etwa 20 Minuten. • Die Mischung dann in die Auberginen und die Paprikaschoten füllen und diese mit der Öffnung nach oben in einen Topf stellen. Das restliche Olivenöl zufügen, 1½ Tassen Wasser zugießen und leicht salzen. Alles zusammen 15–20 Minuten kochen lassen. • Das gefüllte Gemüse herausnehmen, abkühlen lassen und kalt servieren.
(M. Renan Atalay)

Variante: Gefüllter Weißkohl (Lahana Dolması)
Die zarten Blätter von 1 Weißkohl 20 Minuten in Salzwasser kochen. Auf die Blätter jeweils etwas Füllung geben, unten einschlagen und zusammenrollen. Nebeneinander in den Kochtopf setzen und mit einem Teller beschweren, damit sie nicht aufrollen.

Artischocken mit Reisfüllung

Enginar Dolması

Artischocken sind in der Türkei ein beliebtes Alltagsgemüse. Es wird in vielen Variationen zubereitet. Mit Reis gefüllt serviert man Artischocken als kleines Zwischengericht nach Hackfleischröllchen oder Lebergerichten.

Saft von 1 Zitrone · 4 Artischocken · 3 Zwiebeln · 50 g Korinthen · ½ Tasse Öl · 100 g Pinienkerne · ½ Tasse Reis · 1 Teel. Zimt · 1 Teel. Pimentpulver · 1 Teel. Zucker · Salz · Pfeffer · je 2 Eßl. frisch gehackte Kräuter: Dill und Petersilie

Zubereitungszeit: 2 Stunden
Garzeit: 40 Minuten

Den Zitronensaft in eine Schüssel mit Wasser geben. Von den Artischocken die schuppenartigen Blätter entfernen, den Strunk abschneiden und das »Heu« mit einem Teelöffel ausschaben. Die Artischocken in das Zitronenwasser legen. Die Zwiebeln schälen und kleinhacken. Die Korinthen in heißem Wasser 20 Minuten einweichen. • In einem Topf das Öl erhitzen, dann die Zwiebeln und die Pinienkerne darin 3–4 Minuten anbraten. Den Reis, die Korinthen, den Zimt, das Pimentpulver, den Zucker, Salz und Pfeffer in einen Topf geben und alles zusammen unter ständigem Rühren durchbraten. Mit ½ Tasse Wasser auffüllen und alles köcheln lassen, bis das Wasser verdampft ist. Das dauert etwa 20 Minuten. • Den Backofen auf 180° vorheizen. • Die Artischockenböden in eine gebutterte Auflaufform legen und die Reismischung darauf verteilen. Mit ½ Tasse Salzwasser angießen. • Die Artischocken im Backofen 20–25 Minuten garen. • Die Artischocken herausnehmen und abkühlen lassen. Mit dem Dill und der Petersilie bestreuen.
(Güneş Akiş)

Gefüllter Sellerie

Zeytinyağlı Kereviz

Mit Kartoffeln, Möhren und Erbsen gefüllte Selleriehälften eignen sich sehr gut als kaltes Zwischengericht nach Huhn oder Lammkoteletts.

2 Sellerieknollen (je 250 g) · Saft von 1 Zitrone · 1 Zwiebel · 2 Möhren · 2 Kartoffeln · 5–6 Eßl. Olivenöl · 100 g frische grüne Erbsen · 1 Teel. Zucker · Salz · je 2 Eßl. frisch gehackte Kräuter: Petersilie und Dill · Salz ·

Zubereitungszeit: 2 Stunden
Garzeit: 40 Minuten

Die Sellerieknollen waschen, schälen, halbieren und die Selleriehälften mit einem Löffel aushöhlen. Den Zitronensaft mit Wasser in eine Schüssel geben und die Selleriehälften sofort hineinlegen. Die Zwiebel schälen und kleinschneiden. Die Möhren waschen, schaben und in kleine Würfel schneiden. Die Kartoffeln schälen, waschen und ebenfalls in kleine Würfel schneiden. • Das Olivenöl in einem Topf erhitzen und die Zwiebel darin anbraten. Dann die Kartoffeln und die Möhren in den Topf geben und alles zusammen 10 Minuten dünsten. Die Erbsen und den Zucker zufügen. Alles noch weitere 10 Minuten garen. • Die Selleriehälften in dem Zitronenwasser etwas salzen, in einen anderen Topf geben und ebenfalls 10 Minuten garen. • Den Backofen auf 180° vorheizen. • Die Selleriehälften auf eine ausgebutterte Fettpfanne legen. Die Mischung aus Kartoffeln, Möhren und Erbsen in die Selleriehälften füllen. Alles mit Alufolie abdecken und im Backofen 20 Minuten backen; nach den ersten 10 Backminuten die Alufolie entfernen. • Die Sellerie aus dem Ofen nehmen und mit der Petersilie und dem Dill bestreuen. Abkühlen lassen und kalt servieren.
(İlkay Terzi)

Dicke Bohnen in der Schote

Zeytinyağlı Taze Bakla

Wie hierzulande junge Erbsen gelegentlich mit den Schoten zubereitet werden, so tut man dies in der Türkei mit frühen dicken Bohnen.

Saft von 1 Zitrone · 1 kg dicke Bohnen (Saubohnen) · 5 Frühlingszwiebeln oder 2 Zwiebeln · 5 Eßl. Olivenöl · 1 Teel. Zucker · Salz · 2 Eßl. frisch gehackter Dill · 3 Knoblauchzehen · 1 Becher Joghurt (150 g)

Zubereitungszeit: 1 Stunde
Garzeit: etwa 30 Minuten

Den Zitronensaft mit Wasser in eine Schüssel geben, von den Bohnen die Fäden abziehen, die Bohnen waschen, halbieren und sofort in das Zitronenwasser geben, damit sich ihre Farbe nicht verändert. Die Frühlingszwiebeln oder Zwiebeln schälen und kleinschneiden. • Das Öl in einem Topf erhitzen, die Zwiebeln darin leicht anbraten. Die dicken Bohnen abtropfen lassen und zufügen. Alles zusammen unter Rühren 2–3 Minuten anbraten. Mit ⅛ l Wasser auffüllen und mit dem Zucker und Salz abschmecken. Die Bohnen 20 Minuten bei schwacher Hitze kochen lassen. • 1 Eßlöffel Dill über die Bohnen geben und das Ganze 2–3 Minuten weiterkochen lassen. • Die Kochplatte ausschalten und die Bohnen abkühlen lassen. • Die Knoblauchzehen schälen und mit etwas Salz zerdrücken. Mit dem Joghurt verrühren. • Die dikken Bohnen in eine Schüssel oder portionsweise auf Teller füllen und die Joghurt-Sauce darübergießen. Mit dem restlichen Dill bestreuen.
(Fatma Başaran)

Gemüse mit Tomatenpüree

Domatesli Karışık Kızartma

Diese für die »Rakı«-Tafel typische Vorspeise wird auch von Westeuropäern gerne gegessen.

Für 4–6 Personen:
2 Auberginen · 3 grüne Paprikaschoten · 3 Zucchini · 3 Kartoffeln · reichlich Öl zum Braten · 2 Tomaten · 3 Knoblauchzehen · 3–4 Eßl. Essig · Salz · 2 Stück Würfelzucker

Zubereitungszeit: etwa 45 Minuten
Garzeit: etwa 30–35 Minuten

Die Auberginen waschen und die Stielansätze abschneiden. Von der Schale in Längsrichtung einen knapp 1 cm breiten Streifen abschälen. Dann einen Streifen Schale in der gleichen Breite stehenlassen. Und dann wieder einen Streifen abschälen. So fortfahren, bis die Auberginen gestreift sind. Dann quer zum Streifenmuster knapp 1 cm dicke Scheiben schneiden. Die Scheiben gründlich salzen, damit sie Wasser ziehen und keine braune Farbe annehmen. Die Paprikaschoten waschen, in jeweils 4 Teile zerlegen und von Kernen und Rippen befreien. Die Zucchini waschen und in Scheiben schneiden. Die Kartoffeln schälen, waschen und in größere Stücke schneiden. Jetzt die Auberginen waschen und sorgfältig trocknen. • Das Öl in einem Topf erhitzen. Die vorbereiteten Gemüsesorten hineingeben und von allen Seiten etwa 20 Minuten braten; dabei öfter umrühren. Das Gemüse dann auf einen Teller legen. Das Öl im Topf zurückbehalten. • Die Tomaten waschen, kreuzweise einritzen und in kochendem Wasser kurz überbrühen, die Haut abziehen. Die Tomaten in kleine Stücke schneiden. Die Knoblauchzehen schälen und hakken oder in sehr dünne Scheiben schneiden. • Die Tomaten mit dem Essig, Salz und dem Würfelzucker in das Öl geben und 10–15 Minuten dünsten lassen, bis sich die Tomaten völlig aufgelöst haben. Gegebenenfalls etwas Wasser zufügen. • Die Tomatenmischung über das Gemüse geben und servieren. Das Gemüse kann warm und kalt gegessen werden.
(Y. Nar)

Tip: Dieses Gericht kann auch mit nur einer Gemüsesorte zubereitet werden.

Artischocken mit dicken Bohnen

İç Baklalı Enginar

Eine nicht alltägliche Kombination stellen Artischocken und dicke Bohnen dar. Dieses Gericht paßt gut zu einer Vorspeisen-Tafel, gibt aber auch ein raffiniertes Zwischengericht ab.

Saft von 1 Zitrone · 4 Artischocken · 250 g dicke Bohnen · 1 Zwiebel · 4 Eßl. Olivenöl · Salz · 1 Teel. Zucker · 1 Bund Dill

Zubereitungszeit: 1½ Stunden
Garzeit: 30 Minuten

Den Zitronensaft mit Wasser in eine Schüssel geben. Die Artischocken waschen und die schuppenartigen Blätter entfernen, das »Heu« mit einem Teelöffel ausschaben. Die Artischocken in das Zitronenwasser legen. Die dicken Bohnen aus den Hülsen streifen. Die Zwiebel schälen und hacken. • Das Olivenöl

in einem Topf erhitzen und die Zwiebel darin anbraten. Dann die Artischocken abtropfen lassen, zu den Zwiebeln geben und mit ¼ l Wasser auffüllen, salzen und die Artischocken 10 Minuten bei mittlerer Hitze kochen lassen. Dann die dikken Bohnen zufügen, mit Salz und dem Zucker abschmecken und alles weitere 15 Minuten kochen lassen. • Den Dill waschen und von den Stengeln zupfen. Die Hälfte davon in den Topf geben und alles bei schwacher Hitze weitere 5 Minuten kochen. • Das Gemüse gut abkühlen lassen. Die Artischocken auf eine Servierplatte legen und mit den dicken Bohnen füllen. Zum Schluß den restlichen Dill darüberstreuen.
(Hicret Ferkar)

Lauch in Olivenöl

Zeytinyağlı Pırasa

Dieses typische Zwischengericht wird kalt nach Fladen mit Käse- oder Hackfleischfüllung serviert.

5 Stangen Lauch/Porree · 2 Möhren · 2 Zwiebeln · 1 Tasse Olivenöl · ½ Tasse Reis · 1½ Teel. Zucker · Salz · Saft von 1 Zitrone

Zubereitungszeit: 1½ Stunden
Garzeit: etwa 30 Minuten

Die Lauchstangen der Länge nach halbieren, auseinanderbiegen und unter fließendem Wasser gründlich waschen; nur das Weiße verwenden. Den Lauch in etwa 5 cm lange Stücke schneiden. Die Möhren waschen, schaben und in Scheiben schneiden. Die Zwiebeln schälen und feinhacken. • Das Olivenöl in einem Topf erhitzen und die Zwiebeln darin anbraten. Den Lauch und die Möhren zufügen und etwa 10 Minuten andünsten. Den Reis, den Zucker und Salz zufügen und mit 1½ Tassen Wasser auffüllen. Weitere 15–20 Minuten garen. • Dann in eine Schüssel füllen und kalt werden lassen. Mit dem Zitronensaft beträufeln und servieren.
(İsmail Çamlık)

Fava (aus getrockneten dicken Bohnen)

Fava (kuru iç bakladan)

Dicke Bohnen, in der deutschen Küche nur frisch verwendet, werden von den türkischen Köchinnen auch getrocknet als Zutat geschätzt. Sie verstehen es, daraus herrlich schmeckende Gerichte zu bereiten, wie die Vorspeise »Fava« zeigt.

300 g getrocknete dicke Bohnen · 2 Zwiebeln · 1 Tasse Olivenöl · 1 Teel. Zucker · Salz · 1 unbehandelte Zitrone · je 2 Eßl. frisch gehackte Kräuter: Petersilie und Dill · 8–10 Oliven

Einweichzeit: 8–12 Stunden
Zubereitungszeit: 1 Stunde
Garzeit: 50 Minuten

Die Bohnen am Vortag verlesen, waschen und einweichen. • Am Tag der Zubereitung die Bohnen in einem Topf mit reichlich Wasser 30 Minuten kochen und dann abgießen. • Die Zwiebeln schälen und kleinschneiden. • ½ Tasse Olivenöl erhitzen und die Zwiebeln darin glasig werden lassen. Dann die Bohnen, den Zucker, Salz und ¼ l Wasser hinzufügen und die Bohnen noch etwa 15 Minuten garen. Die Bohnen abtropfen lassen und in einer Schüssel anrichten. • Die Zitrone waschen und in Scheiben schneiden. Die Bohnen mit dem restlichen Olivenöl übergießen und mit den Zitronenscheiben, der Petersilie, dem Dill und den Oliven verzieren.
(Gisela Öymen)

Tip: Das gleiche Gericht kann man auch mit frischen dicken Bohnen (dann entfällt die Einweichzeit) oder mit gekochten Kartoffeln herstellen.

Rote Bohnen in Olivenöl

Zeytinyağlı Barbunya

Den besonderen Pfiff erhält dieses Gericht durch die Zugabe von Zucker. Alles, was in Olivenöl gegart und kalt gegessen wird, schmeckt besser, wenn man es leicht mit Zucker würzt.

250 g rote Bohnen · Salz · 3–4 Zwiebeln · 2 Kartoffeln · 3 Möhren · 5–6 grüne Peperoni/Spitzpaprika · 4–5 Knoblauchzehen · 3 Tomaten · knapp ¼ l Olivenöl · 1 Teel. Zucker · Salz · 1 Teel. edelsüßes Paprikapulver · 2 Eßl. frisch gehackte Petersilie

Einweichzeit: 8–12 Stunden
Zubereitungszeit: 1½ Stunden
Garzeit: etwa 45 Minuten

Die roten Bohnen am Vortag in reichlich kaltem Wasser einweichen. • Am Tag der Zubereitung die Bohnen von Salzwasser bedeckt 30–35 Minuten kochen lassen. • Die Zwiebeln schälen und feinschneiden. Die Kartoffeln schälen und waschen. Die Möhren waschen und schaben. Beides in Würfel schneiden. Die Peperoni waschen und in Ringe schneiden. Die Knoblauchzehen schälen und kleinschneiden. Die Tomaten kreuzweise einschneiden, kurz in kochendem Wasser überbrühen und die Haut abziehen. Die Tomaten kleinschneiden. • Die Zwiebeln in Olivenöl anbraten. Die Kartoffeln, die Möhren, die Peperoni und die Knoblauchzehen zugeben und alles 3 Minuten andünsten. Die Bohnen abgießen und zufügen. Mit 2 Tassen Wasser auffüllen und mit dem Zucker, Salz und dem Paprikapulver würzen. Alles zusammen etwa 15 Minuten bei mittlerer Hitze kochen lassen. • Die Bohnen in eine Schüssel geben und mit gehackter Petersilie bestreuen. Das Gericht kalt servieren.
(M. Renan Atalay)

Lauch in Olivenöl (Zeytinyağlı Pırasa) wird zwischen zwei warmen Gängen kalt gereicht. Das milde und erfrischende Gericht bereitet auf neue Gaumenfreuden vor. ▷

Grüne Bohnen in Olivenöl

Zeytinyağlı Taze Fasülye

500 g grüne Bohnen · 3 Tomaten · 2 Zwiebeln · ½ Tasse Olivenöl · 1 Teel. Zucker · Salz

Zubereitungszeit: 1½ Stunden
Garzeit: etwa 25 Minuten

Von den Bohnen die Fäden abziehen, die Bohnen halbieren und gründlich waschen. Die Tomaten kreuzweise einschneiden und kurz in kochendem Wasser überbrühen. Dann die Haut abziehen und die Tomaten kleinschneiden. Die Zwiebeln schälen und feinschneiden. • Das Olivenöl in einem Topf erhitzen und die Zwiebeln darin anbraten, die Tomaten zufügen und 2 Minuten andünsten. Dann die Bohnen zugeben und mit dem Zucker und Salz würzen. Mit reichlich 1½ Tassen Wasser auffüllen und alles etwa 20 Minuten garen. • Dann erkalten lassen und in einer Schüssel kalt servieren.
(M. Renan Atalay)

Möhrenpüree in Olivenöl

Zeytinyağlı Havuç Ezmesi

Für 4–6 Personen:
500 g Möhren · 2 Zwiebeln · 1 Tasse Olivenöl · Salz · 3 Knoblauchzehen · 1 großer Becher Joghurt (500 g) · 2 Eßl. frisch gehackte Petersilie

Zubereitungszeit: 1 Stunde
Garzeit: etwa 20–25 Minuten

Die Möhren waschen, schaben und in einem Topf mit Wasser 10 Minuten vorkochen. Dann abgießen und reiben oder pürieren. Die Zwiebeln schälen und kleinschneiden. • Das Olivenöl in einer Pfanne erhitzen und die Zwiebeln darin 2–3 Minuten glasig werden lassen. Dann das Möhrenpüree zufügen und zugedeckt bei schwacher Hitze etwa 10 Minuten dünsten. Zwischendurch immer wieder umrühren, damit die Masse nicht anbrennt. Mit Salz abschmecken. Das Möhrenpüree erkalten lassen. • Den Knoblauch schälen und mit einer Knoblauchpresse zerquetschen. Den Joghurt und den Knoblauch mit dem Möhrenpüree vermischen und anrichten. Zum Schluß mit der Petersilie verzieren.
(Gisela Öymen)

Hähnchen und Gemüse in Aspik

Sebzeli Tavuk Jölesi

An heißen Sommerabenden wird Hähnchen in Aspik gelegentlich als Vorspeise serviert. Für die »Rakı«-Tafel eignet es sich weniger.

Für 4–6 Personen:
1 Hähnchen (700 g) · 3 Eßl. Butter · Salz · 10 Blätter Gelatine · 2 Zucchini · 1 Zwiebel · 250 g grüne Erbsen · 2 Tomaten · 1 Teel. Rosenpaprikapulver

Zubereitungszeit: 1¼ Stunden
Garzeit: etwa 40 Minuten

Das Hähnchen innen und außen waschen und abtrocknen. • Die Butter in einem Topf erhitzen. Das Hähnchen darin von allen Seiten kräftig anbraten. Dann ¾ l leicht gesalzenes Wasser hinzufügen und das Hähnchen darin 20–30 Minuten kochen lassen. • Die Gelatineblätter in reichlich kaltem Wasser etwa 20 Minuten einweichen. Die Zucchini waschen und die Zwiebel schälen. Beides kleinschneiden und mit den Erbsen von Salzwasser bedeckt etwa 20 Minuten kochen lassen. • Wenn das Hähnchen gar ist, nimmt man es aus dem Topf, läßt es etwas erkalten, löst dann das Fleisch von den Knochen und schneidet es in mundgerechte Stücke. Die Brühe aufheben. • Die Tomaten waschen, kreuzweise einschneiden und kurz mit kochendem Wasser überbrühen; die Haut abziehen und die Stielansätze entfernen. Die Tomaten in kleinere Stücke schneiden. • Das Hähnchen, die Tomaten und das übrige Gemüse in einer Form gründlich miteinander vermischen und mit Salz und dem Paprikapulver würzen. • Die Hühnerbrühe 3 Minuten etwas einkochen lassen und vom Herd nehmen. Die Gelatineblätter ausdrücken und in die Hühnerbrühe geben, die nicht mehr kochen darf. So lange rühren, bis die Gelatine sich völlig aufgelöst hat. Dann die Gelatine in die Form über die Hähnchen-Gemüse-Mischung geben. • Alles zusammen im Kühlschrank erkalten lassen. • Vor dem Servieren die Form kurz in heißes Wasser tauchen, mit einem Messer den Rand lösen und das Hähnchen-Gemüse-Aspik auf eine Platte stürzen.
(İlknur Akbaşak)

Tatarröllchen

Çiğ Köfte

Dieses Gericht ist eine Spezialität der südöstlichen Türkei, also einer ländlichen Gegend, wo man mehr Zeit für aufwendige Gerichte hat. Bei der »Rakı«-Tafel ist es fast nicht wegzudenken und ist deshalb in der gesamten Türkei verbreitet.
Die Weizengrütze muß weichgeknetet werden, was einige Muskelkraft verlangt, so daß man schon im vorhinein die Kalorien dieser rohen Frikadellen abarbeitet. Man sollte für diese sportliche Betätigung möglichst die kräftigsten Mitglieder der Familie heranziehen. Extra für dieses Gericht gibt es eine besonders feine Weizengrütze im türkischen Spezialgeschäft zu kaufen. Auch zur schnelleren Erholung von der strapaziösen Zubereitung sollte man zu diesen Tatarbällchen »Rakı« trinken.

Für 6–8 Personen:
500 g feine Weizengrütze (aus dem türkischen Spezialgeschäft) · 500 g Tatar · 1 Tomate · 2 Zwiebeln · 5–6 Knoblauchzehen · 2 Eßl. Tomatenmark · Salz · 1 Teel. Pfeffer · 1½ Teel. Paprikapulver · 1½ Teel. Pimentpulver · 1½ Teel. Kreuzkümmel · 4–5 Frühlingszwiebeln · 6 Eßl. frisch gehackte Petersilie · grüne Salatblätter nach Bedarf

Zubereitungszeit: etwa 1½ Stunden

Für die Zubereitung dieses Gerichts benötigt man eine große Schüssel. Dort

hinein werden die Grütze und das Tatar gegeben. Beides mit den Händen etwa 15–20 Minuten kräftig kneten. • Die Tomate waschen, kreuzweise einritzen und in kochendem Wasser kurz überbrühen. Die Haut abziehen und die Stielansätze entfernen. Die Tomate kleinschneiden. Die Zwiebeln schälen und reiben. Die Knoblauchzehen schälen und mit der Knoblauchpresse zermusen. • Die Tomate, die Zwiebeln und die Knoblauchzehen zur Tatar-Grütze geben und alles kneten, bis es gut vermischt ist. Anschließend das Tomatenmark, Salz, den Pfeffer, das Paprikapulver, das Pimentpulver und den Kreuzkümmel zufügen. Alles weitere 10 Minuten kneten. Sollte nach dieser Zeit die Grütze noch nicht weich geworden sein, kann man ½ Tasse Wasser zugeben. • Die Frühlingszwiebeln waschen, schälen und kleinschneiden. • Die Frühlingszwiebeln und die Petersilie unter die Tatar-Grütze mengen. Schöne Salatblätter waschen und abtrocknen. Die Salatblätter auf eine Servierplatte dekorieren. • Mit der Hand längliche, mundgerechte Röllchen aus dem Fleischteig formen und diese auf die Salatblätter legen.
(Oktay Günkut)

Auberginen mit Käsefüllung

Peynirli Patlıcan

Dieses sehr beliebte Gericht von der ägäischen Küste eignet sich für eine festliche Vorspeisen-Tafel, gibt aber auch ein gutes Zwischengericht ab.

Für 4–6 Personen:
125 g Schafkäse · 2 Eier · 1 Teel. Mehl · 2 Eßl. frisch gehackte Petersilie · Salz · Pfeffer · 1 Teel. Rosenpaprikapulver · 3 mittelgroße Auberginen · reichlich Öl zum Braten

Zubereitungszeit: 40 Minuten
Garzeit: 15 Minuten

Den Schafkäse kleinschneiden und mit der Gabel zerdrücken. Mit den Eiern, dem Mehl, der Petersilie, Salz, Pfeffer und dem Paprikapulver vermischen. • Die Auberginen waschen und den Stielansatz an der Schmalseite abschneiden. Dann der Länge nach einen knapp 1 cm breiten Streifen abschälen. Einen Streifen Schale von gleicher Breite stehenlassen, wieder einen Streifen Schale abschneiden, und so fortfahren, bis die Auberginen schließlich rundum gestreift sind. Anschließend quer zu den Streifen die Auberginen in knapp 1 cm dicke Scheiben (eher etwas weniger) schneiden. Die Scheiben sofort in kaltes Salzwasser legen, damit sie nicht braun anlaufen. • Das Öl in einer Pfanne erhitzen. So viele Auberginenscheiben, wie in die Pfanne passen, aus dem Wasser nehmen und gründlich mit Küchenkrepp abtrocknen. Die Scheiben in die Pfanne geben und auf jeder Scheibe etwas von der Schafkäsemischung verteilen. Nach etwa 2 Minuten die Scheiben umdrehen und jetzt die bestrichene Seite etwa 3 Minuten braten. Nach und nach alle Scheiben auf diese Weise kräftig braun braten. Nach dem Braten die Scheiben auf Küchenkrepp abtropfen lassen und dann auf einer Platte servieren.
(Mustafa Sürücü)

Gefüllte Auberginen überbacken

Kremalı Patlıcan

Dieses köstlich schmeckende Zwischengericht wird gerne auch als Hauptgericht verwendet. Nach türkischen Eßgewohnheiten erhöhen sich die Mengen dann nicht, da stets bis zu vier Gänge serviert werden.

2 Zwiebeln · 150 g Butter · 300 g Rinderhackfleisch · Salz · Pfeffer · 1 Teel. Paprikapulver · 1½ Eßl. Mehl · ¼ l Milch · 1 Ei · 4 Auberginen · 100 g geriebener Kaşar-Käse (ersatzweise Gouda-Käse)

Zubereitungszeit: 1½ Stunden
Garzeit: 40 Minuten

Die Zwiebeln schälen und kleinschneiden. • Die Hälfte der Butter in einer Pfanne erhitzen und die Zwiebeln darin glasig andünsten. Das Hackfleisch zufügen und mit Salz, Pfeffer und dem Paprikapulver würzen. Das Ganze leicht anbraten und beiseite stellen. • Die restliche Butter in einem Topf zerlassen, das Mehl zufügen und Farbe nehmen lassen. Unter Rühren die Milch zufügen und die Sauce bei schwacher Hitze etwa 20 Minuten eindicken lassen. • Jetzt das Ei mit der Hackfleischmischung verrühren und dann auch die Sauce unterziehen. • Den Backofen auf 180° vorheizen. • Die Auberginen waschen und folgendermaßen behandeln: An der schmalen Seite die Stielansätze abschneiden. Dann vorsichtig die Früchte mit Hilfe eines Küchenmessers und eines Löffels vom Ansatz her aushöhlen. Die Auberginen mit der Hackfleischmischung füllen und in eine gebutterte Auflaufform setzen. ⅛ l Wasser zugießen und den geriebenen Käse darüberstreuen. • Im Backofen bei mittlerer Hitze mindestens 30 Minuten überbacken.
(İbrahim Çakmak)

Gefüllte Tomaten überbacken

Fırında Domates

Dieses Gericht schmeckt auch demjenigen auf Anhieb, der mit der türkischen Küche nicht vertraut ist. Es eignet sich für ein Gäste-Essen ausgezeichnet.

Für 4–6 Personen:
6 mittelgroße runde Tomaten · Salz · 1 Zwiebel · 100 g Butter · 100 g Rinderhackfleisch · 3 Eiweiße · 2 Eigelbe · 120 g geriebener Kaşar-Käse (ersatzweise Gouda-Käse) · 2 Eßl. Mehl · ⅛ l Milch · Pfeffer

Zubereitungszeit: 1 Stunde
Garzeit: etwa 50 Minuten

Die Tomaten waschen und von den Stielansätzen her vorsichtig aushöhlen. Die Innenseite leicht salzen. Die Tomaten mit der Öffnung nach unten auf eine Platte legen, damit sie Wasser ziehen können. Die Zwiebel schälen und feinschneiden. • Für die Füllung die Hälfte der Butter in einer Pfanne zerlassen und die Zwiebel darin glasig werden lassen. Das Hackfleisch zugeben und leicht anbraten. Das Hackfleisch vom Herd nehmen und etwas abkühlen lassen. • Die

3 Eiweiße und 2 Eigelbe miteinander verrühren und mit dem Hackfleisch vermischen. 100 g Käse daruntermengen. • Die Mischung in die Tomaten füllen. • In einem Topf die restliche Butter erhitzen und das Mehl darin 2–3 Minuten unter ständigem Rühren Farbe nehmen lassen. Nach und nach mit der Milch angießen. Mit Salz und Pfeffer würzen. Die Sauce bei schwacher Hitze etwa 20 Minuten kochen, bis sie dick geworden ist. • Den Backofen auf 180° vorheizen. • Die gefüllten Tomaten in eine gebutterte Auflaufform legen. Die Sauce darübergießen und zum Schluß den restlichen Käse darüberstreuen. Die Tomaten im Backofen 20 Minuten überbakken.
(Yıldız Soylu)

Auberginenspieße

Patlıcan Çöp Kebabı

Bei der Zubereitung der Auberginenspieße muß man beachten, daß das Gemüse beim Braten stark schrumpft. Man benötigt deshalb mehr Spieße als sonst üblich.

2 Auberginen · Salz · 2 grüne Paprikaschoten · 5 Eßl. Öl · 2 Zwiebeln · 3 Tomaten · 500 g Kalb- oder Lammfleisch (magere Keule) · 2 Eßl. Butter · Pfeffer · 1 Teel. Paprikapulver · 8 größere oder 12 kleinere Schaschlikspieße

Zubereitungszeit: etwa 1½ Stunden
Garzeit: 1 Stunde

Die Auberginen waschen und in genügend große Würfel schneiden und sofort in Salzwasser legen. Die Paprikaschote waschen, von den Kernen und Rippen befreien und in mundgerechte Stücke schneiden. Die Auberginenstücke aus dem Salzwasser nehmen und abtropfen lassen. • Das Öl in einer Pfanne erhitzen. Die Auberginen darin 2 Minuten anbraten, dann herausnehmen und auf einen Teller legen. Die Paprikastücke kurz anbraten. Die Paprikastücke herausnehmen und auf einem Teller beiseite stellen. Das Bratöl aufheben. • Die Zwiebeln schälen und vierteln. Die Tomaten waschen und mit heißem Wasser kurz überbrühen. Die Haut abziehen und die Stielansätze entfernen. Die Tomaten in kleine Würfel schneiden. Das Fleisch in Würfel schneiden. • Die Butter in einem Topf erhitzen und die Fleisch- und Zwiebelwürfel darin kurz anbraten. Dann die Tomaten zufügen und alles so lange schmoren, bis die Flüssigkeit verdampft ist. Salz, Pfeffer und das Paprikapulver zugeben. Das Bratöl in den Topf gießen und 2 Tassen lauwarmes Wasser zufügen. Alles zusammen noch einmal 30–35 Minuten schmoren lassen. • Den Backofen inzwischen auf 200° vorheizen. • Die Fleischwürfel aus dem Topf nehmen. Dann auf die geölten Schaschlikspieße abwechselnd 1 Stück Aubergine, 1 Stück Fleisch, 1 Stück Paprika aufziehen und so fortfahren, bis die Spieße vollgesteckt sind. Die Spieße in die gebutterte Fettpfanne legen. Die Sauce über die Spieße gießen. Das Ganze im Backofen 10–15 Minuten backen.
(Yıldız Soylu)

Auberginencreme

Patlıcan Püresi

Eine hervorragende Beilage zu Lammkoteletts ist diese Auberginencreme; sie hält sich im Kühlschrank einige Tage.

500 g Auberginen · 2 Eßl. Butter · 1½ Eßl. Mehl · ¼ l Milch · Salz · Pfeffer · 2 Eßl. geriebener Kaşar-Käse (ersatzweise Greyerzer Käse/Gruyère oder mittelalter Gouda-Käse)

Zubereitungszeit: 1½ Stunden
Garzeit: 45 Minuten

Den Backofen auf 200° vorheizen. • Die Auberginen waschen, abtrocknen und im Backofen 20 Minuten lang überbakken und dabei mehrmals wenden. Dann aus dem Ofen nehmen und einige Minuten abkühlen lassen. Die Schalen entfernen. Die geschälten Auberginen unter kaltem Wasser waschen, anschließend sehr klein schneiden und dann hacken. • In einem Topf die Butter erhitzen, das Mehl 2–3 Minuten unter Rühren Farbe nehmen lassen. Dann die Auberginen unterrühren, löffelweise die Milch unterrühren und alles zusammen 20–25 Minuten kochen lassen. Immer wieder umrühren, damit nichts anbrennt. Die Mischung von der Herdplatte nehmen, mit Salz und Pfeffer würzen und den Käse unterziehen. • Das Ganze in einer Servierschüssel auftragen.
(İrfan Pehlivan)

Lammpilaw

Kuzu Etli Pilav

400 g Lammschulter · 2 Zwiebeln · 2 Tomaten · 3 Eßl. Butter · 250 g Langkornreis · Salz · Pfeffer · 2 Eßl. frisch gehackter Dill

Zubereitungszeit: 50 Minuten
Garzeit: 35 Minuten

Das Lammfleisch in gulaschgroße Stükke schneiden. Die Zwiebeln schälen und feinschneiden. Die Tomaten waschen, kreuzweise einritzen und in kochendem Wasser kurz überbrühen und häuten. Die Tomaten kleinschneiden. • Die Butter in einem Topf zerlassen und die Zwiebeln darin andünsten. Das Fleisch zufügen und 5–10 Minuten andünsten. Die Tomaten zugeben und alles weitere 5–10 Minuten dünsten. ½ l Wasser zugießen und aufkochen lassen. Dann den Reis einrieseln lassen und salzen. Den Pilaw köcheln lassen, bis alle Flüssigkeit verdampft ist. Das Gericht mit Pfeffer bestreuen. • Zuletzt zwei Lagen Küchenkrepp zwischen Topf und Deckel klemmen, damit der Rest Dampf aufgesaugt werden kann. Nach 5 Minuten den Reis kurz umrühren und auf einer Platte anrichten. Vor dem Servieren mit dem frisch gehackten Dill bestreuen.
(M. Renan Atalay)

◁ Reisgerichte werden in der türkischen Küche mit großer Sorgfalt zubereitet. Ein gutes Beispiel für die hervorragende geschmackliche Qualität dieser Reisspeisen ist das Lammpilaw (Kuzu Etli Pilav).

Türkischer Pilaw

Pirinç Pilavı

In der Türkei wird Reis zu fast allen warmen Fleisch- und Gemüsespeisen gereicht. Man kann statt der Fleischbrühe auch Wasser verwenden. Der Reis muß körnig gekocht sein. Er wird mit großer Sorgfalt zubereitet, und die Ehre eines jeden Kochs und einer jeden Köchin steht und fällt mit dem gelungenen Pilaw.

5 Eßl. Butter · 2 Tassen Langkornreis · 4 Tassen Rindfleisch- oder Hühnerbrühe · Salz · Pfeffer

Zubereitungszeit: 30 Minuten
Garzeit: etwa 20 Minuten

3 Eßlöffel Butter in einem Topf erhitzen und unter Rühren den Reis darin 5–7 Minuten anrösten. Mit der Brühe auffüllen und mit Salz abschmecken. Den Reis köcheln lassen bis die Flüssigkeit verdampft ist. Dann den Reis von der Herdplatte nehmen. • In einer Pfanne die restliche Butter etwas bräunen lassen. Dann die Butter über den Reis geben und etwas Pfeffer darüberstreuen. Nun legt man zwischen Kochtopf und Deckel zwei Lagen Küchenkrepp, um den Dampf aufzusaugen. Nach 5 Minuten wird der Reis einmal umgerührt und serviert.
(M. Renan Atalay)

Variante: Tomatenreis (Domatesli Pirinç Pilavı)
Man brät in der Butter Tomatenwürfel von 3 mittelgroßen Früchten an, röstet den Reis darin durch und fährt fort, wie oben beschrieben.
(M. Renan Atalay)

Tip: Wenn man will, kann man, bevor der Reis gebraten wird, 1 Tasse rohe Suppennudeln in der Butter braun anbraten. In diesem Fall verwendet man nur 1 Tasse Reis, gibt sie zu den angebratenen Nudeln und röstet ihn an. Dann fährt man fort, wie im Rezept beschrieben.

Gemischter Reis

İç Pilav

Gemischter Reis schmeckt ausgezeichnet und wird gerne zu festlichen Anlässen als Beilage zu Fleischgerichten verwendet.

Für 4–6 Personen:
1 Möhre · 75 g Erbsen · 300 g Lammleber · 1 Zwiebel · 2 Teel. Korinthen · 2 Tassen Langkornreis · 2–3 Eßl. Butter · 2 Eßl. Pinienkerne · Salz · Pfeffer · 1 Teel. Rosenpaprikapulver · 1 Teel. Kreuzkümmel · 2 Eßl. frisch gehackter Dill · 3½ Tassen Rindfleischbrühe

Zubereitungszeit: 1 Stunde
Garzeit: 30–35 Minuten

Die Möhre waschen und schaben. Die Erbsen mit der Möhre 10 Minuten von Salzwasser bedeckt vorkochen. • Die Lammleber kleinschneiden. Die Zwiebel schälen und reiben. Die Korinthen in heißem Wasser quellen lassen. Den Reis gründlich mit lauwarmem Wasser waschen. • Die Butter im Topf zerlassen und die Zwiebel darin glasig werden lassen. Die Pinienkerne zugeben und alles 5 Minuten dünsten. Die Leber zufügen und unter Rühren 5 Minuten durchbraten. Das Erbsen-Möhren-Gemüse und den Reis zufügen. Mit Salz, Pfeffer, dem Rosenpaprikapulver, dem Kreuzkümmel und dem Dill abschmecken. Mit der Rindfleischbrühe aufgießen. • Die Korinthen abtropfen lassen und zum Reis geben. Das Ganze zugedeckt bei schwacher Hitze kochen, bis die Flüssigkeit aufgesogen ist. Dann den Topf vom Herd nehmen und den Reis leicht mit Pfeffer bestreuen. Zwischen Topf und Deckel zwei Lagen Küchenkrepp legen, um den Dampf aufzusaugen. Nach 5 Minuten wird der Reis einmal umgerührt und serviert.
(M. Renan Atalay)

Zwiebelküchlein

Soğan Köftesi

Zwiebeln werden in der Türkei sehr gern in allen möglichen Variationen gegessen. Einfach und beliebt sind die Zwiebelküchlein, die man zu Lammkoteletts als Beilage reicht oder auch mit Tomatenpüree und Reis als Hauptgericht serviert.

4 mittelgroße Zwiebeln · Salz · 2 Eier · 4 Eßl. Mehl · ⅛ l Öl zum Braten · Pfeffer

Zubereitungszeit: 30 Minuten
Garzeit: je Zwiebelküchlein etwa 4 Minuten

Die Zwiebeln schälen, halbieren und in feine Scheiben schneiden. Die Zwiebeln mit reichlich Salz bestreuen und mit den Händen durchkneten. Die Zwiebeln dann waschen und abtropfen lassen. • Die Zwiebeln in einer Schüssel mit den Eiern, dem Mehl, Salz und Pfeffer verrühren. • Das Öl in einer Pfanne erhitzen, die Zwiebelmasse mit einem Eßlöffel portionsweise in die Pfanne geben und auf beiden Seiten etwa 2 Minuten braten. Auf Küchenkrepp legen und das Fett abtropfen lassen. • Die Küchlein auf einer Servierplatte anrichten.
(M. Renan Atalay)

Weizengrütze mit Hackfleisch und Gemüse

Meyhane Pilavı

In ländlichen Gegenden wird Weizengrütze in der Türkei gerne mit Fleisch zusammen zu köstlichen Gerichten verarbeitet und als Hauptgericht serviert. Als Beilage empfiehlt sich »Cacık« (Gurken in Joghurt, Rezept Seite 29).

Für 4–6 Personen:
2 Zwiebeln · 3 Tomaten · 3–4 Peperoni/Spitzpaprika · 3 Eßl. Butter · 250 g Hackfleisch (vom Lamm, Hammel oder Rind) · 2 Tassen Weizengrütze (aus dem türkischen Spezialgeschäft) · Salz · 1 Teel. edelsüßes Paprikapulver · Pfeffer

Zubereitungszeit: 45 Minuten
Garzeit: etwa 30 Minuten

Die Zwiebeln schälen und kleinschneiden. Die Tomaten kreuzweise einschneiden, in kochendem Wasser überbrühen und die Haut abziehen. Die Tomaten kleinschneiden. Die Peperoni waschen und in Ringe schneiden. • Die Butter in einem Topf erhitzen und die Zwiebel darin andünsten. Die Tomaten, die Peperoni und das Hackfleisch in den Topf geben. Das Ganze etwa 10 Minuten kochen lassen, bis alle Flüssigkeit verdunstet ist. • Die Weizengrütze verlesen und zum Hackfleisch geben. Unter Rühren 5–7 Minuten anrösten. 4 Tassen Wasser auffüllen und mit Salz und dem Paprikapulver abschmecken. Die Grütze zugedeckt etwa 20 Minuten köcheln lassen, bis die Flüssigkeit verdampft ist. Die Grütze von der Herdplatte nehmen und mit wenig Pfeffer bestreuen. Dann legt man zwischen Kochtopf und Deckel zwei Lagen Küchenkrepp, um den Dampf aufzusaugen. Nach 5 Minuten wird die Grütze einmal umgerührt und dann serviert.
(Oktay Günkut)

Gemüseauflauf mit Salami

Sucuklu Sebze Suflesi

Als Vorspeise, als Zwischengericht und als Beilage zu Kalbfleisch- und Lammgerichten macht sich dieser Gemüseauflauf gleichermaßen gut.

Je 1 rote und grüne Paprikaschote ·
250 g Champignons · 100 g Salami ·
2–3 Eßl. Öl · 1 Becher Joghurt (150 g) ·
3 Eier · 125 g geriebener Kaşar-Käse
(ersatzweise Gouda-Käse) ·
Salz · Pfeffer · Alufolie

Zubereitungszeit: 1 Stunde
Garzeit: etwa 40 Minuten

Die Paprikaschoten waschen, die Deckel abschneiden, die Kerne und Rippen entfernen und die Paprikaschoten in Streifen schneiden. Die Champignons waschen und putzen und der Länge nach in blättrige Scheiben schneiden. Die Salami in Scheiben schneiden und dann möglichst kleinschneiden. • Das Öl in einer Pfanne erhitzen. Die Paprikaschoten, die Champignons und die Salami darin 8 Minuten durchbraten. Dann die Masse in eine leicht gebutterte Auflaufform füllen. • Den Backofen auf 220° vorheizen. • Den Joghurt mit den Eiern, dem geriebenen Käse, Salz und Pfeffer verrühren. • Diese Mischung über die Zutaten in die Auflaufform gießen. Die Auflaufform mit Alufolie abdecken und etwa 30 Minuten im Backofen überbacken. Nach etwa 15 Minuten die Alufolie entfernen, damit der Auflauf braun werden kann.
(F. Sert)

Gemüseauflauf

Sebzeli Sufle

3 Möhren · 3 Kartoffeln ·
300 g grüne Bohnen · Salz · 3 Eier ·
4 Eßl. Butter · 2 Teel. Mehl · ¼ l Milch ·
1 Teel. edelsüßes Paprikapulver ·
1 Teel. Backpulver ·
2 Eßl. Paniermehl/Semmelbrösel ·
50 g geriebener Kaşar-Käse (ersatzweise
Gouda-Käse)

Zubereitungszeit: 1 Stunde
Garzeit: 25 Minuten

Die Kartoffeln schälen und waschen, die Möhren waschen und schaben, die Bohnen waschen. Das Gemüse kleinschneiden und von Salzwasser bedeckt in etwa 20 Minuten fast gar kochen. Dann abgießen und abtropfen lassen. • Die Eier trennen. Die Eigelbe mit 3 Eßlöffeln Butter, dem Mehl, der Milch, Salz und dem Paprikapulver verrühren. Das Gemisch unter das Gemüse geben. • Die Eiweiße mit dem Backpulver steif schlagen und ebenfalls unter die Mischung ziehen. • Den Backofen auf 180° vorheizen. • Das Gemüse in eine gebutterte Auflaufform füllen, dann das Paniermehl mit dem geriebenen Käse vermischen und über den Auflauf streuen. Eventuell noch einige Butterflocken daraufsetzen. • Den Gemüseauflauf im Backofen 10–15 Minuten überbacken.
(Güneş Akiş)

Blumenkohlauflauf

Peynirli Karnabahar Suflesi

Dieser mild gewürzte Auflauf findet auch bei Kindern großen Anklang. Er wird zu Fleisch- und Fischgerichten als Beilage serviert.

Für 4–6 Personen:
1 großer Blumenkohl · Salz · ¼ l Milch ·
2 Eßl. Mehl · 3–4 Eßl. Butter · 150 g
geriebener Kaşar-Käse (ersatzweise
Gouda-Käse) · Pfeffer

Zubereitungszeit: 50 Minuten
Garzeit: 30 Minuten

Den Blumenkohl von den Blättern befreien und vom Strunk abschneiden. Den Blumenkohl eine Weile in kaltes Salzwasser legen, anschließend gründlich waschen. Den Kohl in kochendem Salzwasser 5 Minuten ohne Deckel kochen lassen; dann bei schwacher Hitze zugedeckt etwa 10 Minuten kochen lassen. Den Blumenkohl mit kaltem Wasser abschrecken, abtropfen lassen und in einzelne Röschen teilen. • Den Backofen auf 180° vorheizen. • Die Röschen in eine leicht gefettete Auflaufform geben. • Die Milch mit dem Mehl und 2 Eßlöffeln Butter verrühren. Den Käse unterziehen, salzen und pfeffern. Die Mischung über den Blumenkohl in die Auflaufform gießen. • Den Rest der Butter in der Pfanne braun werden lassen und über den Auflauf gießen. • Den Auflauf im Backofen 15–20 Minuten überbacken.
(Afet Musluoğlu)

Geflügel-, Fleisch- und Gemüsegerichte

Die türkische Küche ist berühmt für ihre Hammel- und Lammfleischgerichte. Kein Wunder: Wird es doch, weil es preiswert ist, von den Hausfrauen gerne verwendet, um daraus ein würziges Hauptgericht zu bereiten. Weniger bekannt ist, daß die türkische Küche auch über köstliche Rindfleischspezialitäten verfügt. Auch Leber wird gern in der Türkei gegessen. Wenn man sie als Vorspeise serviert, schneidet man sie meist in kleine Würfel. Beliebt ist natürlich auch Geflügel. Probieren Sie einmal Spezialitäten aus wie Truthahn mit Kastanien gefüllt oder das mit Paprikapulver gewürzte Tscherkessenhuhn. Besondere Aufmerksamkeit verdienen auch die Hackfleischgerichte, die in vielen Varianten zubereitet und serviert werden. Es beginnt mit Hacksteakröllchen und geht weiter über Hasan-Pascha-Frikadellen, Hackfleischröllchen in saurer Sauce bis hin zum gefüllten Hackbraten, um nur einige Beispiele zu nennen. Für Freunde von Lammfleisch ist vor allem die in der Fettpfanne des Backofens zubereitete Lammkeule zu empfehlen. Ein ausgesprochen zarter Leckerbissen! Nicht zu verachten ist aber auch Lammfleisch auf Artischockenböden. Dazu ißt man meistens Reis, der in vielen Varianten – zum Beispiel mit Zwiebeln – so lecker zubereitet wird, daß nicht nur Reisfreunde gerne zugreifen.
Gemüse wird meist kalt auf großen Platten angeboten. Beliebt sind vor allem weiße und dicke Bohnen in Olivenöl. Auch Lauch wird gern serviert. Salat kommt frisch auf den Tisch und wird dort von jedem selbst mit Essig, Öl und Gewürzen angemacht. Salat wird übrigens in der Türkei – sozusagen als kleiner eigener Gang – unmittelbar vor dem Hauptgericht serviert. Das führt vielfach dazu, daß ausländische Gäste treu und brav vor ihrem Salat sitzen und ihn nicht anzurühren wagen, weil sie noch auf Fleisch, Reis, Kartoffeln und Gemüse warten. Der türkische Gastgeber wiederum wundert sich darüber und wagt seinerseits nicht, das Hauptgericht zu servieren, da der Salat ja – mit frischem Brot gereicht – keine bloße Beilage ist wie hierzulande.
(Hubert Knich)

Hähnchen mit Gemüse im Römertopf

Sebzeli Tavuk Güveci

In der Türkei wird dieses Gericht im »Güveç« zubereitet, einem Tontopf, der dem Römertopf ähnelt. Der »Güveç« ist rund, und es gibt ihn in allen Größen. Er wird in der türkischen Küche sehr viel verwendet. Was für feine Gerichte man mit ihm bereiten kann, zeigt das Hähnchen mit Gemüse.

1 Hähnchen (etwa 1200 g) · 250 g grüne Bohnen · 2 Zwiebeln · 2 Zucchini · 2 Auberginen · 2 Eßl. Butter · 3 Tomaten · Salz · Pfeffer · 1 Teel. Rosenpaprikapulver

Zubereitungszeit: 1 Stunde
Garzeit: 40 Minuten

Den Römertopf 10 Minuten wässern. • Das Hähnchen innen und außen waschen und 10 Minuten in reichlich Salzwasser kochen; dann aus der Brühe nehmen. Die Brühe aufheben. • Die Bohnen von den Fäden befreien, waschen und halbieren. Die Zwiebeln schälen und grob zerteilen. Die Zucchini waschen und in mundgerechte Stücke schneiden. Dieses Gemüse 5–7 Minuten in der Hühnerbrühe garen. Die Auberginen waschen und vierteln. • In einem Topf Butter erhitzen und die Auberginen darin anbraten. • Das Hähnchen in größere Stücke teilen, jedoch nicht von den Knochen lösen, und zusammen mit den vorbereiteten Gemüsen in den Römertopf geben. • Die Tomaten waschen, kreuzweise einritzen und in kochendem Wasser kurz überbrühen. Die Tomaten häuten, von den Stielansätzen befreien und würfeln. Die Tomaten auf das Fleisch und das Gemüse in den Römertopf geben. Mit 1 Tasse Brühe angießen und mit Salz, Pfeffer und dem Paprikapulver würzen. • Den Römertopf in den kalten Backofen schieben und das Hähnchen bei 180° 20–30 Minuten garen.
(İlknur Akbaşak)

Hähnchen mit Blumenkohl aus dem Backofen

Fırında Karnabaharlı Tavuk

1 Blumenkohl · 1 Hähnchen (etwa 1200 g) · 2 Eßl. Butter · 2 Eßl. Mehl · ¼ l Milch · Salz · Pfeffer · ½ Teel. Rosenpaprikapulver · 150 g geriebener Kaşar-Käse (ersatzweise Gouda-Käse)

Zubereitungszeit: 1½ Stunden
Garzeit: 1 Stunde

Den Blumenkohl von den grünen Blättern befreien und den Strunk abschneiden. Den Kohl in stark gesalzenem Wasser 20 Minuten stehen lassen, damit das Ungeziefer ausgeschwemmt wird. Den Blumenkohl gründlich waschen. Das Hähnchen innen und außen waschen. • Zwei Töpfe mit jeweils reichlich Salzwasser aufsetzen. In dem einen das Hähnchen 20–25 Minuten kochen, in dem anderen den Blumenkohl 15–20 Minuten garen. • Den Backofen auf 180° vorheizen. • Das Hähnchen aus dem Wasser nehmen und abtropfen lassen. Anschließend in die Mitte einer großen gebutterten Auflaufform legen. Den Blumenkohl in Röschen zerteilen und um das Hähnchen legen. • Die Butter in einer Pfanne erhitzen und das Mehl darin Farbe nehmen lassen. Mit der Milch nach und nach aufgießen und aufkochen lassen. Die Sauce mit Salz, Pfeffer und dem Paprikapulver würzen. • Die Sauce über das Hähnchen und den Blumenkohl gießen. Den geriebenen Käse darüberstreuen. Das Hähnchen im Backofen 20–30 Minuten backen.
(Necmiye Aygen)

Hähnchen mit Gemüse im Römertopf (Sebzeli Tavuk Güveci) wird auf türkische Art mit Bohnen, Zucchini, Auberginen und Tomaten zubereitet und kräftig mit Rosenpaprikapulver gewürzt. ▷

Tscherkessenhuhn

Çerkez Tavuğu

Tscherkessenhuhn sollte man so scharf als möglich würzen. Dieses von Tscherkessen-Türken in die Türkei gebrachte Gericht verschönert jede Vorspeisen-Tafel.

1 Huhn (1000–1200 g) · 2 Zwiebeln · 1 Möhre · Salz · 3 altbackene Brötchen/Semmeln · 350 g gemahlene Walnüsse · 2 Teel. Paprikapulver (mild und scharf gemischt) · 1–2 Eßl. Öl · 2 Eßl. frisch gehackte Petersilie

Zubereitungszeit: 1 Stunde
Garzeit: 30 Minuten

Das Huhn innen und außen waschen. Die Zwiebeln schälen; 1 Zwiebel vierteln und eine feinreiben. Die Möhre waschen, schaben und kleinschneiden. • Das Huhn in einem Topf mit reichlich Salzwasser zusammen mit der geviertelten Zwiebel und der Möhre 30 Minuten lang kochen. Dann das Fleisch herausnehmen, abkühlen lassen, von Haut und Knochen befreien und mit der Hand zerzupfen. Die Brühe aufheben. • Die Brötchen in Wasser einweichen und ausdrükken. Die Brötchen mit den Walnüssen, der geriebenen Zwiebel und 1 Teelöffel Paprikapulver gut vermischen. Diese Mischung durch einen Fleischwolf drehen, mit ½ l Hühnerbrühe angießen und sorgfältig – am besten mit dem Schneebesen – verrühren. 4–5 Eßlöffel davon beiseite stellen. • Das übrige Walnußmus mit dem Hühnerfleisch vermischen und auf einer Servierplatte anrichten. Von allen Seiten mit dem zurückbehaltenen Walnußmus bestreichen. • Das Öl in einer Pfanne erhitzen und 1 Teelöffel Paprikapulver darin anbraten. • Das Hühnerfleisch mit dem Paprika-Öl beträufeln und mit Petersilie bestreuen.
(Yaşar Özden)

Hähnchenröllchen

Tavuk Köftesi

Für dieses Gericht werden in der Türkei die Hähnchen erst vorgekocht, um das Entbeinen zu erleichtern. Bei uns hat man den Vorteil, das Hähnchenfleisch in Portionen roh kaufen zu können. Hähnchenfrikadellen schmecken köstlich und sind in der Türkei überall beliebt.

Für 4–6 Personen:
250 g Hähnchenbrust · 250 g Hähnchenschenkel (ohne Haut und Knochen) · 3–4 Eßl. Paniermehl/Semmelbrösel · 2 Eier · 2 Eßl. frisch gehackte Petersilie · Salz · Pfeffer · 1 Teel. Rosenpaprikapulver · Öl zum Braten

Zubereitungszeit: etwa 40–50 Minuten
Garzeit: je Frikadelle 2–3 Minuten

Die Hähnchenbrust und die Hähnchenschenkel durch den Fleischwolf drehen oder im Mixer pürieren. In einer Schüssel das Fleisch mit dem Paniermehl, den Eiern, der Petersilie, Salz, Pfeffer und dem Paprikapulver gut verkneten. Aus dem Teig 5–7 cm lange Röllchen formen. • In einer Pfanne Öl erhitzen und die Hähnchenröllchen darin von allen Seiten 2–3 Minuten braun braten. Anschließend auf Küchenkrepp abtropfen lassen. • Die fertigen Röllchen mit Reis oder Pommes frites und Salat auftragen.
(Durmuş Uzluk)

Truthahn mit Kastanien

Kestaneli Hindi

Es gibt kaum etwas Delikateres, als im Backofen gebratener Truthahn. In der Türkei serviert man ihn mit Vorliebe zum Neujahrsfest, garniert mit Kastanien.

Für 4–6 Personen:
1 Puter (etwa 2 kg) · 2 Möhren · 2 Kartoffeln · 2 Zwiebeln · Saft von 1 Zitrone · Salz · Pfeffer · 1½ Teel. Paprikapulver · 1 kg Kastanien/Maronen · 2–3 Eßl. Stärkemehl · 2 Eßl. frisch gehackte Petersilie · Alufolie

Zubereitungszeit: 1½ Stunden
Garzeit: etwa 1 Stunde

Den Puter unter fließendem Wasser von innen und außen waschen. Die Möhren waschen und schaben. Die Kartoffeln waschen und schälen. Die Zwiebeln schälen. • Den Puter mit gut ¾ l Salzwasser in einem großen Topf aufsetzen und die Möhren, Kartoffeln, Zwiebeln und den Zitronensaft zufügen. Den Puter 30 Minuten garen. • Den Backofen auf 200° vorheizen. • Den Puter aus der Brühe nehmen und die Brühe aufheben. Den Puter auf eine gebutterte Fettpfanne geben und mit Salz, Pfeffer und dem Paprikapulver würzen. • Den Puter im Backofen etwa 30 Minuten lang bräunen; ab und zu muß er mit der Bratflüssigkeit begossen werden. • Die Kastanien auf der oberen Seite kreuzweise einritzen und auf Alufolie 15 Minuten lang zum Puter in den Backofen geben. Die Kastanien dann herausnehmen, etwas abkühlen lassen und schälen. • ½ l Brühe erhitzen und mit dem in etwas kaltem Wasser angerührten Stärkemehl binden. • Den fertigen Puter auf eine feuerfeste Platte legen und im Backofen warm halten. • Die geschälten Kastanien in die Fettpfanne zu der Bratflüssigkeit geben, mit ¼ l Brühe begießen und 15 Minuten garen lassen. • Vor dem Servieren die Kastanien um das Fleisch herum anrichten und alles zusammen mit der hellen Sauce begießen. Den Puter mit Petersilie bestreuen.
(İlknur Üstün)

Gebratene Lammkeule

Fırında Kuzu Budu

Diese mit Erbsen garnierte Lammkeule erhält durch die feine Würzmarinade einen hervorragenden Geschmack – ein besonders festliches Gericht für Sonn- und Feiertage.

Für 6–8 Personen:
1 Lammkeule · ¼ l Rotwein · ⅛ l Essig · Salz · Pfeffer · 2 Teel. Rosenpaprikapulver · 2 Teel. Pimentpulver · 2 Teel. Thymian · 2 Möhren · 2 Zwiebeln · 2 Lorbeerblätter · 4 Eßl. Öl · 1 Eßl. Mehl · 250 g Erbsen

Zeit zum Marinieren: 24 Stunden
Zubereitungszeit: 1½ Stunden
Garzeit: 40–50 Minuten

Am Tag vor der Zubereitung die Lammkeule vom Fett befreien. • Für die Marinade den Rotwein und den Essig miteinander vermischen. Mit Salz, Pfeffer, dem Paprikapulver, dem Pimentpulver und dem Thymian würzen. • Die Möhren waschen, schaben und in dünne Scheiben schneiden. Die Zwiebeln schälen und vierteln. Die Lorbeerblätter zerkleinern. • Alles zusammen mit 2 Eßlöffeln Öl in die Marinade geben. Die Lammkeule in die Marinade geben und das Fleisch 5 Minuten durchmassieren; dann 24 Stunden stehen lassen. Das Fleisch ab und zu wenden. • Am Zubereitungstag den Backofen auf 220° vorheizen. • Die Lammkeule aus der Marinade nehmen, trockentupfen und auf einer mit Wasser ausgespülten Fettpfanne in den Backofen schieben. Das Fleisch von Zeit zu Zeit mit der Bratflüssigkeit begießen. • In einem Topf das restliche Öl erhitzen. Die Möhren, die Zwiebeln und die Lorbeerblätter mit einer Schaumkelle aus der Marinade nehmen und in dem Öl 5–6 Minuten durchbraten. Mit dem Mehl bestäuben und nochmals kurz durchbraten. • Die Erbsen zufügen und mit der Marinade und 1 Tasse Wasser auffüllen. Das Ganze 30 Minuten lang kochen lassen. Dann die Lorbeerblätter entfernen. • Das Gemüse zusammen mit der Lammkeule servieren.
(Ramazan Takşat)

Okras mit Hammelfleisch

Koyun Etli Bamya

Der Geschmack der Okras (auch Gumbo, Bamia oder Ladyfinger genannt) erinnert an grüne Bohnen oder Stachelbeeren. Sie sind ein in der Türkei beliebtes Sommergemüse (Bild Seite 2).

Für 4–6 Personen:
750 g frische Okras · Saft von 1½ Zitronen · 500 g Fleisch (Lamm oder Hammel) · 3 mittelgroße Zwiebeln · 2 mittelgroße Tomaten · 2 Eßl. Öl · Salz

Zubereitungszeit: 1½ Stunden
Garzeit: 45 Minuten

Die Stielenden der Okras bleistiftspitzenförmig abschneiden, um die Frucht nicht zu verletzen; bei einem geraden Schnitt würde der Inhalt auslaufen. Die Okras in Wasser, dem der Saft von ½ Zitrone zugesetzt worden ist, legen. • Das Fleisch würfeln, die Zwiebeln schälen und kleinschneiden. Die Tomaten waschen, kreuzweise einritzen und in kochendem Wasser kurz überbrühen. Die Haut abziehen und die Stielansätze entfernen. Die Tomaten kleinschneiden. • Das Öl in einer Pfanne erhitzen und die Zwiebeln mit dem Fleisch kurz durchbraten. Die Tomaten zufügen und alles 5–7 Minuten braten lassen. Mit ½ l Wasser auffüllen, salzen und das Fleisch 30 Minuten garen. Den restlichen Zitronensaft und die Okras zufügen und alles nochmals 15 Minuten garen.
(Türkan Dikkaya)

Tip: Wenn man statt des frischen Gemüses Okras aus der Dose verwendet, so gibt man den Doseninhalt auf ein Haarsieb, spült ihn ab und gibt ihn 5 Minuten vor Ende der Garzeit zum Fleisch in die Pfanne. – Freunde von Knoblauch können diesem Gericht 5 Knoblauchzehen zugeben, die geschält und kleingeschnitten zusammen mit den Zwiebeln in den Topf kommen.

Hammelkoteletts

Koyun Pirzolası

Die bei uns übliche Portion von 2 Hammelkoteletts pro Person fällt in den Augen einer türkischen Gastgeberin zu gering aus. Da sie den Beilagen keinen hohen Stellenwert beimißt, geht sie von mindestens 3–4 Hammelkoteletts pro Person aus.

12 Hammelkoteletts · 2 Eier · 30 g geriebener Kaşar-Käse (ersatzweise Greyerzer/Gruyère oder Gouda-Käse) · 2–3 Eßl. Mehl · 2–3 Eßl. Paniermehl/ Semmelbrösel · Salz · Pfeffer · reichlich Öl zum Braten

Zubereitungszeit: 30–40 Minuten
Bratzeit: je Kotelett 6–7 Minuten

Die Hammelkoteletts trockentupfen. • Die Eier mit dem Käse verquirlen. Das Mehl und das Paniermehl jeweils auf einen Teller geben. • Das Öl in der Pfanne erhitzen. Die Koteletts salzen und pfeffern, dann nacheinander in dem Mehl, in der Eier-Käse-Mischung und in dem Paniermehl wenden. Die Koteletts in der Pfanne von beiden Seiten je 3 Minuten braten. • Die Hammelkoteletts mit Butterreis oder Pommes frites auftragen.
(Tülay Can)

Lammkoteletts aus dem Backofen

Tepsi Pirzolası

Bei Lammkoteletts würde sich keine türkische Hausfrau mit den hierzulande üblichen 2 Stück pro Person begnügen. Entscheiden Sie sich bei der Gewichtung von Fleisch und Beilagen Ihren eigenen Eßgewohnheiten entsprechend.

2 Zwiebeln · 4 Tomaten · 4 Peperoni/Spitzpaprika · 2 Eßl. Butter · 16 Lammkoteletts · Salz · 1 Teel. Thymian · 1 Teel. Rosenpaprikapulver

Zubereitungszeit: 1 Stunde
Garzeit: 40 Minuten

Den Backofen auf 180° vorheizen. • Die Zwiebeln schälen, in Scheiben schneiden und in Ringe zerteilen. Die Tomaten waschen, kreuzweise einritzen und in kochendem Wasser kurz überbrühen. Die Tomaten häuten und die Stielansätze entfernen. Die Tomaten würfeln. Die Peperoni waschen, halbieren und von den Kernen befreien. • 1 Eßlöffel Butter in einem Topf erhitzen und die Zwiebelringe darin anbraten. Die Tomaten zufügen und beides 5 Minuten dünsten. Die Peperoni zugeben und alles nochmals 1–2 Minuten durchbraten lassen. • Die Lammkoteletts auf die gebutterte Fettpfanne geben. Das Gemüse über den Lammkoteletts verteilen. Salz, den Thymian und das Rosenpaprikapulver zufügen. 1 Tasse Wasser angießen. Die Lammkoteletts im Backofen 30–40 Minuten garen.
(Mukdat Biçer)

Lammkoteletts in Béchamel-Käse-Sauce

Beşamel Soslu Kuzu Pirzola

In der Türkei werden Lammkoteletts häufig zum Essen in die Hand genommen. Damit man sie gut anfassen kann, werden die Knochen der Koteletts vor dem Servieren mit Alufolie umwickelt. Statt 2 rechnet man in der Türkei mindestens 3 Lammkoteletts pro Person für dieses Rezept.

Für die Sauce: 2 Eßl. Butter · 3 Eßl. Mehl · reichlich ¼ l Milch · 2 Eier · 1 Eßl. geriebener Kaşar-Käse (ersatzweise Greyerzer Käse/Gruyère) · Salz
Für die Lammkoteletts: reichlich Öl zum Braten · 12 Lammkoteletts · Salz · Pfeffer

Zubereitungszeit: 45 Minuten
Garzeit: je Lammkotelett etwa 7 Minuten

In einem Topf die Butter zerlassen. Das Mehl darin Farbe nehmen lassen und nach und nach die Milch zugießen. Alles aufkochen lassen und bei schwacher Hitze etwa 15 Minuten kochen lassen, bis die Sauce dicklich ist. Dabei ab und zu umrühren. Die Sauce dann abkühlen lassen. Die Eier mit dem Käse verquirlen und in die Sauce rühren. Mit Salz abschmecken. • In einer Pfanne reichlich Öl erhitzen und die Koteletts darin kurz von beiden Seiten anbraten. Mit Salz und Pfeffer würzen. • Dann die Koteletts in der Sauce wenden und so lange braten, bis sie gar sind. Das dauert etwa 3–5 Minuten. Auf Küchenkrepp abtropfen lassen.
(Fadime Gürler)

Kalbskotelett Jägerart

Sebzeli Dana Pirzolası

2 Peperoni/Spitzpaprika · 4 Zwiebeln · 100 g Champignons · 4 Tomaten · reichlich Öl zum Braten · Salz · Pfeffer · 1 Teel. Thymian · 4 Kalbskoteletts

Zubereitungszeit: 40 Minuten
Garzeit: etwa 20–25 Minuten

Die Peperoni waschen, der Länge nach halbieren und von den Kernen befreien. Die Zwiebeln schälen und kleinschneiden. Die Champignons waschen, putzen und in Scheiben schneiden. Die Tomaten waschen und in heißem Wasser kurz überbrühen. Die Haut abziehen und die Stielansätze entfernen. Die Tomaten in größere Stücke schneiden. • In einer größeren Pfanne 2 Eßlöffel Öl erhitzen und die Zwiebeln darin anbraten. Die Peperoni zufügen und etwa 5 Minuten schmoren. Die Champignons und die Tomaten zufügen und mit Salz, Pfeffer und dem Thymian abschmecken. Alles zusammen bei Mittelhitze 10 Minuten garen lassen. • In einer anderen Pfanne Öl erhitzen und die Kalbskoteletts darin von beiden Seiten je 7 Minuten braten. Dann die Koteletts salzen und pfeffern. • Die Koteletts auf einer Servierplatte anrichten und das Gemüse darauflegen.
(İsmail Çamlık)

Fleischspießchen

Şiş Kebap

Für ihre Fleischspießchen ist die türkische Küche in aller Welt berühmt. Şiş Kebap ist ländlichen Ursprungs, und jeder Ort ist stolz auf seine besondere Art, Kebap zuzubereiten.

500 g Lamm- oder Kalbfleisch · ¼ l Rotwein · 2 Eßl. Essig · Salz · Pfeffer · 2 Teel. Rosenpaprikapulver · 1½ Teel. Pimentpulver · 1½ Teel. Thymian · 2 Zwiebeln · 3 Tomaten · 3–4 Eßl. Öl · 12 Schaschlikspieße

Marinierzeit: 24 Stunden
Zubereitungszeit: 50 Minuten
Garzeit: etwa 15–25 Minuten

Am Tag vor der Zubereitung die Sehnen und das Fett vom Fleisch entfernen und das Fleisch in Würfel schneiden. Eine Marinade aus dem Rotwein und dem Essig mischen und mit Salz, Pfeffer, dem Paprikapulver, dem Pimentpulver und dem Thymian würzen. • Die Zwiebeln schälen und in große Würfel schneiden. Die Tomaten waschen, kreuzweise einritzen und in kochendem Wasser überbrühen. Die Tomaten häuten und die Stielansätze entfernen. Die Tomaten kleinschneiden. • Die Zwiebeln und die Tomaten mit 2–3 Eßlöffeln Öl zu der Marinade geben. Die Fleischwürfel in die Marinade legen und 5 Minuten durchmassieren; dann 24 Stunden im Kühlschrank durchziehen lassen. Das Fleisch ab und zu wenden. • Am Tag der Zubereitung die Schaschlikspieße mit Öl bepinseln. Das Fleisch auf die Spieße stecken und auf dem Holzkohlengrill 15–20 Minuten grillen oder im vorgeheizten Backofen bei 200° 20–25 Minuten braten. • Die Spieße mit Reis und Salat auftragen.
(M. Renan Atalay)

Röstfleisch Gärtnerin

Bahçe Kebabı

500 g Lammfleisch ohne Knochen (von der Schulter, durchwachsen) · 2 Zwiebeln · 2 Kartoffeln · 2 Möhren · 250 g Champignons · 2 mittelgroße Tomaten · 250 g Erbsen · Salz · Pfeffer · 1 Teel. Rosenpaprikapulver · 4 Eßl. Butter · Alufolie

Zubereitungszeit: 1½ Stunden
Garzeit: 50 Minuten

Den Backofen auf 180° vorheizen. • Das Fleisch in gulaschgroße Stücke schneiden. Die Zwiebeln schälen und kleinschneiden. Die Kartoffeln waschen, schälen und in kleine Würfel schneiden. Die Möhren waschen, schaben und in Scheiben schneiden. Die Champignons waschen, putzen und halbieren. Die Tomaten waschen und in kochendem Wasser kurz überbrühen. Die Haut abziehen und die Stielansätze entfernen. Die Tomaten in kleine Würfel schneiden. • Das Fleisch mit den vorbereiteten Gemüsen

Kaum ein türkisches Gericht ist so berühmt wie die herzhaften Fleischspießchen (Şiş Kebap). In der Türkei werden sie in vielen Varianten zubereitet. ▷

mischen, die Erbsen zufügen und mit Salz, Pfeffer und dem Paprikapulver würzen. • Vier 30 cm große Alufolienquadrate zurechtschneiden. • Die Fleisch-Gemüse-Mischung in die Mitte auf die Alufolie geben und je 1 Eßlöffel Butter hinzufügen. • Die Ecken der Alufolie über der Fleisch-Gemüse-Mischung zusammenschlagen, gut verschließen und für 40–50 Minuten in den Backofen geben. • Das Röstfleisch Gärtnerin in der Alufolie servieren.
(Ayfer Işın)

Röstfleisch auf Fladenbrot

Pideli Kebap

Von Bursa aus hat dieses Gericht, das auch in speziellen »Kebap«-Restaurants angeboten wird, einen wahren Siegeszug durch die ganze Türkei angetreten.

500 g Kalb- oder Lammfleisch (mageres Fleisch, am besten Keule) · 4 größere oder 8 kleinere Schaschlikspieße · Salz · Pfeffer · 1½ Teel. Rosenpaprikapulver · ¼ l Fleischbrühe · 4 kleinere Fladenbrote (aus dem türkischen Spezialgeschäft) · 2 Tomaten · 3–4 Peperoni/Spitzpaprika · 4 Eßl. Butter

Zubereitungszeit: 45 Minuten
Garzeit: 20–25 Minuten

Den Backofen auf 200° vorheizen. • Das Fleisch in gulaschgroße Stücke schneiden und auf die mit Öl bepinselten Schaschlikspieße stecken. Die Spieße im vorgeheizten Backofen braten oder – noch besser – auf dem Holzkohlengrill grillen. Die Spieße mit Salz, Pfeffer und dem Paprikapulver würzen. • Inzwischen die Fleischbrühe erhitzen. • Die Fladenbrote im Backofen kurz aufwärmen. Die Tomaten waschen und in Scheiben schneiden; dabei die Stielansätze entfernen. Die Peperoni waschen, der Länge nach halbieren und von den Kernen befreien. • Die Fladenbrote mit Butter bestreichen, halbieren und mit der Fleischbrühe beträufeln. Die Fleischwürfel von den Spießen nehmen und auf der unteren Hälfte der Fladenbrote verteilen. Oben auf die Tomatenscheiben und Peperonihälften legen. Die obere Fladenhälfte daraufdecken und die Fladenbrote servieren.

Tip: Die Tomaten und Peperoni schmekken besonders gut, wenn man sie kurz mitgrillt.

Variante: Röstfleisch mit Joghurt und Fladenbrot (Yoğurtlu Şiş Kebap)
Das fertig gegrillte Fleisch schwach salzen und pfeffern und mit der Tomate und dem Peperoni auf sämtlichen Fladenbrothälften verteilen. • 4 Becher Joghurt (je 150 g) mit Salz und Pfeffer abschmecken und über die Brote gießen. 2 Eßlöffel Butter in einer Pfanne erhitzen und das Paprikapulver darin kurz durchrösten. Die Paprikabutter auf den Joghurt geben und alle Brote mit insgesamt 2 Eßlöffeln frisch gehackter Petersilie bestreuen.
(Alican Fidan)

Ragout in Joghurt-Sauce

Elbasan (Yoğurtlu Et)

Für 4–6 Personen:
500 g Kalb- oder Rindfleisch (Gulaschqualität) · Salz · 5–6 Eßl. Butter · 4 Eier · 4 Becher Joghurt (je 150 g) · Pfeffer

Zubereitungszeit: 1½ Stunden
Garzeit: 1 Stunde und 20 Minuten

Das Fleisch in gulaschgroße Stücke schneiden und in reichlich Salzwasser 30–40 Minuten kochen lassen. • Den Backofen auf 180° vorheizen. • Das Fleisch aus der Brühe nehmen und in 2–3 Eßlöffeln Butter etwa 10 Minuten braten. Anschließend abkühlen lassen. • Die Eier miteinander verquirlen, den Joghurt, die restliche Butter, Salz und Pfeffer zufügen und alles gut verrühren. • Das Fleisch in eine gebutterte Auflaufform füllen, die Joghurtmischung gleichmäßig darauf verteilen und das Ragout im Backofen etwa 30 Minuten lang backen.
(Ayfer Işin)

Lammfleisch auf Artischockenböden

Enginarlı Kuzu Kebabı

Lammfleisch und Artischocken, zwei in der türkischen Küche alltägliche Nahrungsmittel, sind hier zu einem sehr gut schmeckenden Gericht vereint.

Saft von 1 Zitrone · 4 Artischocken · 500 g Lammfleisch · 15 Schalotten · 3–4 Eßl. Butter · 1 Eßl. Mehl · ½ l Fleischbrühe · 2 Möhren · 100 g Sellerieknolle · Salz · Pfeffer · 1½ Teel. Paprikapulver · 100 g Erbsen · 3 Tomaten · 3–4 grüne Peperoni/ Spitzpaprika · 2 Eßl. frisch gehackter Dill

Zubereitungszeit: 1½ Stunden
Garzeit: etwa 45 Minuten

Den Zitronensaft in eine Schüssel mit Wasser geben. Die schuppenartigen Blätter der Artischocken entfernen, den unteren Teil abschneiden und das »Heu« im Inneren mit einem Teelöffel ausschaben. Die Artischocken in das Zitronenwasser legen. • Das Lammfleisch in haselnußgroße Stücke schneiden. Die Schalotten schälen. • Die Butter in einem Topf erhitzen und das Fleisch darin 5 Minuten anbraten. Dann die Schalotten zufügen und mit dem Mehl bestäuben. Unter Rühren 2–3 Minuten anbraten lassen. Dann nach und nach mit der Fleischbrühe auffüllen. Alles zusammen aufkochen lassen und mit einer Schaumkelle den Schaum entfernen. • Die Möhren waschen und schaben. Den Sellerie waschen und schälen. Beides in kleine Würfel schneiden und zu dem Fleisch in den Topf geben. Das Ganze mit Salz, Pfeffer und dem Paprikapulver abschmecken und 15 Minuten bei schwacher Hitze kochen lassen. Dann die Erbsen untermischen. • Den Backofen auf 180° vorheizen. • Die Tomaten waschen und in Scheiben schneiden, die Peperoni waschen, der Länge nach halbieren und von den Kernen befreien. • Die Artischockenböden in eine Auflaufform legen. Die Fleisch-Gemüse-Mischung und dann die Peperoni und die Tomaten daraufgeben. Im Backofen in 20 Minuten garen. Anschließend mit Dill bestreuen.
(Feriha Sünbül)

Gemüse-Fleisch-Topf

Tencere Kebabı

Kräftig gewürzt ergibt diese Kombination von Lamm- oder Hammelfleisch mit Gemüsen der Saison einen herzhaften Eintopf.

Für 4–6 Personen:
500 g Lamm- oder Hammelfleisch (leicht durchwachsen, Schulter) · 3 Zwiebeln · 3–4 Eßl. Butter · 3 Tomaten · 3 grüne Paprikaschoten · 2 Kartoffeln · 3 Auberginen · Salz · Pfeffer · 1½ Teel. Paprikapulver

Zubereitungszeit: 1½ Stunden
Garzeit: 1 Stunde

Das Fleisch in gulaschgroße Stücke schneiden. Die Zwiebeln schälen und würfeln. • Die Butter in einem Topf erhitzen und das Fleisch darin anbraten. Die Zwiebeln zufügen und mit anbraten. • Die Tomaten in heißem Wasser kurz überbrühen, häuten und von den Stielansätzen befreien. Die Tomaten kleinschneiden. Die Paprikaschoten waschen, aufschneiden und von den Kernen und Rippen befreien. Die Paprikaschoten in mundgerechte Stücke schneiden. Die Kartoffeln waschen, schälen und kleinschneiden. Die Auberginen waschen und ebenfalls kleinschneiden. • Alle Gemüse zum Fleisch geben und etwa 5 Minuten mit andünsten. 2 Tassen Wasser angießen und mit Salz, Pfeffer und dem Paprikapulver abschmecken. Das Ganze 40–50 Minuten bei mittlerer Hitze kochen. • Butterreis dazu reichen. (Mustafa Sürücü)

Fleischtopf mit Reis

Taskebaplı Pilav

Dieser pikant gewürzte Eintopf mit Lamm- oder Hammelfleisch und Reis ist nahezu ein türkisches Nationalgericht.

400 g Lamm- oder Hammelfleisch (Keule) · 2 Zwiebeln · 6 Eßl. Butter · Salz · Pfeffer · 1 Teel. Paprikapulver · 1 Teel. Pimentpulver · 1 Gewürznelke · 1½ Tassen Reis

Zubereitungszeit: 1½ Stunden
Garzeit: 1¼ Stunden

Das Fleisch in gulaschgroße Stücke schneiden. Die Zwiebeln schälen und feinschneiden. • 3 Eßlöffel Butter in einem Topf zerlassen und das Fleisch darin anbraten. • ¼ l Salzwasser erhitzen. • Die Zwiebeln, Pfeffer, das Paprikapulver, das Pimentpulver und die Gewürznelke zum Fleisch geben und alles 5–10 Minuten dünsten lassen. Das Salzwasser zugießen und alles weitere 30–40 Minuten kochen lassen. • 3 Eßlöffel Butter in einem Topf erhitzen, mit 3 Tassen Salzwasser auffüllen und zum Kochen bringen. Den Reis zufügen. Das Fleisch darauf verteilen und den Reis köcheln lassen, bis alle Flüssigkeit verdampft ist. Das dauert etwa 15 Minuten. (Feriştah Dülge)

Pfarrhaus-Ragout

Papaz Yahnisi

Seine auch für türkischen Geschmack besondere Note verdankt dieses Gericht der Zugabe von viel Zwiebeln und Essig.

Für 4–6 Personen:
500 g Rindfleisch (Gulaschfleisch) · 6–7 Zwiebeln · 3 Eßl. Butter · 4 Tomaten · 1½ Teel. Zimt · Salz · Pfeffer · 1½ Teel. Paprikapulver · ⅛ l Essig

Zubereitungszeit: 3 Stunden
Garzeit: etwa 2½ Stunden

Das Fleisch in gulaschgroße Stücke schneiden. Die Zwiebeln schälen und in kleine Würfel schneiden. • Die Butter in einem Topf erhitzen und das Fleisch darin etwa 5 Minuten anbraten. Die Zwiebeln zufügen und mit dem Fleisch zusammen weitere 5–10 Minuten braten. • Die Tomaten waschen und mit kochendem Wasser kurz überbrühen. Die Haut abziehen und die Stielansätze entfernen. Die Tomaten würfeln und zum Fleisch geben. • ¾ l Wasser erhitzen. • Das Fleisch mit dem Zimt, Salz, Pfeffer und dem Paprikapulver abschmecken. Den Essig zufügen und das Wasser zugießen. Das Ragout bei schwacher Hitze etwa 2 Stunden und 30 Minuten garen. (Mustafa Sürücü)

Hirn gebraten

Beyin Tavası

Liebhaber von Innereien sollten sich dieses ausgezeichnete Gericht nicht entgehen lassen. In der Türkei findet man es auf festlichen Vorspeise-Tafeln.

1 Kalbshirn (500–600 g) · 2 Eßl. Essig · 2 Eier · 4 Eßl. Mehl · Salz · 1 Teel. Paprikapulver · reichlich Öl zum Braten

Zubereitungszeit: 30 Minuten
Garzeit: je Hirnscheibe 4 Minuten

Das Kalbshirn zunächst in einem Topf mit Wasser, dem Essig und etwas Salz 8 Minuten kochen. Das Hirn herausnehmen und kalt werden lassen. Dann die Haut vom Hirn entfernen, ebenso die kleinen Äderchen, und anschließend abspülen. Das Hirn in fingerdicke Scheiben schneiden. • Die Eier mit dem Mehl, Salz, dem Paprikapulver und 2 Eßlöffeln Wasser verrühren. • Öl in einer Pfanne erhitzen. Die Hirnscheiben in der Panade wälzen und in der Pfanne von jeder Seite 2 Minuten braten.
(İlknur Üstün)

Tip: Bei diesem Gericht kommt der Geschmack am besten zur Geltung, wenn man die Scheiben mit gehackter Petersilie bestreut und mit etwas Zitronensaft beträufelt.

Leber im Lammnetz

Ciğer Sarması

Leber im Lammnetz ist eine Spezialität, die bei Festen im Frühjahr auf den Tisch kommt; dann sind Lammnetze saisonbedingt auf dem Markt zu haben.

Für 4–6 Personen:
2 Zwiebeln · 50 g Korinthen · 2 Tomaten · 1 Lammleber (etwa 500 g) · 3 Eßl. Butter · 100 g Pinienkerne · 100 g Reis · Salz · Pfeffer · 1½ Teel. Rosenpaprikapulver · 1½ Teel. Pimentpulver · 1½ Teel. Kreuzkümmel · 1 Teel. frisch gehackte Minzblätter · 2 Eßl. frisch gehackter Dill · 2 Lammnetze (beim Metzger vorbestellen) · 1 Ei

Zubereitungszeit: 1½ Stunden
Garzeit: 1 Stunde

Die Zwiebeln schälen und kleinhacken. Die Korinthen in heißem Wasser einweichen. Die Tomaten kreuzweise einritzen, in heißem Wasser kurz überbrühen und die Haut abziehen. Die Stielansätze entfernen. Die Lammleber in haselnußgroße Würfel schneiden. • In einem größeren Topf 2 Eßlöffel Butter erhitzen und die Zwiebeln darin anbraten. Die Pinienkerne dazugeben und 2–3 Minuten ebenfalls anbraten. Den Reis, die Tomaten und die abgetropften Korinthen zusammen mit der Leber in den Topf geben und alles etwa 15 Minuten leicht köcheln lassen, bis alle entstandene Flüssigkeit verdunstet ist. Mit ¼ l Wasser auffüllen und mit Salz, Pfeffer, dem Paprikapulver, dem Pimentpulver, dem Kreuzkümmel, den Minzblättern und dem Dill abschmecken. Das Ganze noch 10 Minuten köcheln lassen, bis das Wasser verdampft ist. • Den Backofen auf 180° vorheizen. • Die Lammnetze 10 Minuten in lauwarmes Wasser legen, dann herausnehmen. • Auf einer gebutterten Fettpfanne das erste Lammnetz ausbreiten. Die Leber-Reis-Mischung in die Mitte des Netzes legen. Das Netz darüber zusammenschlagen. Das zweite Lammnetz oben auf das erste Lammnetz legen und unten zusammenschlagen. • Das Ei verquirlen und das Lammnetz damit bepinseln. ¼ l Wasser angießen und die Leber im Lammnetz im Backofen etwa 30–35 Minuten backen.
(Nesrin Gökbulut)

Gebratene Leber

Ciğer Kızartması (Arnavut Ciğeri)

Dieses Gericht verdankt seinen besonderen herb-säuerlichen Geschmack dem vor allem in der Südtürkei beliebten Gewürz Gerbersumach. Die so gewürzte Leber ist auch als Vorspeise geeignet.

4–5 Zwiebeln · Salz · 500 g Lamm- oder Kalbsleber · 100 g Mehl · 4 Eßl. frisch gehackte Petersilie · 1½ Teel. Gerbersumach (unter der Bezeichnung Sumak im türkischen Spezialgeschäft erhältlich) · 1½ Teel. Paprikapulver · reichlich Öl zum Braten

Zubereitungszeit: 30 Minuten
Garzeit: 5 Minuten

Die Zwiebeln schälen, halbieren und in dünne Scheiben schneiden. Die Zwiebelscheiben reichlich mit Salz bestreuen und etwa 10 Minuten ziehen lassen. Anschließend mit der Hand kräftig ausdrücken, waschen und abtropfen lassen. Die Leber waschen und in kleine Würfel schneiden. • Das Mehl mit Salz mischen und die Leberwürfel darin wälzen. • Die Petersilie mit dem Gerbersumach, dem Paprikapulver und den Zwiebelscheiben mischen. • Öl in einer Pfanne erhitzen und die Leberwürfel darin 4–5 Minuten braten. Die Pfanne muß häufig geschüttelt werden, da die Leber sonst anbrennt. Dann die Leber mit einer Schaumkelle aus der Pfanne heben und auf einer Servierplatte anrichten. • Die Zwiebel-Gewürz-Mischung darauf verteilen.
(Meral Birgül)

Auberginen-Fleisch-Pfanne

Tavada Patlıcan Kebabı

3 kleine Auberginen · 2 Zwiebeln · 3 Peperoni/Spitzpaprika · 2 mittelgroße Tomaten · 2 Knoblauchzehen · 500 g Lammschulter oder -keule ohne Knochen · ¼ l Fleischbrühe · 3 Eßl. Butter · Salz · Pfeffer · Paprikapulver

Zubereitungszeit: 50 Minuten
Garzeit: 40 Minuten

Die Auberginen waschen, von den Stielansätzen befreien, in gulaschgroße Würfel schneiden und sofort in Salzwasser legen, damit sie nicht braun werden. Die Zwiebeln schälen und grobhacken. Die Peperoni waschen und kleinschneiden. Vorsicht, sie können sehr scharf sein! Die Tomaten kreuzweise einritzen, kurz mit kochendem Wasser überbrühen und enthäuten, die Stielansätze entfernen und die Tomaten kleinschneiden. Die Knoblauchzehen schälen und sehr fein hacken. Das Fleisch in gulaschgroße Würfel schneiden. • Die Butter in einer Pfanne erhitzen und die Zwiebeln und die Knoblauchzehen darin andünsten. Das Fleisch zugeben und bei mittlerer Hitze kräftig anbraten. Dann das Gemüse zufügen und alles gut 5 Minuten schmoren lassen. Die Fleischbrühe angießen und das Gericht weitere 30 Minuten köcheln lassen. • Mit Salz, Pfeffer und Paprikapulver abschmecken.
(İnanç Kurşun)

Frikadellen mit Tomaten

Salçalı Köfte

Frikadellen in Tomatensauce sind überall in der Türkei beliebt. Man trifft auf immer neue Varianten. Gerne wird Brot dazu gereicht.

2 Zwiebeln · 500 g Hackfleisch (Lamm- oder Rindfleisch) · 1 Ei · 2 Eßl. frisch gehackte Petersilie · 3–4 Eßl. Paniermehl/Semmelbrösel · 50 g geriebener Kaşar-Käse (ersatzweise Gouda-Käse) · Salz · Pfeffer · 1 Teel. Paprikapulver · 1 Teel. Kreuzkümmel · 1 Teel. Thymian · 5 Kartoffeln · 4 Eßl. Tomatenmark · 2 Tomaten · 4 grüne Peperoni/Spitzpaprika · 2 Eßl. Butter

Zubereitungszeit: 1 Stunde
Garzeit: 30 Minuten

Den Backofen auf 180° vorheizen. • Die Zwiebeln schälen und kleinschneiden. • Das Hackfleisch mit dem Ei, den Zwiebeln, der Petersilie, dem Paniermehl und dem Käse in eine Schüssel geben. Salz, Pfeffer, das Paprikapulver, den Kreuzkümmel und den Thymian zufügen. • Alles zusammen gut durchkneten. Kleine runde, flache Frikadellen daraus formen. Die Frikadellen auf eine gebutterte Fettpfanne legen. • Die Kartoffeln waschen, schälen und in größere Stücke schneiden. Die Kartoffeln ebenfalls auf

Die Auberginen-Fleisch-Pfanne (Tavada Patlıcan Kebabı) gelingt auch dem Ungeübten. Wichtig ist nur, daß man das Fleisch so lange garen läßt, bis es zart ist. ▷

die Fettpfanne legen. • Das Tomatenmark mit ¼ l Salzwasser verrühren und über die Kartoffeln und die Frikadellen geben. • Die Tomaten waschen, in Scheiben schneiden und dabei die Stielansätze entfernen. Die Peperoni waschen, der Länge nach halbieren und von den Kernen befreien. Vorsicht, sie können sehr scharf sein! • Die Tomaten und die Peperoni oben auf die Frikadellen und die Kartoffeln legen und mit Butterflöckchen belegen. Das Ganze im Backofen 20–30 Minuten garen.
(Nazmiye Kuşku)

Frauenschenkel

Kadın Budu Köfte

Sozusagen als eine Liebeserklärung an die Frauen geben türkische Köche Gerichten, die ihnen besonders gut gelungen sind, Namen wie Schöne-Frauen-Suppe, Frauennabel oder Frauenschenkel. Im Vergleich zu den sonst üblichen fingerförmigen Frikadellen erhalten die Reis-Hackfleischröllchen für dieses Gericht ein keulenähnliches, flacheres Aussehen. Diese Frikadellen schmecken um so besser, je schärfer man sie würzt.

Für 4–6 Personen: 4–5 Eßl. Reis · Salz · 2 Zwiebeln · 1 Eßl. Öl · 500 g Rinderhackfleisch · 2 Teel. Pfeffer · 1½ Teel. Paprikapulver · 2 Teel. Pimentpulver · 2 Eßl. frisch gehackte Petersilie · 2 Eier · 4–5 Eßl. Paniermehl/Semmelbrösel · reichlich Öl zum Braten

Zubereitungszeit: etwa 1½ Stunden
Garzeit: je Frikadelle 4 Minuten

Den Reis in reichlich Salzwasser etwa 20 Minuten kochen, in ein Sieb geben und abtropfen lassen. Die Zwiebeln schälen und kleinschneiden. • Das Öl in einer Pfanne erhitzen und die Zwiebeln darin andünsten. Die Hälfte des Hackfleisches zugeben und mit Salz, dem Pfeffer, dem Paprikapulver und dem Pimentpulver würzen. Alles zusammen etwa 5 Minuten durchbraten und dann abkühlen lassen. • Das gewürzte Hackfleisch in eine Schüssel geben und mit dem rohen Hackfleisch, dem Reis, der Petersilie und 1 Ei gut vermischen. Aus dem Teig 20 flache, keulenförmige Frikadellen formen. • Das zweite Ei auf einem Teller verquirlen und das Paniermehl auf einen zweiten Teller geben. • In einer Pfanne reichlich Öl erhitzen. • Die Frikadellen zuerst im Paniermehl und dann im verquirlten Ei wenden und in der Pfanne von beiden Seiten je 2 Minuten braten. Anschließend auf Küchenkrepp abtropfen lassen. Warm oder kalt servieren.
(Farah Ataş)

Hackfleischröllchen

Kuru Köfte

Die normale türkische Frikadelle hat das Aussehen eines fingerförmigen Röllchens – ähnlich dem jugoslawischen »Cevapčiči«.

2 Zwiebeln · 500 g Hackfleisch (vom Rind und Kalb oder Lamm) · 5–6 Eßl. Paniermehl/Semmelbrösel · 1 Ei · 2 Eßl. frisch gehackte Petersilie · 1 Teel. Kreuzkümmel · 1 Teel. Pimentpulver · Salz · Pfeffer · 1 Teel. Rosenpaprikapulver · Öl zum Braten

Zubereitungszeit: 40 Minuten
Garzeit: je Frikadelle 2–3 Minuten

Die Zwiebeln schälen und feinreiben. • In einer Schüssel das Hackfleisch mit dem Paniermehl, dem Ei, der Petersilie, den Zwiebeln und den Gewürzen mischen und gut durchkneten. • Öl in einer Pfanne erhitzen. • Aus dem Hackfleischteig 5–7 cm lange Röllchen formen und in der Pfanne rundherum 2–3 Minuten braun braten.
(Hayriye Aygül)

Tip: Man kann je nach Geschmack auch ausgepreßte Knoblauchzehen in das Hackfleisch geben. – Die Frikadellen lassen sich leichter formen, wenn man die Hände ab und zu mit Wasser anfeuchtet.

Hasan-Pascha-Frikadellen

Hasan Paşa Köftesi

Ein bißchen Mühe muß man sich bei der Zubereitung der »Hasan-Pascha«-Frikadellen schon geben. Das Ergebnis freilich erfreut das Auge und schmeckt interessant.

500 g Hackfleisch (vom Rind oder Lamm) · 1 Zwiebel · 3 Eßl. Paniermehl/Semmelbrösel · 3 Eier · Salz · Pfeffer · 1½ Teel. Rosenpaprikapulver · 3 Eßl. Butter · 3–4 Kartoffeln · 2 Eßl. Milch · 2 Eßl. Tomatenmark

Zubereitungszeit: 1½ Stunden
Garzeit: 50 Minuten

Den Backofen auf 180° vorheizen. • Das Hackfleisch zweimal durch den Fleischwolf drehen. Die Zwiebel feinreiben. • Das Hackfleisch mit dem Paniermehl, der Zwiebel, 2 Eiern, Salz, Pfeffer und dem Paprikapulver mischen und gut durchkneten. • 2 Eßlöffel Butter in einer Pfanne zerlassen. • Aus dem Hackfleischteig 20 eiförmige Frikadellen formen und in eine gebutterte Fettpfanne legen. Mit dem Finger in jede Frikadelle eine größere Vertiefung drücken. Die zerlassene Butter über die Frikadellen träufeln und die Frikadellen im Backofen etwa 25 Minuten backen. • Inzwischen die Kartoffeln schälen, waschen und in Würfel schneiden. In wenig Salzwasser gar kochen. Anschließend die Kartoffeln pürieren. 1 Ei, die Milch, 1 Eßlöffel Butter, Salz und etwas Paprikapulver dazugeben und das Püree unter ständigem Rühren 5 Minuten bei schwacher Hitze kochen lassen. Das Kartoffelpüree mit einem Teelöffel in die Vertiefung der Frikadellen geben. • Das Tomatenmark mit ½ l Wasser verrühren und über die Frikadellen gießen. Die Frikadellen im Backofen nochmals 20 Minuten lang backen.
(Tülay Can)

Hacksteak

Kıyma Bifteği

500 g Hackfleisch (Rind- und Kalbfleisch oder Hammelfleisch) · 3 Eier · Salz · Pfeffer · 1½ Teel. Paprikapulver · reichlich Öl zum Braten · 3 Eßl. Mehl

Zubereitungszeit: 35 Minuten
Garzeit: 4–5 Minuten je Hacksteak

Das Hackfleisch in eine Schüssel geben und in die Mitte eine Vertiefung drükken. In diese Vertiefung 2 Eigelbe, Salz, Pfeffer und das Paprikapulver geben und alles 10 Minuten durchkneten. Das Fleisch in acht Portionen teilen und flache Hacksteaks daraus formen. • Die 2 Eiweiße und das dritte Ei verquirlen. • Das Öl erhitzen. • Die Hacksteaks zunächst im Mehl, dann im Ei wenden und in der Pfanne 2–3 Minuten beidseitig braun braten.
(Sabriye Tosun)

Hackfleischbällchen in saurer Sauce

Ekşili Köfte

Auch wenn es so aussieht, dieses delikate Gericht ist keine Suppe. Man reicht viel Brot dazu.

2 Zwiebeln · 400 g Rinderhackfleisch · 1 Ei · ½ Tasse Reis (oder gemahlener Weizen) · 2 Eßl. frisch gehackte Petersilie · Salz · Pfeffer · 1 Teel. Paprikapulver · 1 Teel. Kreuzkümmel · nach Belieben 1 Prise geriebene Minze · 4–5 Eßl. Mehl · 2 Möhren · 1 große Kartoffel · 4 Tassen Fleischbrühe · 4 Eßl. Butter · 2 Eigelbe · Saft von 1½ Zitronen

Zubereitungszeit: 1 Stunde
Garzeit: etwa 40 Minuten

Die Zwiebeln schälen und reiben. • Das Hackfleisch mit 1 Ei, ½ Tasse Reis, den Zwiebeln, der Petersilie und den Gewürzen gut durchkneten. Kleine Bällchen daraus formen und in dem Mehl wälzen. • Die Möhren waschen und schaben. Die Kartoffel waschen und schälen. Das Gemüse sehr klein schneiden. • In einem großen Topf die Fleischbrühe und 1 Tasse Wasser erhitzen. Die Butter mit etwas Salz zugeben und die Brühe einmal aufkochen lassen. Die Hackfleischbällchen einzeln in die Brühe geben und das Gemüse zufügen. Das Ganze etwa 30 Minuten lang kochen lassen. • Die Eigelbe mit dem Zitronensaft gut verquirlen, mit etwas heißer Brühe vermischen und dann die Sauce damit binden. Die Sauce darf nicht mehr kochen.
(M. Renan Atalay)

Hackfleischröllchen Izmir

İzmir Köftesi

Ein schönes Gericht für die Alltagsküche geben diese mit Kartoffelpüree und Tomatensauce kombinierten Hackfleischröllchen ab.

Für 4–6 Personen:
1 Zwiebel · 500 g Hackfleisch (Rind- und Kalbfleisch oder Hammelfleisch) · 3–4 Eßl. Paniermehl/Semmelbrösel · 2 Eßl. frisch gehackte Petersilie · Salz · Pfeffer · 1½ Teel. Rosenpaprikapulver · 2 Eßl. Mehl · ¼ l Öl · 4 Kartoffeln · 3 Eßl. Milch · 1 Eßl. Butter · 2 Eßl. Tomatenmark

Zubereitungszeit: 1 Stunde
Garzeit: etwa 30 Minuten

Die Zwiebel schälen und feinreiben. • Das Hackfleisch mit dem Paniermehl, der Zwiebel, der Petersilie, Salz, Pfeffer und dem Paprikapulver gut durchkneten. Walnußgroße flache Röllchen daraus formen und in dem Mehl wenden. • Das Öl in einer Pfanne erhitzen und die Hackfleischröllchen von beiden Seiten je 2–3 Minuten braten. • Inzwischen die Kartoffeln waschen, schälen, würfeln und in wenig Salzwasser gar kochen. Anschließend die Kartoffeln pürieren, die Milch, die Butter und das Salz zufügen und alles unter ständigem Rühren bei schwacher Hitze kochen lassen. Die Hackfleischröllchen aus der Pfanne nehmen und warm stellen. • Das Tomatenmark in das Bratfett einrühren und ⅛ l Wasser zugeben. Die Sauce etwa 10 Minuten leise kochen lassen. • Das Kartoffelpüree in der Mitte einer Servierplatte anrichten und die Frikadellen außen herumlegen. Anschließend über das Ganze die Tomatensauce gießen oder diese separat reichen.
(Aysun Elitay)

Gefüllter Hackbraten

Dalyan Köfte (Rulo Köfte)

Was hierzulande der »Falsche Hase«, das ist in der Türkei der mit hartgekochten Eiern und Möhren gefüllte Hackbraten.

Für 6–8 Personen:
2 Möhren · 3 Zwiebeln · 500 g Lammhackfleisch · 500 g Rinderhackfleisch · 2 Teel. Senf · 2 Eßl. frisch gehackte Petersilie · 2 Teel. Kreuzkümmel · Salz · Pfeffer · 2 Teel. Paprikapulver · 4 hartgekochte Eier · 1 Eßl. Tomatenmark · 1 Eßl. Mehl · 2 Eßl. Butter

Zubereitungszeit: 55 Minuten
Garzeit: 35 Minuten

Die Möhren waschen und schaben. Mit wenig Salzwasser 20 Minuten kochen. • Die Zwiebeln schälen und feinhacken. • Die beiden Hackfleischsorten in eine Schüssel geben und mit den Zwiebeln, dem Senf, der Petersilie und den Gewürzen vermischen. • Den Backofen auf 180° vorheizen. • Die Hackfleischmasse dann in der Größe eines DIN-A-4-Blattes und etwa 3 cm dick auslegen. • Die Eier pellen. • Auf das Hackfleisch die Möhren und die Eier in die Mitte geben und den Hackfleischteig von beiden Seiten darüberschlagen. Den Hackbraten in eine leicht gebutterte Auflaufform geben. • Das Tomatenmark mit ¼ l leicht gesalzenem Wasser und dem Mehl gut verrühren. Diese Mischung über den Hackfleischbraten geben und die Butter als Flöckchen obenauf verteilen. • Den Hackbraten im Backofen 30–35 Minuten backen.
(Şehriban Arslan)

Hackfleischröllchen aus dem Backofen

Peynirli Köfte

Diese Hackfleischröllchen sind eine wahre Delikatesse. Bei einer ausgedehnten »Rakı«-Tafel werden zur Anregung immer wieder warme kleine Gerichte zwischendurch gereicht. Dazu eignen sich diese Hackfleischröllchen besonders gut.

Für 4–6 Personen:
500 g Rinderhackfleisch · 1 Ei · 4–5 Eßl. Paniermehl/Semmelbrösel · Salz · Pfeffer · 1 Teel. Paprikapulver · reichlich Öl zum Braten · 250 g Kaşar-Käse (ersatzweise Greyerzer/Gruyère oder Gouda-Käse)

Zubereitungszeit: 40 Minuten
Garzeit: 25 Minuten

Das Hackfleisch mit dem Ei, dem Paniermehl, Salz, Pfeffer und dem Paprikapulver vermischen und gut durchkneten. • Aus dem Teig 5–7 cm lange Röllchen formen. • Den Backofen auf 180° vorheizen. • Öl in einer Pfanne erhitzen und die Hackfleischröllchen rundherum etwa 3 Minuten lang braten. • Die Hackfleischröllchen aus der Pfanne nehmen und der Länge nach halbieren. Den Käse passend zurechtschneiden und je eine Röllchenhälfte damit belegen und die andere Röllchenhälfte darauflegen. • Die belegten Hackfleischröllchen in eine gebutterte Fettpfanne legen und im Backofen so lange backen, bis der Käse zerlaufen ist.
(Durmuş Uzluk)

Hackfleischröllchen mit Nüssen

Tüy Beyaz Köfte

Für 4–6 Personen:
1 Eßl. Butter · 500 g Rinderhackfleisch · 2 Eßl. frisch gehackte Petersilie · 150 g Pinienkerne · 100 g gemahlene Walnüsse · 1 Ei · 2–3 Eßl. Paniermehl/Semmelbrösel · Salz · Pfeffer · 1 Teel. Zimt · Öl zum Braten

Zubereitungszeit: 40 Minuten
Garzeit: je Röllchen etwa 3 Minuten

In einer Pfanne die Butter erhitzen und unter Rühren das Hackfleisch und die Petersilie darin anbraten. • Das Hackfleisch in eine Schüssel geben, etwas abkühlen lassen und die Pinienkerne, die Walnüsse, das Ei, das Paniermehl, Salz, Pfeffer und den Zimt zugeben. Alles gut miteinander verkneten. • Aus dem Teig 5–7 cm lange Röllchen formen und in viel heißem Öl rundherum in etwa 3 Minuten braun braten. • Die Röllchen mit Gemüse oder Bratkartoffeln auftragen.
(Cemile Yaman)

Gefüllte Hackfleischnester

İçli Köfte

2 Zwiebeln · 2–3 Eßl. Butter · 250 g Rinderhackfleisch · 2 Eßl. frisch gehackte Petersilie · 2 Teel. Zimt · 2 Teel. Pimentpulver · 2 Teel. Kreuzkümmel · Salz · Pfeffer · 2 Teel. Paprikapulver · 150 g gehackte Walnüsse · 250 g feingemahlene Weizengrütze (aus dem türkischen Spezialgeschäft) · 250 g Tatar · 2 Eigelbe

Zubereitungszeit: 1½ Stunden
Garzeit: etwa 20 Minuten

Die Zwiebeln schälen und reiben. • In einer Pfanne die Butter erhitzen und die Zwiebeln zusammen mit dem Rinderhackfleisch darin anbraten. Mit der Petersilie, dem Zimt, dem Pimentpulver, dem Kreuzkümmel, Salz, Pfeffer und dem Paprikapulver würzen. Dann das Hackfleisch abkühlen lassen und die Walnüsse unterrühren. • Den Weizen mit dem Tatar, den Eigelben und Salz etwa 10 Minuten gut verkneten. Aus diesem Teig größere eiförmige Frikadellen formen und mit dem Finger eine Vertiefung eindrücken, so daß ein etwa 1 cm breiter Rand außen stehenbleibt. In die Vertiefung die Hackfleischmischung geben und die Öffnung verschließen. • In einem Topf reichlich Salzwasser zum Kochen bringen und die Hackfleischnester darin 10 Minuten ziehen lassen. Immer nur wenige Hackfleischnester auf einmal in den Topf geben, damit sie nicht aneinanderkleben.
(M. Renan Atalay)

Tip: Die Hackfleischnester lassen sich mit nassen Händen leichter formen. – Man kann sie, nachdem sie bereits gekocht sind, zusätzlich noch in Öl braten.

Hackfleischröllchen am Spieß

Şiş Köfte

Hackfleischröllchen am Spieß dürfen auf keiner Grillplatte fehlen. Beliebt ist die Kombination mit Lammkoteletts.

2 Zwiebeln · 500 g Rinderhackfleisch · 3–4 Eßl. Paniermehl/Semmelbrösel · 2 Eßl. frisch gehackte Petersilie · 2 Eßl. Öl · 1 Ei · Salz · Pfeffer · 1 Teel. Paprikapulver · 8 Schaschlikspieße

Zubereitungszeit: 30 Minuten
Garzeit: 10–15 Minuten

Die Zwiebeln schälen und reiben. • Das Hackfleisch mit den Zwiebeln und dem Paniermehl in eine Schüssel geben. Die Petersilie, 1 Eßlöffel Öl, das Ei, Salz, Pfeffer und das Paprikapulver hinzufügen und alles gut durchkneten. Aus dem Teig 8–10 cm lange Röllchen formen. • Die Schaschlikspieße mit dem restlichen Öl bepinseln. • Die Hackfleischröllchen auf die Schaschlikspieße stecken und auf dem Holzkohlengrill grillen. Man kann die Schaschlikspieße auch im auf 200° vorgeheizten Backofen braten. • Die Spießchen mit gegrillten Tomaten und gegrillten Peperoni reichen.
(Gülizar Bulut)

Hackfleischbällchen mit Auberginenpüree

Köfteli Patlıcan

Hackfleisch vom Lamm oder Rind harmoniert ganz vortrefflich mit Auberginen. Dieses typische Gericht der türkischen Küche eignet sich gut für ein Gäste-Essen.

4 Auberginen · 1 Zwiebel · 500 g Hackfleisch (Lamm- oder Rindfleisch) · 3–5 Eßl. Paniermehl/Semmelbrösel · Salz · Pfeffer · 1 Teel. Rosenpaprikapulver · 1 Eßl. Butter · 1 Eßl. Mehl · ¼ l Milch · reichlich Öl zum Braten · 2 Eßl. frisch gehackte Petersilie

Zubereitungszeit: 1 Stunde
Garzeit: etwa 20 Minuten

Den Backofen auf 180° vorheizen. • Die Auberginen waschen, in den Backofen legen und etwa 20 Minuten darin lassen. • Die Zwiebel schälen und kleinschneiden. • Das Hackfleisch mit dem Paniermehl und der Zwiebel in eine Schüssel geben und mit Salz, Pfeffer und ½ Teelöffel Paprikapulver würzen. Das Ganze zu einem Teig vermengen und kleine Bällchen daraus formen. • Die Auberginen aus dem Backofen nehmen, schälen und kurz mit kaltem Wasser abschrecken. Die Auberginen sehr fein hacken. • Die Butter in einem Topf zerlassen und das Mehl darin Farbe nehmen lassen. Die Auberginen zufügen und die Milch nach und nach angießen. Mit Salz, Pfeffer und dem restlichen Paprikapulver würzen. Unter ständigem Rühren etwa 10–15 Minuten garen. • Öl in der Pfanne erhitzen und die Hackfleischbällchen darin rundherum in 2–3 Minuten braun braten. • Das Auberginenpüree auf eine Servierplatte geben und die Hackfleischbällchen darauf verteilen. Das Ganze mit der Petersilie bestreuen.
(Gülseren Ergin)

Auberginenrouladen

Patlıcan Sarması

Für die Bereitung von Auberginenrouladen benötigt man einiges Fingerspitzengefühl. Das Ergebnis ist allerdings hervorragend: Es schmeckt phantastisch.

4 Auberginen · 2 Zwiebeln · 3 Paprikaschoten · 3 Tomaten · 250 g Hackfleisch (Hammel- oder Lammfleisch) · 2 Eßl. frisch gehackte Petersilie · Salz · Pfeffer · 1 Teel. Paprikapulver · reichlich Öl zum Braten · 4–5 Eßl. Butter · 2 Knoblauchzehen · 2 Becher Joghurt (je 150 g)

Zubereitungszeit: 1½ Stunden
Garzeit: 35 Minuten

Die Auberginen waschen, der Länge nach in etwa 1 cm dicke Scheiben schneiden und in Salzwasser legen. Die Zwiebeln schälen und kleinschneiden. Die Paprikaschoten waschen, halbieren, von den Kernen und Rippen befreien und kleinhacken. 2 Tomaten waschen und in kochendem Wasser kurz überbrühen. Die Haut abziehen und die Stielansätze entfernen. Die Tomaten kleinschneiden. • Das Gemüse mit dem Hackfleisch mischen, die Petersilie zugeben und mit Salz, Pfeffer und dem Paprikapulver würzen. • Den Backofen auf 180° vorheizen. • Die Auberginen aus dem Wasser nehmen und trockentupfen. Das Öl in einer Pfanne erhitzen, die Auberginenscheiben darin von beiden Seiten anbraten, aus dem Fett nehmen und auf ein Holzbrett legen. Auf die Auberginenscheiben löffelweise die Hackfleisch-Gemüse-Mischung legen und die Scheiben zusammenrollen. Die Auberginenröllchen in eine leicht gebutterte Auflaufform nebeneinander legen. • Die dritte Tomate waschen, in Scheiben schneiden und über die gerollten Auberginen verteilen. Die Butter in Flöckchen obenauf setzen, 1 Tasse Salzwasser zugießen und die Auberginenrouladen zugedeckt im Backofen 20–25 Minuten garen. • Die Knoblauchzehen schälen und mit der Knoblauchpresse zermusen. Den Joghurt verrühren und mit dem Knoblauch und Salz würzen. • Die Auberginenrouladen zusammen mit der Joghurt-Sauce servieren.
(Fazilet Gündoğdu)

Kohlrouladen

Lahana Dolması

Nicht nur hierzulande, auch in der Türkei sind Kohlrouladen ein beliebtes Alltagsgericht. Sie werden allerdings etwas schärfer gewürzt.

Für 4–6 Personen: 1 Weißkohl · 2 Zwiebeln · 3 Tomaten · 500 g Hackfleisch (Rind, Hammel, Kalb, oder Lamm) · 2 Eßl. frisch gehackte Petersilie · Salz · Pfeffer · 1½ Teel. Rosenpaprikapulver · 1 Tasse Reis · 3 Eßl. Butter

Zubereitungszeit: 1½ Stunden
Garzeit: 50 Minuten

Vom Weißkohl die Blätter abzupfen. Sie sollen möglichst unverletzt bleiben. Die Blätter gründlich waschen und in Salzwasser etwa 20 Minuten kochen. Dann herausnehmen, abtropfen und abkühlen lassen. • Die Zwiebeln schälen und feinhacken. Die Tomaten waschen und in kochendem Wasser kurz überbrühen. Die Haut abziehen und die Stielansätze entfernen. Die Tomaten kleinschneiden. • Das Hackfleisch mit den Zwiebeln, den Tomaten, der Petersilie, Salz, Pfeffer, dem Paprikapulver, dem Reis und 5 Eßlöffeln Wasser vermischen. • Den Kochtopf mit einigen Weißkohlblättern auslegen. Auf die anderen Weißkohlblätter je nach Größe 1–1½ Eßlöffel Füllung geben und die Weißkohlblätter zusammenrollen. Die Weißkohlrollen in den Kochtopf legen und die Butter darauf verteilen. Mit gut 1 Tasse Wasser aufgießen und die Weißkohlblätter mit einem Teller beschweren. • Die Weißkohlrouladen im geschlossenen Topf bei mittlerer Hitze 20–30 Minuten kochen. Die Weißkohlrouladen entweder mit Zitronensaft beträufelt servieren oder mit einer Sauce aus Joghurt, gepreßtem Knoblauch und Salz übergießen.
(Mehmet Aydemir)

Weißkohlauflauf

Lahana Fırında

Für 4–6 Personen:
1 Weißkohl · 2 Zwiebeln · 6 Eßl. Butter · 300 g Hackfleisch (Rind, Kalb, Hammel oder Lamm) · Salz · Pfeffer · 2 Teel. Rosenpaprikapulver · ¼ l Fleischbrühe · 3 Eßl. Tomatenmark · 100 g geriebener Kaşar-Käse (ersatzweise Gouda-Käse) · 3 Eier · ¼ l Milch

Zubereitungszeit: 1½ Stunden
Garzeit: etwa 1 Stunde

Vom Weißkohl die äußeren Blätter entfernen. Den Weißkohl vierteln und den Strunk entfernen. Den Weißkohl waschen und in fingerdicke Streifen schneiden. Die Zwiebeln schälen und feinhakken. • Die Butter in einem Topf erhitzen und die Zwiebeln darin glasig dünsten. Das Hackfleisch zufügen und darin 5 Minuten anbraten. Den Weißkohl, Salz, Pfeffer und das Paprikapulver zufügen. Die Fleischbrühe mit dem Tomatenmark verrühren und zur Hackfleisch-Kohl-Masse geben. Alles zusammen etwa 30 Minuten dünsten. • Den Backofen auf 180° vorheizen. • Dann die Mischung in eine gebutterte Auflaufform geben. Den geriebenen Käse darüberstreuen. • Die Eier 2 Minuten lang verquirlen, dann die Milch und etwas Salz zufügen. Alles gründlich verrühren. Diese Mischung über den Auflauf gießen und alles zusammen im Backofen etwa 20–30 Minuten lang backen.
(Fevziye Başar)

◁ Der Weißkohlauflauf (Lahana Fırında) schmeckt kräftig gewürzt am besten. Je nachdem, ob man Hackfleisch vom Rind, Kalb, Hammel oder Lamm wählt, erhält das Gericht eine etwas andere geschmackliche Note.

Wintereintopf

Kış Türlüsü

Für diesen ländlichen inneranatolischen Wintereintopf benötigt man frische Pataten, auch Süßkartoffeln genannt, die auch bei uns in den Wintermonaten in Gemüsegeschäften angeboten werden.

2 Möhren · 3 Kartoffeln · 3–4 frische Pataten · 1 Sellerieknolle · 2 Zwiebeln · 2 Stangen Lauch/Porree · ¼ l Öl · Salz · Pfeffer · 2 Teel. Paprikapulver · 1 Teel. Zucker · 1 Tasse Reis · 1 Bund Dill · 2 Eßl. frisch gehackte Petersilie

Zubereitungszeit: 1 Stunde
Garzeit: 30 Minuten

Die Möhren waschen, schaben und in Scheiben schneiden. Die Kartoffeln, die Pataten und den Sellerie waschen, schälen und in Würfel schneiden. Die Zwiebeln schälen und in Würfel schneiden. Den Lauch der Länge nach einschneiden und unter fließendem Wasser gründlich waschen. Nur das Weiße verwenden und in Scheiben schneiden. • Das Öl in einem Topf erhitzen und die Zwiebeln darin andünsten. Alle Gemüsesorten zufügen und 5–10 Minuten dünsten. Mit Salz, Pfeffer, dem Paprikapulver und dem Zucker würzen. Den Reis und 2 Tassen Wasser zufügen. Das Ganze so lange kochen lassen, bis das Wasser verdampft ist, dabei gelegentlich umrühren. Das dauert etwa 20 Minuten. • Den Dill waschen, trockenschwenken und von den Stengeln zupfen. Über den Wintereintopf die Petersilie und den Dill streuen. Das Gericht kalt oder warm servieren.
(İsmail Çamlık)

Weißkohleintopf

Kuşbaşı Etli Kapuska

Für 4–6 Personen:
500 g Lamm- oder Rindfleisch (Gulaschqualität) · 2 Zwiebeln · 4–5 Eßl. Butter · 1 Eßl. Tomatenmark · 1 mittelgroßer Weißkohl · 2 Möhren · 1 Lorbeerblatt · Salz · 2 Eßl. Essig · ½ Teel. Tabascosauce

Zubereitungszeit: etwa 1½ Stunden
Garzeit: 50 Minuten

Das Fleisch in gulaschgroße Würfel schneiden. Die Zwiebeln schälen und feinschneiden. • 3 Eßlöffel Butter in einem Topf erhitzen und das Fleisch und die Zwiebeln darin kräftig anbraten. Dann das Tomatenmark zufügen, umrühren und mit Wasser auffüllen, bis das Fleisch bedeckt ist. Das Ganze bei mittlerer Hitze kochen lassen, bis das Wasser verdampft ist. • Den Weißkohl von den äußeren Blättern befreien, vierteln und den Strunk entfernen. Den Weißkohl waschen und kleinschneiden. Die Möhren waschen, schaben und ebenfalls kleinschneiden. Den Weißkohl und die Möhren mit dem Lorbeerblatt in den Topf geben und 10 Minuten mit dem Fleisch zusammen dünsten. Dann 1½ Tassen Salzwasser angießen und den Weißkohltopf 20 Minuten garen. • Die restliche Butter in einer Pfanne erhitzen, den Essig und die Tabascosauce zufügen und alles 2–3 Minuten durchkochen lassen. • Das Gemisch vor dem Servieren über das Fleisch geben.
(Asiye Akçakaya)

Tip: Statt Lamm- oder Rindfleisch kann man auch 300 g Rinderhackfleisch verwenden.

Linseneintopf

Sebzeli Mercimek

Für 4–6 Personen:
350 g Linsen · 250 g Fleisch (Rind- oder Lammfleisch, Schulter) · 2 Zwiebeln · 2 Tomaten · 4 Eßl. Butter · 2 Kartoffeln · 1 Möhre · 1 Stange Lauch/Porree · Salz · Pfeffer · 2 Teel. Rosenpaprikapulver · 2 Eßl. frisch gehackte Petersilie

Einweichzeit: 12 Stunden
Zubereitungszeit: 1½ Stunden
Garzeit: 1 Stunde

Die Linsen am Vortag in kaltem Wasser einweichen. • Das Fleisch in gulaschgroße Stücke schneiden. • Die Linsen in Salzwasser 15 Minuten lang kochen und dann abgießen. Inzwischen die Zwie-

beln schälen und kleinschneiden. Die Tomaten waschen und in kochendem Wasser kurz überbrühen. Die Haut abziehen und die Stielansätze entfernen. Die Tomaten kleinschneiden. • Die Butter in einem Topf erhitzen und die Zwiebeln und das Fleisch darin anbraten. Die Tomaten zufügen und alles bei schwacher Hitze 10 Minuten schmoren lassen. Die Kartoffeln waschen, schälen und in kleine Würfel schneiden. Die Möhren waschen, schaben und der Länge nach halbieren; dann in Scheiben schneiden. Die Lauchstange längs einschneiden und unter fließendem Wasser gründlich waschen. Nur das Weiße verwenden und in Scheiben schneiden. • Alles zusammen zum Fleisch geben und 5 Minuten mitschmoren lassen. Dann die Linsen in den Fleischtopf geben. Mit 2 Tassen Wasser angießen und mit Salz, Pfeffer und dem Paprikapulver würzen. Den Linsentopf 30–35 Minuten kochen lassen. Vor dem Servieren die Petersilie darüberstreuen.
(Candan Karso)

Lauchauflauf

Pırasa Böreği

1 kg Lauch/Porree · 2 Eßl. Butter · 250 g Hackfleisch (Hammel-, Rind- oder Lammfleisch) · Salz · Pfeffer · 1 Teel. Paprikapulver · 2 Tomaten · ¼ l Fleischbrühe · 2–4 Eßl. Kaşar-Käse (ersatzweise Gouda-Käse) · 2 Eier · 1 Tasse Milch

Zubereitungszeit: 1½ Stunden
Garzeit: etwa 1 Stunde

Die Lauchstangen der Länge nach halbieren und unter fließendem Wasser gründlich waschen. Nur das Weiße verwenden. Den Lauch in ½ cm dicke Scheiben schneiden. • 1 Eßlöffel Butter in einem Topf zerlassen und das Hackfleisch darin 4 Minuten andünsten. Den Lauch zufügen und mit Salz, Pfeffer und dem Paprikapulver würzen. Das Ganze bei mittlerer Hitze 20–25 Minuten dünsten und dabei gelegentlich umrühren. • Den Backofen auf 180° vorheizen. • Die Tomaten waschen und in kochendem Wasser kurz überbrühen. Die Haut abziehen und die Stielansätze entfernen. Die Tomaten kleinschneiden und in einer Pfanne unter Rühren erhitzen, bis sie zerfallen. Dann die Fleischbrühe zugießen und die Tomaten so lange kochen lassen, bis die Flüssigkeit verdampft ist. • Die Lauch-Hackfleisch-Mischung in eine gebutterte Auflaufform geben und das Tomatenpüree darüber verteilen. Mit dem geriebenen Käse bestreuen. • Die Eier mit der Milch verrühren, leicht salzen und ebenfalls über den Auflauf gießen. Die restliche Butter als Flöckchen obenauf verteilen. • Den Auflauf im Backofen 30–40 Minuten lang backen.
(İlknur Üstün)

Schmorgemüse mit Fleisch

Güveçte Türlü

500 g Fleisch (Lamm- oder Kalbfleisch, Keule mit Knochen) · 3 Zwiebeln · 3 Tomaten · 3 Eßl. Butter · 2 Auberginen · 2 Zucchini · 250 g grüne Bohnen · 4 grüne Peperoni/ Spitzpaprika · Salz · Pfeffer · 2 Teel. Paprikapulver · Alufolie

Zubereitungszeit: 2 Stunden
Garzeit: 1¼ Stunden

Das Fleisch in recht große Stücke schneiden (wesentlich größer als Gulaschstücke). Die Zwiebeln schälen und hacken. Die Tomaten waschen, kreuzweise einritzen und mit kochendem Wasser überbrühen; die Haut abziehen und die Stielansätze entfernen. Die Tomaten kleinschneiden. • 2 Eßlöffel Butter in einem Topf erhitzen und die Zwiebeln darin andünsten. Das Fleisch zufügen und bei mittlerer Hitze anbraten. Dann die Tomaten zufügen und alles 5 Minuten dünsten. Das Ganze vom Herd nehmen. • Den Backofen auf 180° vorheizen. • Die Auberginen und die Zucchini waschen, von den Stielansätzen befreien und in große Würfel schneiden. Die Bohnen waschen, wenn nötig von den Fäden befreien und jeweils zweimal durchschneiden. Die Peperoni waschen und in Scheiben schneiden. • Das Gemüse vermischen und in eine feuerfeste Form geben. Das Fleisch darauf verteilen und mit Salz, Pfeffer und dem Paprikapulver bestreuen. Den Rest der Butter in Flöckchen darüber verteilen. ½ Tasse Wasser angießen und die Form mit Alufolie zudecken. Das Gericht im Backofen 40–50 Minuten schmoren lassen.
(Ayla und İrfan Pehlivan)

Tip: Die Gemüsemischung kann beliebig erweitert werden: Gut eignen sich dazu 2 Kartoffeln, 2–4 Knoblauchzehen sowie 250 g Okra.

Auberginen-Musakka

Patlıcan Musakka

Musakka gehört in der Türkei wie auch in Griechenland zu den beliebten Sommergerichten. Man serviert gerne Pilaw dazu.

3 Zwiebeln · 3 Tomaten · 3 Peperoni/Spitzpaprika · 3 Eßl. Butter · 250 g Hackfleisch (Hammel-, Lamm- oder Rindfleisch) · Salz · Pfeffer · 1 Teel. Paprikapulver · 4 Auberginen · 2 Eßl. frisch gehackte Petersilie

Zubereitungszeit: 1 Stunde
Garzeit: 30 bis 35 Minuten

Die Zwiebeln schälen und kleinschneiden. Die Tomaten waschen, in kochendem Wasser kurz überbrühen und häuten. Die Stielansätze entfernen und die Tomaten kleinschneiden. Die Peperoni waschen und in Ringe schneiden. • In einem Topf die Butter erhitzen und das Hackfleisch zusammen mit dem kleingeschnittenen Gemüse unter Rühren etwa 5 Minuten dünsten. • Den Backofen auf 180° vorheizen. • Das Hackfleisch mit

Schmorgemüse mit Fleisch (Güveçte Türlü) wird in der Türkei gerne mit Pilaw serviert; es wird in der feuerfesten Auflaufform, im Römertopf oder im türkischen Original-Tontopf »Güveç« zubereitet. ▷

Salz, Pfeffer und dem Paprikapulver würzen und beiseite stellen. • Die Auberginen waschen und jeweils drei dicke Längsstreifen abschälen, so daß an jeder Aubergine 3 geschälte und 3 ungeschälte Längsstreifen bleiben. Dann die Auberginen quer zu den Streifen in fingerdicke Scheiben schneiden. • In eine gebutterte Fettpfanne zuerst eine Schicht Auberginen und dann eine Schicht Hackfleisch geben und so fortfahren, bis alles aufgebraucht ist. Die oberste Schicht soll aus Hackfleisch bestehen. Mit 1½ Tassen Salzwasser aufgießen und mit Petersilie bestreuen. Das Ganze im Backofen 25 Minuten garen.
(Şayan Gökkaya)

Auberginenpüree mit Ragout

Hünkar Beğendi

Ob mit Rind- oder Lammfleisch bereitet – dieses Ragout mit Auberginenpüree ergibt ein hervorragendes Gäste-Essen.

Für 4–6 Personen:
Für das Fleisch: 1 kg Rind- oder Lammfleisch/ (Gulasch-Qualität) · 2 Zwiebeln · 2 Eßl. Butter · 2–3 Tomaten · Salz · Pfeffer
Für das Auberginenpüree: 6 Auberginen · 1 Eßl. Butter · 1 Eßl. Mehl · 2 Eßl. geriebener Kaşar-Käse (ersatzweise Gouda-Käse) · ¼ l Milch · Salz · Pfeffer · 1 Teel. Rosenpaprikapulver · 2 Eßl. frisch gehackte Petersilie

Zubereitungszeit: 1½ Stunden
Garzeit: 50 Minuten

Das Fleisch in gulaschgroße Würfel schneiden. Die Zwiebeln schälen, feinhacken oder reiben. • Die Butter in einem Topf erhitzen. Die Zwiebeln und die Fleischwürfel darin 10 Minuten lang scharf anbraten. • Die Tomaten waschen und in heißem Wasser kurz überbrühen. Die Haut abziehen und die Stielansätze entfernen. Die Tomaten in kleine Würfel schneiden und ebenfalls zum Fleisch geben. Mit 2–3 Tassen Wasser auffüllen, salzen und pfeffern. Das Fleisch zugedeckt 30–40 Minuten kochen lassen. Gegebenenfalls etwas Wasser zufügen, so daß das Fleisch zum Schluß noch in einem Rest Sauce schwimmt. • Inzwischen den Backofen auf 180° vorheizen. • Die Auberginen waschen, in den Backofen legen und etwa 20 Minuten darin lassen. Anschließend die Auberginen häuten und kurz mit kaltem Wasser abschrecken. Die Auberginen sehr fein hacken. • Die Butter in einem Topf zerlassen und das Mehl darin Farbe nehmen lassen. Die Auberginen und den Käse zufügen. Die Milch nach und nach unterrühren und mit Salz, Pfeffer und dem Paprikapulver würzen. Unter ständigem Rühren etwa 10 Minuten bei mittlerer Hitze kochen. • Das Fleisch auf die Mitte einer Servierplatte geben, außen herum mit dem Auberginenpüree umkränzen und das Ganze mit der gehackten Petersilie bestreuen.
(M. Renan Atalay)

Bunter Spinat

Ispanak Yemeği

Bunter Spinat ist in der ganzen Türkei beliebt. Er findet vor allem auch bei Kindern großen Anklang.

1 kg frischer Spinat · 2 Zwiebeln · 2 Tomaten · 3 Eßl. Butter · 250 g Hackfleisch (Hammel- oder Rindfleisch) · ½ Tasse Reis · Salz · Pfeffer · 1 Teel. Rosenpaprikapulver

Zubereitungszeit: 1 Stunde
Garzeit: 30 Minuten

Den Spinat verlesen, gründlich waschen und kleinschneiden. Die Zwiebeln schälen und reiben. Die Tomaten in kochendem Wasser kurz überbrühen und die Haut abziehen. Die Stielansätze entfernen und die Tomaten kleinschneiden. • In einem Topf die Butter zerlassen und die Zwiebeln darin glasig werden lassen. Das Hackfleisch zufügen und darin anbraten. Die Tomaten und den Spinat zum Hackfleisch geben. Das Ganze bei mittlerer Hitze 10 Minuten kochen lassen. Dann den Reis obenauf geben und mit Salz, Pfeffer und dem Paprikapulver würzen. Mit 1½ Tassen Wasser auffüllen. Das Ganze bei schwacher Hitze weitere 15 Minuten kochen lassen. • Dieses Gericht mit Weißbrot auftragen und eine Sauce aus Joghurt, gepreßtem Knoblauch und etwas Salz dazu reichen.
(M. Renan Atalay)

Kichererbsen mit Fleisch

Etli Nohut

An eine Suppe erinnert dieses türkische Nationalgericht. Traditionell wird im Anschluß Pilaw aus Weizengrütze serviert (Rezept Seite 44).

Für 6–8 Personen:
300 g Kichererbsen · 500 g Fleisch (Rind- oder Lammfleisch, Schulter mit Knochen) · 5 Zwiebeln · 3 Tomaten · 3–4 Eßl. Butter · Salz · 2 Teel. Paprikapulver · Pfeffer

Einweichzeit: 24 Stunden
Zubereitungszeit: 1½ Stunden
Garzeit: 55 Minuten

Die Kichererbsen am Vortag in kaltem Wasser einweichen. • Am Zubereitungstag das Fleisch in gulaschgroße Stücke schneiden. Die Zwiebeln schälen und kleinschneiden. Die Tomaten waschen, in kochendem Wasser kurz überbrühen und häuten. Die Stielansätze entfernen und die Tomaten kleinschneiden. • Die Kichererbsen in Salzwasser 15 Minuten kochen. • Die Butter in einem Topf erhitzen, die Zwiebeln und das Fleisch darin anbraten und nach einigen Minuten die Tomaten zufügen. Alles bei schwacher Hitze schmoren. • Die Kichererbsen abgießen und in den Fleischtopf geben. 2 Tassen Wasser zugießen

◁ Bunter Spinat (Ispanak Yemeği) sieht nicht nur verlockend aus, er schmeckt auch ausgezeichnet. Und er läßt sich leicht zubereiten.

und mit Salz, dem Paprikapulver und Pfeffer würzen. Alles weitere 30–35 Minuten kochen.
(Semanur Çay)

Tip: Dieses Rezept kann mit allen möglichen Fleischsorten, auch mit Würstchen oder Hähnchen (knochenfrei) zubereitet werden.

Weiße Bohnen mit Fleisch

Etli Kuru Fasülye

Weiße Bohnen mit Fleisch werden nicht nur in Inneranatolien, sondern auch in den Städten überall in der Türkei gerne zum Pilaw serviert, so daß die Türken bei dieser Kombination von einem Nationalgericht sprechen.

Für 6–8 Personen:
300 g weiße Bohnen · 500 g Fleisch (Rind- oder Lammfleisch, Schulterstück) · 3 Zwiebeln · 3 Tomaten · 3 Peperoni/Spitzpaprika · 5 Eßl. Butter · 3 Eßl. Tomatenmark · Salz · Pfeffer · 2 Teel. Rosenpaprikapulver

Einweichzeit: 18–20 Stunden
Zubereitungszeit: 1½ Stunden
Garzeit: 1 Stunde

Die weißen Bohnen am Vortag in kaltem Wasser einweichen. • Am Zubereitungstag das Fleisch in gulaschgroße Stücke schneiden. Die Zwiebeln schälen und kleinschneiden. Die Tomaten waschen, in kochendem Wasser kurz überbrühen und häuten. Die Stielansätze entfernen und die Tomaten kleinschneiden. Die Peperoni waschen und in Ringe schneiden. • Die weißen Bohnen in Salzwasser etwa 15 Minuten kochen. • Die Butter in einem Topf erhitzen und die Zwiebeln und das Fleisch darin anbraten. Nach einigen Minuten die Tomaten und Peperoni zufügen und alles bei schwacher Hitze etwa 5 Minuten braten. Die weißen Bohnen abgießen und in den Fleischtopf geben. • 2 Tassen Wasser mit dem Tomatenmark verrühren und in den Fleischtopf gießen. Mit Salz, Pfeffer und dem Paprikapulver würzen. Das Ganze weitere 30–40 Minuten kochen. • Dieses Weiße-Bohnen-Gericht mit Butterreis servieren.
(Mehmet Şahin)

Tip: Dieses Rezept kann mit allen möglichen Fleischsorten, auch mit Würstchen oder Hähnchen (knochenfrei) zubereitet werden. Beliebt ist es mit Pastırma, einem pikanten türkischen Dörrfleisch, das es im türkischen Spezialgeschäft zu kaufen gibt. Hier erübrigt sich das Anbraten des Fleisches, es wird zusammen mit den Bohnen beigegeben.

◁ Die türkische Küche kennt eine Vielzahl köstlicher Gemüsegerichte mit Füllung. Ein schönes Beispiel hierfür sind die gefüllten Zucchini (Kabak Dolması). Häufig werden Gemüse auch so gefüllt, daß man von der Farce nichts mehr sieht.

Gefüllte Zucchini

Kabak Dolması

Wenn beim Füllen von Zucchini das Fruchtfleisch nicht mit verwendet wird, bereitet die türkische Hausfrau davon für die Vorspeisen-Tafel Zucchinifladen (Rezept Seite 30).

4 große Zucchini · 2 Zwiebeln · 3 Tomaten · 1 Bund Dill · 250 g Hackfleisch (Hammel-, Lamm- oder Rindfleisch) · ½ Tasse Reis · 2 Eßl. frisch gehackte Petersilie · 1 Teel. gerebelte Minzblätter · Salz · Pfeffer · 1 Teel. Paprikapulver · 3 Eßl. Butter

Zubereitungszeit: 1½ Stunden
Garzeit: 25 Minuten

Die Zucchini waschen und quer halbieren. Dann die Zucchinihälften mit einem Teelöffel aushöhlen, so daß eine dünne Außenwand stehenbleibt. Die Zwiebeln schälen und kleinhacken. 2 Tomaten waschen, in kochendem Wasser kurz überbrühen und häuten. Die Stielansätze entfernen und die Tomaten kleinschneiden. Den Dill waschen, trockenschwenken und von den Stengeln zupfen. • Das Hackfleisch mit dem Reis, den kleingeschnittenen Tomaten, der Petersilie, dem Dill, den Minzblättchen, den Zwiebeln, Salz, Pfeffer, dem Paprikapulver, 2 Eßlöffeln Butter und ½ Tasse Wasser vermischen. Diese Mischung in die ausgehöhlten Zucchinihälften füllen. • Die dritte Tomate waschen und in 8 dünne Scheiben schneiden. Die offene Seite der Zucchini damit »verschließen«. • Die Zucchinihälften mit den Tomatenseiten nach oben nebeneinander in einen Kochtopf stellen. 1 Eßlöffel Butter und 1 Tasse Salzwasser dazugeben. Die Zucchini mit einem Teller beschweren und zugedeckt etwa 25 Minuten dünsten.
(Hatice Yazıcıgil)

Gefüllte Zwiebeln

Soğan Dolması

4 Gemüsezwiebeln · Salz · 1 Scheibe Weißbrot oder 1 Brötchen/Semmel · 2 Eßl. Milch · 2 Eßl. frisch gehackte Petersilie · 1 Ei · Pfeffer · 1 Teel. Kreuzkümmel · 1 Teel. Paprikapulver · 250 g Hackfleisch (Rind- oder Lammfleisch) · 1 Eßl. Paniermehl/Semmelbrösel · 3 Eßl. Butter · 1 Tasse Fleischbrühe

Zubereitungszeit: 1½ Stunden
Garzeit: 40 Minuten

Die Zwiebeln schälen, in kochendes Salzwasser geben und 20 Minuten garen. Aus dem Wasser nehmen und abtropfen lassen. • Den Backofen auf 180° vorheizen. • Die Zwiebeln mit einem Teelöffel aushöhlen. Die ausgehöhlte Masse kleinhacken und beiseite stellen. • Von der Weißbrotscheibe oder dem Brötchen die Rinde entfernen. Das Brot in Milch einweichen und dann ausdrücken. Die Petersilie und das Brot zusammen mit dem Ei, Salz, Pfeffer, dem Kreuzkümmel und dem Paprikapulver unter das Hackfleisch ziehen und alles gründlich miteinander verkneten. Dann die gehackte Zwiebelmasse unterrühren. Die Masse in die Zwiebeln füllen. • Die gefüllten Zwiebeln in eine gebutterte Auflaufform stellen und das Paniermehl darüber-

streuen. • Die Butter in einer Pfanne zerlassen und über die Zwiebeln gießen. Mit der Fleischbrühe aufgießen und die gefüllten Zwiebeln im Backofen 20 Minuten lang backen. • Die fertigen Zwiebeln mit Kartoffelpüree servieren.
(İbrahim Çakmak)

Gefüllte Auberginen

Patlıcan Dolması

4 lange große Auberginen · Saft von 1 Zitrone · 2 Zwiebeln · 3 Tomaten · 250 g Hackfleisch (Hammel-, Lamm- oder Rindfleisch) · ½ Tasse Reis · 2 Eßl. frisch gehackte Petersilie · Salz · Pfeffer · 1 Teel. Paprikapulver · 3 Eßl. Butter

Zubereitungszeit: 1½ Stunden
Garzeit: 30 Minuten

Die Auberginen waschen, quer halbieren und die Stengelansätze abschneiden. Von jeder Auberginenhälfte nochmals in der Mitte eine dünne Scheibe abschneiden. Diese Scheibe am besten mit Zitronensaft einreiben, damit sie nicht braun wird. Dann die Auberginenhälften mit einem Teelöffel aushöhlen. Es sollen nur noch dünne Außenwände stehenbleiben. Die Zwiebeln schälen und feinhakken. Die Tomaten waschen, in kochendem Wasser kurz überbrühen und häuten. Die Stielansätze entfernen und die Tomaten kleinschneiden. • Das Hackfleisch mit dem Reis, den Tomaten, der Petersilie, den Zwiebeln, Salz, Pfeffer, dem Paprikapulver, 2 Eßlöffeln Butter und ½ Tasse Wasser vermischen. • Diese Hackfleischmischung in die ausgehöhlten Auberginen füllen. Auf die offene Seite der Auberginen jeweils die vorher abgeschnittenen Scheiben als Deckel legen. Die Auberginen mit den Deckeln nach oben nebeneinander in eine Auflaufform stellen. 1 Eßlöffel Butter und 1 Tasse Salzwasser zufügen. Die Auberginen mit einem Teller beschweren und im geschlossenen Topf 20–30 Minuten dünsten.
(İrfan Pehlivan)

Tip: Das gleiche Gericht kann statt mit Auberginen auch mit 8 Paprikaschoten zubereitet werden.

Weinblätter mit Fleischfüllung

Kıymalı Yaprak Dolması

In jeder türkischen Küche hat man stets einen Vorrat von eingelegten Weinblättern im Kühlschrank, um daraus mit immer neuen Füllungen wohlschmeckende Leckerbissen bereiten zu können.

1 Beutel eingelegte Weinblätter (aus dem türkischen Spezialgeschäft) · 2 Zwiebeln · 3 Tomaten · 300 g Hackfleisch (Hammel-, Lamm- oder Rindfleisch) · ½ Tasse Reis · 2 Eßl. frisch gehackte Petersilie · Salz · Pfeffer · 1½ Teel. Rosenpaprikapulver · 3–4 Eßl. Butter

Zubereitungszeit: 1½ Stunden
Garzeit: 30 Minuten

Die Weinblätter in warmes Wasser legen, um die Salzlake zu entfernen. Die Zwiebeln schälen und feinhacken. Die Tomaten waschen und in kochendem Wasser kurz überbrühen. Die Tomaten häuten und die Stielansätze entfernen. Die Tomaten kleinschneiden. • Das Hackfleisch mit dem Reis, den Zwiebeln, den Tomaten, der Petersilie, Salz, Pfeffer, dem Paprikapulver und 2 Eßlöffeln Butter vermischen. 3–4 Eßlöffel Wasser zugeben und alles gründlich vermischen. • Auf jedes Weinblatt 1–1½ Teelöffel Hackfleischmischung geben. Die Blätter zusammenrollen. • Mit einigen Weinblättern den Boden des Kochtopfs auslegen. Die gefüllten Weinblätter darauflegen. Mit 1½ Tassen Salzwasser auffüllen und die restliche Butter zugeben. • Die Weinblätter mit einem Teller beschweren und bei geschlossenem Topf 20–30 Minuten kochen. Die gefüllten Weinblätter mit einer Sauce aus Joghurt, gepreßtem Knoblauch und Salz servieren.
(M. Renan Atalay)

Gefüllte Kartoffeln

Patates Karnıyarık

4 große längliche Kartoffeln · 2 Zwiebeln · 3 Peperoni/Spitzpaprika · 2 Tomaten · 6 Eßl. Butter · 250 g Rind- oder Lammhackfleisch · 2 Eßl. frisch gehackte Petersilie · ½ Teel. gerebelte Minzblätter · Salz · Pfeffer

Zubereitungszeit: 1 Stunde
Garzeit: 30 Minuten

Die Kartoffeln waschen, schälen und der Länge nach halbieren. Mit einem Teelöffel die Kartoffeln so weit aushöhlen, daß nur noch eine dünne Wand bleibt. Die Zwiebeln schälen, halbieren und in dünne Scheiben schneiden. Die Peperoni waschen und in dünne Ringe schneiden. Die Tomaten waschen und in kochendem Salzwasser kurz überbrühen. Die Haut abziehen und die Stielansätze entfernen. Die Tomaten kleinschneiden. • Den Backofen auf 200° vorheizen. • 3 Eßlöffel Butter in einer Pfanne zerlassen und die Zwiebeln darin glasig dünsten. Das Hackfleisch zufügen und unter Rühren etwa 3 Minuten anbraten. Die Tomaten, die Peperoni, die Petersilie, die Minzblätter, Salz und Pfeffer ebenfalls zufügen und alles 5 Minuten dünsten. Dann die Hackfleischmischung in die ausgehöhlten Kartoffeln füllen. • Die Kartoffeln in eine gebutterte Fettpfanne legen, ⅛ l Wasser zugießen und die restliche Butter auf den gefüllten Kartoffeln verteilen. Die Kartoffeln etwa 20 Minuten im Backofen backen.
(Candan Karso)

Gefüllte Auberginen aus dem Backofen

Patlıcan Dolması – Fırından

Die türkische Küche kennt viele Arten, Auberginen zuzubereiten – im Backofen gegarte schmecken besonders herzhaft.

4 Auberginen · 5–6 Eßl. Öl · 2 Zwiebeln · ½ Tasse Reis · 300 g Hackfleisch (Hammel-, Lamm- oder Rindfleisch) · Salz · Pfeffer · 1 Teel. Paprikapulver · 2 Tomaten · 2 Eßl. gehackte Petersilie

Zubereitungszeit: 1½ Stunden
Garzeit: 45 Minuten

Die Auberginen waschen und die Stengelansätze abschneiden. Dann einen 1 cm breiten Längsstreifen abschälen. Danach einen Streifen von der gleichen Breite stehenlassen und wieder einen Streifen schälen; so fortfahren, bis die Auberginen gestreift sind. Von der Schnittfläche aus die Auberginen mit einem Teelöffel vorsichtig aushöhlen, so daß schließlich nur noch eine dünne Wand bleibt. In einer Pfanne Öl erhitzen und die Auberginen darin rundum anbraten. Dann beiseite stellen. • Den Backofen auf 180° vorheizen. • Die Zwiebeln schälen, kleinschneiden und in der Pfanne mit dem restlichen Öl andünsten. Den Reis ebenfalls zufügen und 2–3 Minuten unter Rühren anbraten. Mit ½ Tasse Wasser auffüllen und so lange köcheln lassen, bis das Wasser verdunstet ist. Den Reis vom Herd nehmen. • In einer Schüssel das Hackfleisch mit Salz, Pfeffer und dem Paprikapulver vermengen. • Die Tomaten in heißem Wasser kurz überbrühen, häuten und die Stielansätze entfernen. Die Tomaten kleinschneiden und mit der Petersilie zum Hackfleisch geben. Den Reis zufügen und alles miteinander verrühren. • Die Füllung in die Auberginen geben, diese aufrecht und mit den Stielansätzen nach unten in eine gebutterte Auflaufform geben, 1½ Tassen Salzwasser zugießen und die gefüllten Auberginen 20 Minuten im Backofen garen.
(Mustafa Sürücü)

Gefüllter Lauch

Pırasa Dolması

In der Schwarzmeer-Region versteht man sich auf raffinierte Lauchgerichte, wie dieses Gericht zeigt.

1 kg Lauch/Porree · Salz · 2 Zwiebeln · 2 Tomaten · 250 g Hackfleisch (Hammel-, Lamm- oder Rindfleisch) · 3 Eßl. Reis · 2 Eßl. frisch gehackte Petersilie · Pfeffer · 2 Eßl. Butter · 2 Eier · Saft von 1 Zitrone

Zubereitungszeit: 1½ Stunden
Garzeit: etwa 30 Minuten

Den Lauch der Länge nach halbieren und unter fließendem Wasser gründlich waschen. Nur das Weiße verwenden. Den Lauch in etwa 6 cm lange Stücke schneiden. In wenig Salzwasser etwa 5 Minuten kochen. Aus dem Wasser nehmen und abtropfen lassen. • Die Zwiebeln schälen und feinhacken. Die Tomaten waschen, kurz in kochendem Wasser überbrühen und häuten. Die Stielansätze entfernen und die Tomaten kleinschneiden. • Das Hackfleisch mit dem Reis, den Zwiebeln, den Tomaten, der Petersilie, Salz und Pfeffer vermengen. • Die Lauchstangen in ihre einzelnen Schichten zerlegen, auseinandernehmen und als Hülle für die Hackfleischfüllung verwenden. • In einem Topf Butter zerlassen, die gefüllten Lauchstücke hineinsetzen und mit einer Tasse Salzwasser angießen. Den gefüllten Lauch etwa 15 Minuten kochen lassen. • Die Eier mit dem Zitronensaft und 2 Eßlöffeln Wasser verrühren. Etwas Salz zufügen. • Die Eiermischung zum Schluß über den gefüllten Lauch gießen und stocken lassen.
(Ayla Pehlivan)

Gefüllte Auberginen

Karnıyarık

Gefüllte Gemüse sind in der türkischen Küche sehr beliebt, und jede Hausfrau hat ihre Art, die Füllungen herzustellen und die Gemüse für das Füllen vorzubereiten. Ein gutes Beispiel für diesen Ideenreichtum sind die Rezepte für gefüllte Auberginen.

4 Auberginen · reichlich Öl zum Braten · 2 Zwiebeln · 3 Tomaten · 4 Eßl. Butter · 250 g Hackfleisch (Rind- oder Lammfleisch) · 2 Eßl. frisch gehackte Petersilie · Salz · Pfeffer · 1 Teel. Kreuzkümmel · 1 Teel. Paprikapulver · 4 Peperoni/Spitzpaprika

Zubereitungszeit: 1 Stunde
Garzeit: 30 Minuten

Die Auberginen waschen und den Stielansatz abschneiden. Dann einen etwa 1 cm breiten Längsstreifen Schale abschälen. Danach einen Streifen von der gleichen Breite stehenlassen. Wieder einen Streifen schälen und so fortfahren, bis die Auberginen gestreift aussehen. An einem geschälten Streifen entlang einen langen, tiefen Schnitt anbringen. Außerdem an den geschälten Stellen die Auberginen mit dem Messer mehrfach einstechen, damit die Frucht Fett aufnimmt und zarter wird. • Öl in einer Pfanne erhitzen und die Auberginen darin von allen Seiten anbraten. Dann die Auberginen auf eine gebutterte Fettpfanne legen. • Den Backofen auf 180° vorheizen. • Die Zwiebeln schälen und kleinschneiden. 2 Tomaten in heißem Wasser kurz überbrühen und häuten. Die Stielansätze entfernen und die Tomaten kleinschneiden. • Die Butter in einer Pfanne erhitzen und die Zwiebeln darin andünsten. Das Hackfleisch zufügen und anbraten. Die Tomaten in die Pfanne geben und die Petersilie, Salz, Pfeffer, den Kreuzkümmel und das Paprikapulver zufügen. Diese Mischung in die Schnittspalten der Auberginen füllen. • Die Peperoni waschen und der Länge nach halbieren. Die dritte Tomate waschen und in vier Scheiben schneiden. • Auf jede Auberginenhälfte eine Tomatenscheibe und zwei Peperonihälften legen. ⅛ l Salzwasser in die Fettpfanne geben. • Die Auberginen im Backofen 20 Minuten lang backen. • Mit Butterreis servieren.
(Gülay Özkuban)

Die türkische Küche ist reich an köstlichen Fischgerichten. Aus den auf den Märkten fangfrisch angebotenen Fischen werden pikante Gerichte zubereitet. Kenner schwärmen von Streifzügen durch die vielen großen und kleineren Fischrestaurants in Istanbul oder Izmir, wo Fisch als Vorspeise in 8–10 verschiedenen Zubereitungsarten vor dem eigentlichen Hauptgericht »Fisch« angeboten werden. Leider können wir in diesem Kapitel nur eine kleine Auswahl von Rezepten vorstellen. Und dies, obgleich unsere türkischen Hörer eine Fülle von Vorschlägen eingesandt haben. Doch viele dieser Rezepte sind für Fische gedacht, die es bei uns in Deutschland nicht zu kaufen gibt – dies gilt speziell für kleinere Fische, die von den türkischen Hausfrauen mit besonderer Liebe zubereitet werden. Trotzdem bieten die hier ausgewählten Rezepte für türkische und deutsche Fischfreunde spezielle Gaumengenüsse. Türkische Spezialgeschäfte – sogar Gemüseläden – lassen einmal wöchentlich Frischfisch aus der Türkei einfliegen. Eine Nachfrage lohnt sich! Versuchen Sie einmal Sardellen-»Pilaki«, Sardellen-Pilaw, Sardellen in Ei, Krabbenauflauf, Fischfrikadellen oder gefüllte Makrele. Besondere Spezialitäten sind die Fischpfanne Marmara, die in die internationale Küche Einzug gehalten hat, oder der auf heißen Steinen gebackene Barsch sowie der Schwertfisch, der in der Türkei bei größeren Gesellschaften wie einer Hochzeit oder Beschneidungsfeier als Ganzes auf den Tisch gebracht und dann vom Chef des Hauses portionsweise an die Freunde verteilt wird. Geschätzt wird als Beigabe eine Tomatensauce und natürlich Reis, Reis und nochmals Reis. Was immer für ein Fischgericht sie aber auch servieren, ob Rotbarbe, Bonito im Ofen oder Barsch in Folie, eines darf nicht fehlen: ein heißes Fladenbrot. Es ist nicht selten 2 m lang und 20 cm breit. Dünn gebacken liegt es quer über den Tisch, und jeder bedient sich durch Abbrechen einer Brotkante selbst. Bei einem Kreis von 12 oder 15 Personen reicht dann meistens das warme Fladenbrot nicht aus. Und jeder türkische Gastgeber ist stolz, wenn er einen weiteren Riesenfladen auf den Tisch legen kann.
(Hubert Knich)

Rotbarben aus dem Backofen

Barbunya Balığı Buğulaması

Rotbarbe schmeckt sehr delikat. 6–8 Fische wiegen 500 g. Die größeren Fische schmecken so gut wie die kleinen, haben aber mehr Fleisch zu bieten.

Für 4–6 Personen:
500 g Rotbarben (Meerbarben) · 2 unbehandelte Zitronen · 3 mittelgroße Tomaten · 2 Zwiebeln · 2 Eßl. frisch gehackte Petersilie · 1 Lorbeerblatt · Salz · 1 Teel. Paprikapulver · 2 Eßl. Butter · Alufolie

Zubereitungszeit: 1½ Stunden
Garzeit: 55 Minuten

Den Backofen auf 180° vorheizen. • Die Fische waschen, ausnehmen und die Flossen entfernen. Die Fische nochmals gründlich waschen und nebeneinander in eine große, gebutterte Auflaufform legen. Die Zitronen und die Tomaten waschen und beides in Scheiben schneiden. Die Zwiebeln schälen und ebenfalls in Scheiben schneiden. • Die Tomaten und die Zwiebeln in die Auflaufform zum Fisch geben. Die Petersilie darüber verteilen und das Lorbeerblatt zufügen. Mit Salz und Paprikapulver bestreuen. Die Zitronenscheiben gleichmäßig darauf verteilen. Zum Schluß die Butter in Flöckchen auf die Zitronenscheiben geben. Die Form mit Alufolie abdecken und 40 Minuten im Backofen backen; dann den Backofen auf 220° stellen und den Auflauf nochmals 10–15 Minuten backen. • Den Fisch mit frischem Fladenbrot reichen.
(İlknur Akbaşak)

Gefüllte Makrele

Uskumru Dolması

Die Zubereitung dieses Gerichts erfordert etwas Geduld und Geschick, da die Haut der Fische vollkommen unbeschädigt bleiben muß.

4 Makrelen · 2 Zwiebeln · 2 Eßl. Butter · 1 Teel. Zimt · 1 Teel. Pimentpulver · 50 g gehackte Walnüsse · 25 g Pinienkerne (unter dem Namen Dolma Fıstiği im türkischen Spezialgeschäft erhältlich) · 25 g Korinthen · je 2 Eßl. frisch gehackte Kräuter: Dill und Petersilie · Salz · Pfeffer · 1 Teel. Rosenpaprikapulver · 2 Eier · reichlich Öl zum Braten · 4 Eßl. Mehl · 4 Eßl. Paniermehl/Semmelbrösel

Zubereitungszeit: etwa 4 Stunden
Garzeit: 25 Minuten

Die Fische an den Köpfen unmittelbar vor den Kiemen aufschneiden. Dann mit zwei Fingern die Kiemen zusammendrücken und daran die Innereien aus dem Fisch herausziehen. Den Fisch von innen und außen waschen und abtropfen lassen. Schließlich mit einem Fleischklopfer den Fisch vorsichtig weichklopfen und dabei darauf achten, daß auch die Rückengräte mehrmals gebrochen wird. Dann die Rückengräte hinter dem Kopf mit einer Geflügelschere durchtrennen, so daß der Kopf schließlich nur noch durch einen Hautlappen mit dem Rumpf verbunden ist. Die Rückengräte vorsichtig mitsamt dem Fleisch des Fisches aus der Haut herausziehen. Das Fischfleisch von den Gräten lösen und in kleine Stücke schneiden oder im Mixer pürieren. Das Fleisch beiseite stellen. • Die Zwiebeln schälen und kleinschneiden. In einer Pfanne die Butter erhitzen und die Zwiebeln darin glasig andünsten. Die Zwiebeln zum Abkühlen in eine Schüssel geben. Die Zwiebeln zum Fischfleisch

Rotbarben aus dem Backofen (Barbunya Balığı Buğulaması) sind eine wahre Delikatesse, die auch den verwöhnten Feinschmekker begeistert. ▷

geben und den Zimt, das Pimentpulver, die gehackten Walnüsse, die Pinienkerne, die Korinthen, die gehackten Kräuter sowie Salz, Pfeffer und das Paprikapulver hinzufügen. Die Füllung mit der Hand zu einer Art Teig verkneten. Die Mischung dann vorsichtig in die Fischhäute füllen. • Die Eier verquirlen. • Das Öl in einer Pfanne erhitzen, die gefüllten Fische zunächst in dem Mehl, dann in den Eiern und schließlich im Paniermehl wenden und in der Pfanne etwa 6 Minuten braten, bis die Fische eine kräftige braune Farbe bekommen haben.
(Mualla Önel)

Gefüllte Sardellen

Hamsi Dolması

Zu diesem Gericht, das sehr gut auch als Vorspeise serviert werden kann, wird in der Türkei gerne Fladenbrot serviert. Man kann es aber auch als Hauptgericht auftragen und im ganzen gekochte Salzkartoffeln als Beilage wählen.

1 kg Sardellen · 3 Eßl. Öl · 3 mittelgroße Zwiebeln · 3 Knoblauchzehen · 2 Eßl. frisch gehackte Petersilie · Salz · Pfeffer · 3 Eßl. Öl

Zubereitungszeit: 1½ Stunden
Garzeit: 25 Minuten

Den Backofen auf 180° vorheizen. • Die Sardellen an den Bauchseiten aufschneiden, Schwanzflossen, Rückengräten, Innereien und Köpfe entfernen. Die Sardellen gründlich mehrmals waschen. • Die Fettpfanne des Backofens mit Öl bestreichen. Die Hälfte der Sardellen aufgeklappt mit der Rückenseite nach unten auf die Fettpfanne legen. • Die Zwiebeln schälen, in Hälften teilen und anschließend in sehr dünne Scheiben schneiden. Die Knoblauchzehen schälen und sehr fein schneiden. Für die Füllung dann die Zwiebeln mit dem Knoblauch und der Petersilie vermischen. Salz und Pfeffer zufügen. • Diese Mischung auf die Sardellen in die Fettpfanne geben. Darüber die zweite Hälfte der Sardellen mit der Rückenseite nach oben legen. Alles zusammen im Backofen 20–25 Minuten backen.
(Seyhan Gökkaya)

Sardellen- »Pilaki«

Hamsi Pilaki

Mit viel Zwiebeln, Olivenöl und Zitrone bereitete Gerichte nennt man »Pilaki«. Die Sardellen-Pilaki ist typisch für die Küche der Schwarzmeer-Region. Die Sardellen sind sozusagen das »tägliche Brot« der Küstenbewohner. Sardellen werden übrigens nur von Oktober bis Februar gefangen.

Für 4–6 Personen:
1 kg frische Sardellen · 4 Kartoffeln · 4 Zwiebeln · 4 grüne Peperoni/Spitzpaprika · 2 unbehandelte Zitronen · Salz · Pfeffer · 1 Teel. Rosenpaprikapulver · 1 Tasse Öl · 2 Eßl. frisch gehackte Petersilie · Alufolie

Zubereitungszeit: 1½ Stunden
Garzeit: 40 Minuten

Die frischen Sardellen säubern, köpfen und die Innereien entfernen. Die Fische gründlich unter fließendem Wasser waschen. • Die Kartoffeln schälen, waschen und in Scheiben schneiden. Die Zwiebeln schälen, in Scheiben schneiden und in Ringe teilen. Die Zitronen waschen und in Scheiben schneiden. Die Peperoni waschen und in Ringe schneiden. • Den Backofen auf 250° vorheizen. • Zur Zubereitung eine große gebutterte Auflaufform oder die Fettpfanne des Backofens benutzen. Die Form zuerst mit einer Lage Fisch, dann nacheinander mit je einer Lage Kartoffeln, Zwiebeln, Peperoni und Zitronenscheiben auslegen. Dann die Zutaten in der gleichen Reihenfolge nochmals übereinanderschichten und mit einer Lage Zitronen abschließen. Jede Lage mit Salz, Pfeffer und dem Paprikapulver würzen. Das Öl darübergießen und zum Schluß die gehackte Petersilie darüberstreuen. Die Form mit Alufolie abdecken und im Backofen 40 Minuten backen. • Das Sardellen-Pilaki kann warm oder auch kalt gegessen werden.
(Zekiye Büyük)

Sardellen-Pilaw

Hamsi Pilavı

»Pilav« heißt im Türkischen schlicht Reis. Er tritt in der Türkei an die Stelle unserer Kartoffeln, wird aber mit viel Phantasie in ungezählten Varianten zubereitet. In Jugoslawien hat sich diese Bezeichnung für den bunten oder gemischten Reis eingebürgert, der in der Türkei »İç Pilav« genannt wird. Sardellen-Pilaw ist ein sehr pikantes Gericht aus der Schwarzmeer-Region.

Für 4–6 Personen:
500 g Sardellen · 3–4 Zwiebeln · 250 g Reis · 1–2 Eßl. Tomatenmark · Salz · Pfeffer · 1 Teel. Rosenpaprikapulver · 1 Eßl. frisch gehackte Minzblätter · 2 Eßl. frisch gehackte Petersilie

Zubereitungszeit: 1 Stunde
Garzeit: 30 Minuten

Die Sardellen ausnehmen, säubern und 30 Minuten in kaltem Wasser liegen lassen. Dann noch einmal gründlich waschen. Die Zwiebeln schälen und würfeln. Den Reis gründlich waschen und abtropfen lassen. • In einem Kochtopf 1 Eßlöffel Öl erhitzen und die Sardellen darin bei schwacher Hitze langsam anbraten. • In einem anderen Topf ebenfalls 1 Eßlöffel Öl erhitzen und die Zwiebeln darin anbraten. Dann das Tomatenmark zu den Zwiebeln geben und unter Rühren heiß werden lassen. Den Reis zufügen und 5 Minuten anbraten. Mit ½ l Wasser auffüllen und so lange kochen lassen, bis das Wasser bis auf einen kleinen Rest verdampft ist. Das dauert etwa 15 Minuten. • Den Backofen auf 180° vorheizen. • Dann die Reismischung zu den Sardellen in den Topf geben. Mit Salz, Pfeffer und dem Paprikapulver abschmecken. Die Kräuter zufügen und alles sorgfältig umrühren. Das restliche Öl über den Pilaw geben und diesen 15 Minuten im Backofen garen.
(Hayrettin Çelik)

Tip: Statt Tomatenmark kann man auch 2 kleingeschnittene Tomaten verwenden. Sehr dekorativ sieht der Pilaw aus, wenn man die Hälfte der Sardellen, statt sie mit dem Reis zu vermischen, auf den Reis legt, bevor man das Gericht in den Ofen schiebt.

Sardellen in Ei

Yumurtalı Hamsi

1 kg Sardellen · Salz · 5 Eßl. Öl · 3 Eier · Saft von 2 Zitronen · Pfeffer

Zubereitungszeit: 1 Stunde
Garzeit: 25 Minuten

Den Backofen auf 180° vorheizen. • Die Sardellen von den Köpfen und den Innereien befreien, mehrfach gründlich waschen und abtropfen lassen. Die Fische salzen. • In der Fettpfanne des Backofens 4 Eßlöffel Öl verstreichen. Die Sardellen gleichmäßig darauf verstreichen. • Die Eier mit dem Zitronensaft und etwas Salz und Pfeffer verrühren. Die Mischung über die Sardellen geben und mit dem restlichen Öl beträufeln. Das Gericht im Backofen 20–25 Minuten backen. • Etwas abkühlen lassen und lauwarm mit grünem Blattsalat servieren.
(Seyhan Gökkaya)

Gebratene Sardellen

Hamsi Kızartması

Dieses so einfache wie pikante Gericht kommt geschmacklich am besten zur Geltung, wenn man nur etwas Brot dazu ißt. Da die ganze Angelegenheit aber recht mächtig ist, sollte man in diesem Falle das Angenehme mit dem Nützlichen verbinden und, wie es die Türken tun, in ausreichender Menge »Rakı« dazu trinken.

1 kg Sardellen · 3 Eier · 3 Eßl. Mehl · Salz · Pfeffer · ¼ l Öl · Saft von 2 Zitronen

Zubereitungszeit: Etwa 50 Minuten
Garzeit: Je Portion 4 Minuten

Die Köpfe und Innereien der Sardellen entfernen und die Fische gründlich unter fließendem Wasser waschen. Die Eier mit dem Mehl, Salz und Pfeffer verrühren. • Das Öl in einem Topf oder einer ausreichend großen Pfanne erhitzen. • Jeweils 3 Sardellen auf einmal mit den Fingerspitzen an den Schwanzflossen nehmen und in die Eier-Mehl-Mischung tauchen. • Dann von jeder Seite 2 Minuten braten. • Die Sardellen auftragen und mit dem Zitronensaft beträufeln.
(Melek Parladı)

Seebarsch mit Blattspinat in Käsesauce

Ispanak Yapraklı Levrek

Für 4–6 Personen:
Für den Spinat: 1 kg Spinat · 2 Eßl. Butter · Salz · Pfeffer
Für den Fisch: 1 Zwiebel · 4–5 Eßl. Öl · 4 Seebarschfilets · ½ Tasse Weißwein · Salz · Pfeffer
Für die Käsesauce: 4 Eigelbe · 5 Eßl. Butter · 3 Eßl. Mehl · ½ l Milch · 1 Lorbeerblatt · 50 g Kaşar-Käse (ersatzweise geriebener Greyerzer/Gruyère oder Emmentaler Käse) · Salz
Zum Bestreuen: 100 g Kaşar-Käse

Zubereitungszeit: 1½ Stunden
Garzeit: etwa 20 Minuten

Den Spinat von den Stielen zupfen und mehrmals gründlich unter fließendem Wasser waschen. • Die Butter in einem Topf erhitzen und den abgetropften Spinat zufügen. Mit Salz und Pfeffer würzen und 6 Minuten dünsten. Den Spinat in eine gebutterte Auflaufform füllen. • Für den Fisch die Zwiebel schälen und in kleine Würfel schneiden • In einer Pfanne das Öl erhitzen. Die Zwiebel zufügen und die Seebarschfilets darin von jeder Seite 1 Minute anbraten. Dann mit dem Weißwein und ½ Tasse Wasser auffüllen. Mit Salz und Pfeffer würzen. Den Fisch 8–10 Minuten bei schwacher Hitze ziehen lassen. Den Fisch herausheben und auf den Spinat in die Auflaufform legen. • Anschließend die Käsesauce bereiten: Dazu für ein Wasserbad in einen großen Topf am besten ein Drahtsieb legen, auf das man einen kleineren Topf stellen kann. In den großen Topf so viel Wasser einfüllen, daß das Wasser nicht über den Rand des kleinen Topfes gelangen kann. Das Wasser fast zum Kochen bringen. In dem kleinen Topf die Eigelbe mit 2 Eßlöffeln Wasser verquirlen. Den kleinen Topf in das Wasserbad stellen. Die Eigelbe im Wasserbad rühren, dabei das Wasser auf keinen Fall kochen lassen, da sonst das Ei gerinnt. Wenn die Eigelbe angedickt sind, den kleinen Topf aus dem Wasserbad nehmen und noch etwa 1 Minute weiterrühren, damit sie nicht nachträglich gerinnen. • Dann die Butter in einem anderen Topf erhitzen, das Mehl zufügen und unter Rühren 2 Minuten Farbe annehmen lassen. Den Topf vom Herd nehmen und etwas abkühlen lassen. • Den Backofen auf 180° vorheizen. • Inzwischen die Milch erhitzen und die heiße Milch in die Mehlschwitze geben. Diese wieder auf den Herd stellen und mit einem Lorbeerblatt unter Rühren 10–15 Minuten leise köcheln lassen. Das Lorbeerblatt anschließend entfernen. Dann den Käse in der Sauce auflösen; dabei ständig rühren. • Die Sauce vom Herd nehmen und die Eigelbe unter die Sauce mischen. Die Sauce darf nun nicht mehr kochen. • Die Sauce über den Fisch und den Spinat in die Auflaufform geben. Den geriebenen Käse darüberstreuen. Das Ganze im Backofen 4–5 Minuten überbacken.
(Yaşar Özten)

Panierter Barsch

Levrek Pane

1 Barsch von 1 kg · Salz · Pfeffer · 2 unbehandelte Zitronen · 2 Eier · 4 Eßl. Öl · 100 g Mehl · 100 g Paniermehl/Semmelbrösel · 2 Eßl. frisch gehackte Petersilie

Zubereitungszeit: 40 Minuten
Garzeit: je Portion etwa 10 Minuten

Den Fisch säubern und in 4 Portionsstücke teilen. Salzen und pfeffern. Die Zitrone waschen und in Scheiben schneiden. Die Eier verquirlen. • Das Öl in einer Pfanne erhitzen. • Den Fisch nacheinander in dem Mehl, den Eiern und dem Paniermehl wenden. Dann von jeder Seite 4–5 Minuten im erhitzten Öl braten. • Vor dem Servieren die Petersilie über den Fisch streuen und die in Scheiben geschnittene Zitrone dazu reichen. Salzkartoffeln und grüner Blattsalat schmecken gut dazu.
(Seyhan Şirin)

Barsch auf portugiesische Art

Portekiz Levreği

Am besten schmeckt Barsch von Juli bis September. Der Fisch läßt sich nur schwer schuppen, weshalb man gegebenenfalls zunächst nur die Bauchschuppen entfernt und die übrigen Schuppen erst nach dem Garen beseitigt.

1 Barsch von 1 kg · 3 Eßl. Butter · 5 mittelgroße Tomaten · 100 g Champignons · 3 Eßl. Tomatenmark · 1 Tasse Weißwein · Salz · Pfeffer

Zubereitungszeit: etwa 45 Minuten
Garzeit: 20 Minuten

Den Fisch säubern und in vier Portionen aufteilen. • Die Butter in einem großen Topf oder einer großen Pfanne erhitzen, den Fisch hineingeben und 5 Minuten von allen Seiten anbraten lassen. • In der Zwischenzeit die Tomaten kreuzweise einritzen, in kochendem Wasser überbrühen und die Haut abziehen. Die Stengelansätze entfernen. Die Tomaten kleinschneiden. Die Champignons waschen, putzen und in Scheiben schneiden. • In einer Schüssel die Tomaten mit dem Tomatenmark, den Champignons, dem Weißwein, Salz und Pfeffer vermischen. Das Ganze über den Fisch geben und diesen in weiteren 10 Minuten bei schwacher Hitze garen lassen. • Mit Reis, Salzkartoffeln oder Stangenweißbrot servieren.
(Seyhan Şirin)

◁ Schwertfisch, Krabben und Barsch werden in der Fischpfanne Marmara (Çınarcık Usulü Balık) zu einem delikaten Gericht vereint. Champignons, Petersilie und Cognac runden den Geschmack ab.

Barsch in Folie

Yağlı Kağıtta Levrek

Barsch in der Folie läßt sich leicht zubereiten. Er schmeckt warm oder kalt sehr gut.

1 Barsch von 1½ kg · Salz · 1 Teel. Paprikapulver · 2 Eßl. Öl · 2 Zwiebeln · 2 Tomaten · 3 große grüne Peperoni/Spitzpaprika · 2 Eßl. frisch gehackte Petersilie · Alufolie

Zubereitungszeit: 1 Stunde
Garzeit: etwa 30–40 Minuten

Den Fisch an der Bauchseite aufschneiden, ausnehmen und gründlich waschen. Den Fisch jeweils auf der linken und auf der rechten Seite viermal in gleichmäßigen Abständen einschneiden. Von innen und außen mit Salz und dem Paprikapulver einreiben. • Den Backofen auf 180° vorheizen. • Etwas Öl auf eine ausreichend große Alufolie geben und verteilen. Den Fisch auf die Folie legen. • Die Zwiebeln schälen, die Tomaten waschen und beides in Scheiben schneiden. Die Peperoni waschen und in Streifen schneiden. Die Hälfte der Zwiebeln, der Tomaten, der Peperoni und der Petersilie in den Fisch füllen, die andere Hälfte auf den Fisch legen. Mit dem restlichen Öl beträufeln. • Die Alufolie sorgfältig verschließen und den Fisch in der Folie mindestens 1 Stunde im Backofen garen. • Den Fisch mit grünem Blattsalat und frischem Fladenbrot servieren.
(M. Renan Atalay)

Fischpfanne Marmara

Çınarcık Usulü Balık

Die Marmara-Küste mit ihrem Fischreichtum ist berühmt für ihre Fischspezialitäten. Die Fischpfanne ist ein typisches Beispiel dieser Küche.

250 g Schwertfisch · 500 g Barsch · 250 g Krabben · 100 g Champignons · 3–4 Knoblauchzehen · 5 Eßl. Öl · 1 Glas Cognac (2 cl) · Salz · Pfeffer · 2 Eßl. frisch gehackte Petersilie

Zubereitungszeit: etwa 35 Minuten
Garzeit: etwa 15 Minuten

Den Schwertfisch und den Barsch säubern und in ziemlich kleine Stücke schneiden. Die Krabben, wenn nötig, ebenfalls zerkleinern. Die Champignons waschen, putzen und in Scheiben schneiden. Die Knoblauchzehen schälen und in sehr kleine Scheiben schneiden. • Das Öl in einer großen Pfanne erhitzen und die Knoblauchzehen, den Fisch und die Krabben darin 5 Minuten bei starker Hitze anbraten. Dann die Champignons zufügen und mit dem Cognac, Salz und Pfeffer abschmecken. Die Fischpfanne 5 weitere Minuten bei mittlerer Hitze dünsten lassen. Zum Schluß mit der Petersilie bestreuen. • Die Fischpfanne mit Kartoffelpüree und grünem Blattsalat auftragen.
(Seyhan Şirin)

Gebackener Bonito

Palamut Balığı Fırında

Der Bonito ist eine mit der Makrele verwandte Kleinthunfischart. Er ist sehr schmackhaft und gehört in den tropischen Meeren zu den wichtigsten Fangfischen. In türkischen Gewässern ist sein »Vetter«, der Pelamide, anzutreffen. Beide haben eine schwarze Querzeichnung. Der Pelamide ist schlanker und weist 4–5 mehr dieser Streifen auf.

1 Bonito (oder 2 große Makrelen) · 3 Zwiebeln · 4–5 Tomaten · 2 unbehandelte Zitronen · 2 Eßl. Butter · Salz · Pfeffer

Zubereitungszeit: 45 Minuten
Garzeit: 30 Minuten

Den Backofen auf 200° vorheizen. • Den Fisch an der Bauchseite aufschneiden, ausnehmen und gründlich waschen. Den Fisch in 10 cm lange Stücke schneiden und diese nebeneinander in die gebutterte Fettpfanne legen. • Die Zwiebeln schälen und in dünne Scheiben schneiden. Die Tomaten und die Zitronen waschen und in Scheiben schneiden. • Die Zwiebeln gleichmäßig über dem Fisch verteilen. Darauf die Tomatenscheiben geben. Salzen und pfeffern.

Mit den Zitronenscheiben abdecken und mit 1 Tasse Wasser begießen. Die Butter in Flöckchen auf dem Fisch verteilen. Den Fisch im Backofen 20–30 Minuten backen.
(Orhan Erten)

Tip: Besonderen Pfiff erhält dieses Gericht, wenn man über die Tomatenschicht noch einige Streifen grüne Paprikaschoten und gehackte Petersilie gibt. Im übrigen fährt man so fort wie im Rezept beschrieben.

Seemanns-Pilaw

Gemici Pilavı

In der küstenreichen Türkei lebt man allerorten vom Fischfang. Mit ganz frischen Fischen zubereitet gerät der Seemanns-Pilaw zur Delikatesse.

Für 4–6 Personen:
150 g Reis · 500 g Fischfilet · 1 Eßl. Öl · Saft von 2 Zitronen · Salz · Pfeffer · 1 Teel. Rosenpaprikapulver · 4 hartgekochte Eier · 2 Eßl. frisch gehackte Petersilie · 3 Eßl. Butter · 1 Tasse Milch

Zubereitungszeit: 1½ Stunden
Garzeit: 35 Minuten

Den Reis waschen und in einem Topf mit Salzwasser 4 Minuten lang kochen. Den Reis durch ein Sieb abtropfen lassen. • In einem großen Topf Wasser zum Kochen bringen. Den Reis in dem Sieb über den Topf mit dem kochenden Wasser hängen, so daß der Reis nicht direkt mit dem Wasser in Berührung kommt, aber im geschlossenen Topf im Dampf gegart wird. Das dauert etwa 20 Minuten. • Das Fischfilet waschen und abtrocknen. • Den Backofen auf 180° vorheizen. • Das Öl, den Zitronensaft und etwas Wasser zusammen in einer großen Pfanne erhitzen; Wasser und Öl müssen unbedingt kalt zusammen aufgesetzt werden. Salz, Pfeffer und das Paprikapulver hinzufügen. Den Fisch zugeben und darin 5 Minuten garen. Dann den Fisch herausnehmen und in mundgerechte Stücke schneiden. • Die hartgekochten Eier in Scheiben schneiden. Den Fisch, die Eier und die Petersilie mit dem Reis vermischen. Alles in eine Auflaufform geben. Die Butter mit der Milch verrühren und in der Auflaufform unter den Reis und den Fisch mengen. • Den Auflauf im Backofen 13–15 Minuten backen und heiß servieren.
(Asiye Akçakaya)

Tip: Nach Geschmack auch Zwiebeln und Knoblauch in der Pfanne mit dem Öl mitbraten.

Schwertfisch mit Tomaten

Domatesli Kılıç Balığı

Schwertfisch mit Tomaten wird kalt gegessen und eignet sich besonders gut für eine ausgedehnte türkische Vorspeisen-Schlemmerei.

Für 4–6 Personen:
1 kg Schwertfisch (beim Fischhändler die Haut abziehen lassen) · 500 g Tomaten · 5 Eßl. Öl · Saft von 2 Zitronen · Salz · 1 Teel. Paprikapulver

Zubereitungszeit: 1 Stunde
Garzeit: 30 Minuten

Den Schwertfisch gründlich waschen und in kleine Stücke schneiden. Den Fisch in eine gebutterte feuerfeste Form geben und beiseite stellen. • Die Tomaten waschen, kreuzweise einschneiden und kurz in kochendem Wasser überbrühen. Die Haut abziehen und die Stielansätze entfernen. Die Tomaten kleinschneiden. • Den Backofen auf 180° vorheizen. • In einer Pfanne die Hälfte des Öls erhitzen. Die Tomaten darin unter Rühren so lange kochen, bis sie zermust sind. Mit dem Zitronensaft, Salz und dem Paprikapulver würzen und den Rest des Olivenöls zugeben. Die Tomaten kurz aufkochen lassen und dann über den Fisch geben. • Den Fisch im Backofen 15–20 Minuten backen. • Den Fisch abkühlen lassen und kalt servieren.
(Nesrin Aksoy)

Fischfrikadellen

Balık Köftesi

Diese an allen Küstenstreifen beliebte Köstlichkeit wird gerne für die »Rakı«-Tafel bereitet.

Für 4–6 Personen:
100 g Sellerie · 2 Zwiebeln · Saft von 1 Zitrone · 2 Eßl. frisch gehackte Petersilie · 2 Teel. Pimentpulver · Salz · Pfeffer · 500 g Fischfilet · 2 Scheiben trockenes Weißbrot · 1 Eßl. Pinienkerne · 2 Eßl. frisch gehackter Dill · 2 Teel. Rosenpaprikapulver · 2 Eier · Öl zum Braten · 4 Eßl. Mehl · 4 Eßl. Paniermehl/Semmelbrösel · 1 unbehandelte Zitrone

Zubereitungszeit: etwa 40 Minuten
Garzeit: je Frikadelle 4 Minuten

Den Sellerie waschen, schälen und würfeln. Die Zwiebeln schälen. • ½ Tasse Wasser mit dem Sellerie, der Zwiebel, dem Zitronensaft, der Hälfte der Petersilie, 1 Teelöffel Pimentpulver, Salz und etwas Pfeffer zum Kochen bringen. Den Fisch darin bei schwacher Hitze 5 Minuten ziehen lassen. Anschließend den Fisch herausnehmen und den Sud aufheben. • Den Fisch kleinschneiden oder im Mixer zerkleinern. • Das Brot im Fischsud einweichen, herausnehmen, ausdrücken und mit der Fischmasse vermengen. Dann die Pinienkerne, den Rest der Petersilie, den Dill, das restliche Pimentpulver, Salz, Pfeffer, das Paprikapulver und 1 Ei hinzufügen und alles verkneten. • Öl in einer Pfanne erhitzen. • Aus dem Fischteig eigroße Frikadellen formen; zunächst in dem Mehl, dann in dem zweiten verquirlten Ei und schließlich in dem Paniermehl wenden. Die Fischfrikadellen in der Pfanne von beiden Seiten je 2 Minuten braun braten. • Die Zitrone waschen und in Scheiben schneiden. Die Fischfrikadellen mit den Zitronenscheiben servieren.
(Semra Acar)

Krabbenauflauf

Karidesli Balık Sufle

100 g Reis · 500 g Fischfilet · Saft von 2 Zitronen · 2 Möhren · 1 Zwiebel · 3 Knoblauchzehen · 2 Tomaten · 4 Eßl. Öl · 4 Eier · Salz · 1 Teel. Rosenpaprikapulver · 100 g Krabben · 2 Eßl. Paniermehl/Semmelbrösel · 3 Eßl. Butter

Zubereitungszeit: 1 Stunde
Garzeit: 25 Minuten

Zunächst den Reis waschen und 10 Minuten lang in Salzwasser kochen, dann abgießen. • Den Fisch in kleine Stücke schneiden, mit dem Zitronensaft beträufeln und beiseite stellen. • Den Backofen auf 220° vorheizen. • Die Möhren waschen und schaben und in dünne Scheiben schneiden. Die Zwiebel und die Knoblauchzehen schälen und in sehr feine Scheiben schneiden. Die Tomaten waschen und kreuzweise einschneiden. In kochendem Wasser kurz überbrühen, dann die Haut abziehen und die Stengelansätze entfernen. Die Tomaten kleinschneiden. • Das Öl in einer Pfanne erhitzen und die Möhren, die Zwiebel, die Knoblauchzehen und die Tomaten darin 5 Minuten dünsten. Anschließend diese Tomatenmischung in eine gebutterte Auflaufform füllen. Den Reis darüber verteilen und anschließend den Fisch darauflegen. • Die Eier mit Salz und dem Paprikapulver verrühren und über den Fisch gießen. Die Krabben darauf verteilen und das Ganze mit dem Paniermehl bestreuen. Zum Schluß die Butterflöckchen gleichmäßig daraufsetzen. • Den Auflauf im Backofen etwa 20 Minuten backen.
(F. Sert)

Kalmare-»Pilaki«

Kalamar Pilaki

500 tiefgefrorene Kalmare · 2 mittelgroße Zwiebeln · 2 mittelgroße Möhren · 1 große Kartoffel · 1 kleine Sellerieknolle · 2 mittelgroße Tomaten · 6 Knoblauchzehen · 1 Bund Petersilie · ¼ l Olivenöl · 1 Teel. Zucker · Salz · Paprikapulver

Zubereitungszeit: 50 Minuten
Garzeit: 30 Minuten

Die Kalmare auftauen lassen. • Die Zwiebeln schälen und feinhacken. Die Möhren, die Kartoffel und die Sellerieknolle waschen, schälen beziehungsweise schaben und kleinschneiden. Die Tomaten waschen, kreuzweise einschneiden und kurz mit kochendem Wasser überbrühen; die Haut abziehen und die Stielansätze entfernen. Die Tomaten kleinschneiden. Die Knoblauchzehen schälen. Die Petersilie waschen, trockenschwenken und hacken. • Das Öl in einem Topf erhitzen und die Zwiebeln darin glasig werden lassen. Die Möhren zugeben und 2 Minuten durchbraten. Dann das übrige Gemüse zufügen, mit dem Zucker, Salz und Paprikapulver würzen und mit 1 Tasse Wasser aufgießen. Das Ganze bei mittlerer Hitze 25 Minuten kochen lassen. • Die Kalmare und die Petersilie zum Gemüse geben und das Gericht noch 7 Minuten schmoren lassen. • Kalmare-Pilaki kalt servieren.
(M. Renan Atalay)

Muschel-»Pilaki«

Midye Pilaki

Seinen spezifischen Charakter erhält das Muschel-»Pilaki« durch Zwiebeln, Knoblauch, Öl und Zitronensaft. Die Zubereitung erfordert etwas Zeit, ist aber leicht zu bewerkstelligen.

40 frische Muscheln · 200 g Sellerie · 250 g Kartoffeln · 250 g Möhren · 250 g Zwiebeln · 1 Knoblauchzehe · ¼ l Olivenöl · Saft von 1 Zitrone · Salz · Pfeffer · 2 Eßl. frisch gehackte Petersilie

Zubereitungszeit: 2 Stunden
Garzeit: 1¼ Stunden

Die Muscheln unter fließendem kaltem Wasser gründlich bürsten und die Fäden entfernen. Muscheln, die bereits geöffnet sind, wegwerfen. (Sie sind giftig!) Den Sellerie und die Kartoffeln waschen und schälen. Die Möhren waschen und schaben. Alles in Würfel schneiden. Die Zwiebeln und die Knoblauchzehe schälen und sehr fein schneiden. • In einem Topf das Öl erhitzen und die Zwiebeln und die Knoblauchzehe darin glasig werden lassen. Die Möhren zufügen und nach 5 Minuten den Sellerie und nach weiteren 5 Minuten die Kartoffeln zugeben. Zum Schluß die Muscheln obenauf legen und mit ¼ l Wasser angießen. Den Zitronensaft zufügen und Salz und Pfeffer darüberstreuen. Das Ganze etwa 1 Stunde bei schwacher Hitze auf dem Herd garen. Muscheln, die sich beim Kochen nicht geöffnet haben, wegwerfen. Sie sind ungenießbar. • Nach dem Erkalten (falls vorhanden, auf einem Salatblatt) anrichten und mit der Petersilie bestreuen.
(Gisela Öymen)

Mit Feinschmeckerhappen besonderer Art wartet die türkische Küche auf, wenn es um herzhaftes Gebäck, Nudel- und Eiergerichte geht. Neben Fladen und Hefeteilchen mit Käsefüllung sind es Nudeltäschchen mit Hackfleisch, gefüllte Teigröllchen, ein Makkaroniauflauf oder eine pikant gewürzte türkische Pizza, die den Gaumen des Gastes verwöhnen. Eine Köstlichkeit, die sich Liebhaber von Knoblauch gönnen sollten, sind pochierte Eier auf Knoblauch-Joghurt. Wer in diesem Punkt etwas zurückhaltender ist, findet sich mit Eiern in Tomaten reichlich entschädigt. Diese Eierspeise empfiehlt sich für eine Tafel, wenn man Freunde zu einem Umtrunk zu sich nach Hause gebeten hat. Hierbei bleibt es jedem einzelnen überlassen, wie stark er dieses Gericht bei Tisch pfeffern will, um den Durst »anzuheizen«.
Die meisten Teigwarenrezepte, bei denen der Teig selbst hergestellt wird, sind sehr zeitaufwendig. Die Zubereitung ist eigentlich nur sinnvoll, wenn man größere Mengen verarbeitet. Dies bietet sich zudem auch an, da sich die meisten Teigwarengerichte aus dem folgenden Kapitel im Kühlschrank aufheben lassen.
(Hubert Knich)

Nudeltäschchen mit Hackfleischfüllung

Mantı

»Mantı«, die türkischen Nudeltäschchen mit Hackfleischfüllung, die von Feinschmeckern überall auf der Welt geschätzt werden, haben ihre Wiege in der mittelanatolischen Stadt Kayseri. Dort bereitet man sie traditionell so klein zu, daß vierzig von ihnen in einem Suppenlöffel Platz finden.

Für 6–8 Personen:
Für den Teig: 375 g Mehl · 1 Ei
Für die Füllung: 1 Zwiebel · 250 g Rinderhackfleisch · 2 Eßl. frisch gehackte Petersilie · Salz · Pfeffer · 3 Teel. Rosenpaprikapulver ·
Für die Beigaben: 4 Knoblauchzehen · Salz · 4 Becher Joghurt (je 150 g) · 3 Eßl. Butter · 1 Teel. Rosenpaprikapulver

Zubereitungszeit: 2 Stunden
Garzeit: 15 Minuten

Für den Teig das Mehl mit dem Ei und etwas Wasser mischen und sehr gut durchkneten, bis ein fester Teig entstanden ist. Den Teig halbieren, in eine Schüssel legen, mit einem Tuch oder Deckel zudecken und 30 Minuten ruhen lassen. • Für die Füllung die Zwiebel schälen und reiben und mit dem Hackfleisch, der Petersilie, Salz, Pfeffer und dem Rosenpaprikapulver gut vermischen. • Den Teig knapp 2 mm dick ausrollen und in 3 cm lange Quadrate schneiden. Auf die Teigflecken etwas Hackfleischfüllung geben, den Teig übereck zusammenklappen und die Ränder mit dem Finger gut festdrükken. • In einem großen Topf reichlich Salzwasser zum Kochen bringen und die Teigtaschen darin etwa 10–15 Minuten kochen. • Für die Beigaben den Knoblauch schälen und mit der Knoblauchpresse zermusen. In den Joghurt geben und mit etwas Salz abschmecken. • In einer Pfanne die Butter zerlassen und das Paprikapulver darin kurz durchbraten. • Dann die Nudeltäschchen in ein Sieb geben, kurz abschrecken und auf Tellern verteilen. • Oben auf die Nudeln reichlich Knoblauch-Joghurt geben und mit der Paprika-Butter beträufeln.
(M. Renan Atalay)

Tip: Man kann die rohen Teigtaschen auch in eine gebutterte Fettpfanne geben, mit 1½ l Fleischbrühe aufgießen und die Teigtaschen in 30–40 Minuten bei 180° im vorgeheizten Backofen garen.

◁ Die berühmten Nudeltäschchen mit Hackfleischfüllung (Mantı) schmecken besonders gut zusammen mit Knoblauch-Joghurt und zerlassener Paprika-Butter.

Nudelblätter mit Käsefüllung

Su Böreği

Die Zeit, die man zur Zubereitung dieser Spezialität braucht, lohnt sich; denn dieses Gericht schmeckt ganz vorzüglich. In der Türkei findet man es allerorten im Straßenverkauf angeboten. Die Verkäufer fahren ihre Ware, die sie daheim zubereitet haben, in kleinen Wagen umher. Das Gebäck hält sich in Alufolie im Kühlschrank 1–2 Wochen. Man kann es bei Bedarf aufwärmen.

Für 6–8 Personen:
Für den Teig: 6 Eier · 3–4 Eßl. Joghurt · 1 Teel. Salz · Mehl nach Bedarf (etwa 800 g)
Für die Füllung: 300 g Schafkäse · je 2 Eßl. frisch gehackte Kräuter: Petersilie und Dill · 1½ Teel. Rosenpaprikapulver · 6 Eßl. Butter · 1 Ei · 1 Tasse Milch

Zubereitungszeit: 2½ Stunden
Backzeit: 40 Minuten

Für den Teig die Eier, den Joghurt und Salz in einer Schüssel mischen. Nach und nach so viel Mehl zugeben, daß ein fester Teig entsteht. Den Teig gut kneten, in 10 Portionen teilen und in einer mit einem Tuch abgedeckten Schüssel 30 Minuten ruhen lassen. • In der Zwischenzeit für die Füllung den Käse mit einer Gabel zerkleinern, mit den Kräutern und dem Paprikapulver abschmecken und beiseite stellen. • Die Teigstücke zu 2 mm dicken Fladen ausrollen. Die erste Teigplatte soll so groß sein, daß sie die gebutterte Fettpfanne, auf die sie später gelegt wird, um etwa 10 cm überragt. Die übrigen 9 Teigfladen sollen die Fettpfanne um 5 cm überragen, damit man sie später auf Formgröße kräuseln kann. Bestreut man den Teig mit etwas Mehl, läßt er sich leichter ausrollen. • Die größere Teigplatte in eine gebutterte Fettpfanne legen. • In einem großen Topf reichlich Salzwasser zum Kochen bringen und hintereinander die 9 übrigen Teigplatten je 1 Minute darin kochen, abschrecken und auf einem Sieb abtropfen lassen. • In einem Topf die Butter zerlassen und dann abkühlen lassen. Das Ei verquirlen und mit der Butter und der Milch gut verrühren. • Den

Backofen auf 180° vorheizen. • Mit dieser Eiermilch die Teigplatte in der Fettpfanne bestreichen, darauf eine vorgekochte Teigplatte legen. Diese mit den Fingern etwas zusammendrücken, damit sie kleiner wird als die unterste. Die vorgekochte Teigplatte ebenfalls mit der Eiermilch beträufeln. 3 weitere Teigplatten auflegen, jeweils etwas zusammendrükken und mit der Eiermilch beträufeln. Auf die 5. Teigplatte dann den vorbereiteten Schafkäse verteilen. Die übrigen 5 Teigplatten darübertürmen und jeweils mit der Eiermilch bestreichen. Den überstehenden Rand der untersten Platte über die anderen klappen, damit die Füllung nicht auslaufen kann. Sollte von der Eiermilch etwas übriggeblieben sein, kann man sie obenauf verteilen. • Die Nudelplatten in den Backofen geben und in 30–40 Minuten goldbraun backen. Vor dem Servieren in Portionsstücke teilen.
(M. Renan Atalay)

Fladenbrot mit Käsefüllung

Peynirli Pide

Beliebt als Schnellimbiß ist das Fladenbrot mit Käsefüllung. Es wird häufig im Straßenverkauf angeboten.

Für den Teig: 350 g Mehl · 20 g Hefe · 2–3 Eßl. Milch · 1 Ei · Salz · 1 Teel. Zucker
Für die Füllung: 250 g Schafkäse · 2 Eßl. frisch gehackter Dill · 1½ Teel. Rosenpaprikapulver
Zum Bestreichen: 1 Eigelb

Zubereitungszeit: 1½ Stunden
Backzeit: 20–30 Minuten

Für den Teig das Mehl in eine Schüssel geben und eine Vertiefung eindrücken. In die Mulde die Hefe, die Milch, das Ei, Salz und den Zucker geben. Alles gut durchkneten. Den Teig in eigroße Portionen teilen, in eine Schüssel geben, mit einem feuchten Tuch bedecken und bei Zimmertemperatur 30 Minuten ruhen lassen. • Für die Füllung in der Zwischenzeit den Schafkäse mit einer Gabel zerkleinern und mit dem Dill und dem Paprikapulver würzen. • Die Teigportionen mit der Hand 1 cm dick zu ovalen Formen drücken. In die Mitte der Ovale etwas Käse geben und die Längsseiten rechts und links etwas zusammendrükken; in der Mitte muß eine Öffnung bleiben. Diese Teigtaschen auf ein gebuttertes Backblech setzen und 20 Minuten ruhen lassen. • Den Backofen auf 180° vorheizen. • Das Eigelb verquirlen und die Teigtaschen damit bestreichen. • Die Teigtaschen im Backofen in 20–30 Minuten goldbraun backen.
(M. Renan Atalay)

Tip: Besonders herzhaft schmeckt das Fladenbrot, wenn man es ofenfrisch mit Butter bepinselt, auf eine Platte legt und mit Alufolie abdeckt. Nach einigen Minuten ist die Butter eingezogen und das Fladenbrot servierbereit.

Türkische Pizza

Lahmacun

Die türkische Pizza ist überall im Lande beliebt. Sie wird gerne zum Frühstück oder am Nachmittag zum Tee serviert.

Für den Teig: 500 g Mehl · 1 Teel. frische Hefe · 4–6 Eßl. Milch · 2 Eier · Salz · 2 Teel. Zucker · 4 Eßl. Butter
Für den Belag: 2 Zwiebeln · 1 kleine Tomate · 2 Eßl. frisch gehackte Kräuter: Petersilie oder Dill · 2 Eßl. Butter · 1 kg Rinderhackfleisch · schwarzer Pfeffer · Rosenpaprikapulver · Salz

Zubereitungszeit: 1 Stunde
Backzeit: etwa 20–25 Minuten

Für den Teig das Mehl in eine Schüssel geben und eine Mulde eindrücken. Die Hefe, die Milch, die Eier, Salz, den Zukker und die Butter hineingeben und alles gut durchkneten. Den Teig in hühnereigroße Stücke teilen und unter einem feuchten Tuch etwa 10 Minuten ruhen lassen. • Für den Belag die Zwiebeln schälen und sehr klein schneiden. Die Tomate in kochendem Wasser kurz überbrühen und die Haut abziehen. Die Tomate kleinschneiden. Die Zwiebeln, die Tomate und die Petersilie oder den Dill mit der Butter und dem Hackfleisch mischen. Mit Pfeffer, Rosenpaprikapulver und Salz abschmecken. • Den Backofen auf 180° vorheizen. • Die Teigstücke rund und ½ cm dick ausrollen. Auf zwei gebutterte Backbleche geben. Die Fleischmischung mit einem Löffel auf die Pizze streichen, dann nochmals 5–10 Minuten gehen lassen. • Die Pizze auf der mittleren Schiene im Backofen 20–25 Minuten backen.
(Güler Zaimoğlu)

Makkaroniauflauf

Fırında Makarna

In der Türkei gibt es viele Nudelsorten – etwa so viele wie in Italien. Die »Makarna« (Makkaroni) sind vor allem bei Kindern beliebt.

Für 4–6 Personen:
500 g Makkaroni · Salz · 2 Eßl. Butter · 2 Eßl. Mehl · ½ l Milch · 2 Eier · Pfeffer · 4–5 Eßl. geriebener Kaşar-Käse (ersatzweise Greyerzer Käse/Gruyère)

Zubereitungszeit: 1 Stunde
Backzeit: 35 Minuten

Die Makkaroni in einem großen Topf mit reichlich Salzwasser 5 Minuten kochen. Dann in einem Sieb mit kaltem Wasser abschrecken und gut abtropfen lassen. • In einem anderen Topf 2 Eßlöffel Butter zerlassen. Das Mehl darin Farbe nehmen lassen und unter ständigem Rühren nach und nach mit der Milch angießen. Die Sauce etwa 10 Minuten bei schwacher Hitze köcheln lassen, so daß eine dickliche Sauce entsteht. Den Topf vom Herd nehmen und abkühlen lassen. • Den Backofen auf 180° vorheizen. • Die Eier mit Salz und Pfeffer verquirlen und in die Sauce rühren. Die Hälfte der Sauce auf den Boden einer gebutterten Auflaufform verteilen, die Nudeln darauflegen und mit einem Löffel festdrücken. Die restliche Sauce darübergießen und mit Käse bestreuen. Im Backofen 20–30 Minuten backen. • Den Makkaroniauflauf in Stücke schneiden und heiß servieren.
(M. Renan Atalay)

Hefeteilchen mit Käsefüllung

Peynirli Poğaça

Für 8–10 Personen:
Für den Teig: 20 g Hefe · knapp 2 Becher Joghurt (insgesamt 250 g) · 100 g Butter · 1 Ei · ¼ l Öl · 1 Teel. Salz · etwa 500 g Mehl
Für die Füllung: 250 g Schafkäse · je 2 Eßl. frisch gehackte Kräuter: Dill und Petersilie · Rosenpaprikapulver

Zeit zum Gehen: 30 Minuten
Zubereitungszeit: 1¼ Stunden
Backzeit: etwa 30 Minuten

Für den Teig in einer Schüssel die zerbröckelte Hefe mit dem Joghurt verrühren. Die Butter zerlassen und das Ei trennen. • Die Butter mit dem Öl, dem Salz und dem Eiweiß gut vermischen. So viel Mehl unterkneten, daß ein geschmeidiger Teig entsteht. Diesen Teig in eigroße Portionen teilen, in eine Schüssel legen, mit einem nassen Tuch zudekken und 30 Minuten gehen lassen. • Für die Füllung den Schafkäse mit einer Gabel zerkleinern und mit den Kräutern und Paprikapulver mischen. • Den Backofen auf 180° vorheizen. • Aus den Teigportionen mit den Handflächen etwa 1 cm dicke runde Plätzchen formen. In die Mitte etwas von dem gewürzten Schafkäse füllen und den Teig zusammenklappen. Die Ränder mit dem Finger gut aufeinanderdrücken. Auf ein bis zwei gefettete Backbleche legen und mit dem verquirlten Ei bepinseln. • Im Backofen in 20–30 Minuten goldbraun backen.
(M. Renan Atalay)

Variante: Hefeteilchen mit Hackfleischfüllung
(Kıymalı Poğaça)
Man kann dieses Hefegebäck auch mit Hackfleisch füllen. Dazu werden 250 g Hackfleisch mit einer geschälten, geriebenen Zwiebel in etwas Butter angebraten und anschließend mit gehackter Petersilie, Salz, Pfeffer und Paprikapulver gewürzt.
(M. Renan Atalay)

Hausgemachte Nudeln

Erişte

Hausgemachte Nudeln kann man 5–6 Monate an einem trockenen Ort in einem Beutel oder einer Dose aufbewahren. Die Mengen sind in diesem Rezept deswegen für 8–10 Personen berechnet. Die Nudeln werden wie üblich gekocht und mit zerlassener Butter übergossen. In der Türkei reicht man auch gerne Knoblauch-Joghurt dazu. Man kann sie aber auch mit Hackfleisch-, Tomaten- oder Käsesauce servieren.

1 kg Mehl · 5 Eier · Salz · ⅛ l Wasser oder Milch

Zeit zum Trocknen: 3–4 Stunden
Zubereitungszeit: 1½ Stunden

Das Mehl aufs Backbrett geben und in die Mitte eine Mulde drücken. Die Eier, das Salz und die Flüssigkeit in die Mulde geben und alles mit dem Mehl nach und nach zu einem festen Teig verarbeiten; beim Schneiden darf er keine Luftlöcher aufweisen. Den Teig dann in 4 gleiche Teile teilen und unter einem feuchten Tuch 15–20 Minuten ruhen lassen. • Dann alle Teile rund ausrollen; sie sollen jeweils 2–3 mm dick sein. Auf dem mit Mehl bestreuten Backblech läßt man den ausgerollten Teig etwa 3–5 Minuten trocknen. • Dann schneidet man alle Stücke in der Mitte durch und teilt die 8 Hälften nochmals, so daß 16 Viertel entstehen, die leicht mit Mehl bestreut und zu zwei Stapeln aufeinandergelegt werden. Nun werden davon 2–3 Finger breite Streifen geschnitten, die ihrerseits wiederum in 3–4 mm breite Streifen geschnitten werden. Die Nudeln auf einem sauberen Tuch ausbreiten und 3–4 Stunden trocknen lassen.
(Türkan Dikkaya)

Gefüllte Teigröllchen

Sigara Böreği

Für die Teigröllchen benötigt man spezielle Teigblätter, die in der Türkei »Yufka« genannt werden. Es handelt sich um eine Art Nudelteig, der aus Wasser, Salz und Mehl hergestellt wird. Durch kurzes Antrocknen im Backofen erhält er seine blättrige Beschaffenheit. Im türkischen Spezialgeschäft bekommt man diese Teigblätter fertig zu kaufen.

Für 4–6 Personen:
2 Zwiebeln · 1 Eßl. Butter · 250 g Rinderhackfleisch · 2 Eßl. frisch gehackte Petersilie · Salz · Pfeffer · 1 Teel. Rosenpaprikapulver · 2 Yufka (Teigblätter; aus dem türkischen Spezialgeschäft) · reichlich Öl zum Braten

Zubereitungszeit: 1 Stunde
Bratzeit: je Teigröllchen 2 Minuten

Für die Füllung die Zwiebeln schälen und reiben. • Die Butter in einer Pfanne zerlassen und die Zwiebeln darin andünsten. Das Hackfleisch zugeben und 5 Minuten durchschmoren lassen. Die Petersilie unterrühren und mit Salz, Pfeffer und dem Paprikapulver abschmekken. Dann abkühlen lassen. • Den Teig auf einer Arbeitsfläche auseinanderklappen, zuerst in Viertel schneiden und diese nochmals mit zwei diagonalen Schnitten in 4 Dreiecke zerteilen. Jeweils auf die Seite, die der Spitze der Dreiecke gegenüberliegt, etwas Hackfleischfüllung verteilen und den Teig von dieser Seite aus zur Spitze hin wie eine Zigarre aufrollen. Die Spitze kurz in kaltes Wasser tauchen, damit sich das Röllchen nicht öffnet. • In einer Pfanne reichlich Öl erhitzen und die Teigröllchen von allen Seiten darin goldbraun braten. Auf Küchenkrepp abtropfen lassen und servieren.
(M. Renan Atalay)

Variante: Teigröllchen mit Schafkäse
(Peynirli Sigara Böreği)
Statt des Hackfleisches kann man die gleiche Menge zerdrückten Schafkäse verwenden und ihn mit Paprikapulver, frisch gehackter Petersilie und frisch gehacktem Dill würzen.
(M. Renan Atalay)

Gefüllte Teigtaschen

Talaş Kebabı

Raffiniert gewürzt wird das Lamm- oder Kalbfleisch für dieses türkische Nationalgericht. Die Zubereitung des Teiges erfordert einige Routine, doch kann man bei uns auf den tiefgefrorenen Blätterteig ausweichen.

Für den Teig: 300 g Mehl · 1 Ei · Saft von ½ Zitrone · Salz · 250 g Butter
Für das Fleisch: 300 g Lamm- oder Kalbfleisch (Gulaschqualität) · 3 Zwiebeln · 1 Möhre · 2 Eßl. Butter · Salz · Pfeffer · 1 Teel. Rosenpaprikapulver · 1 Teel. Kreuzkümmel · 2 Eßl. frische grüne Erbsen · 2 Eßl. frisch gehackte Petersilie

Zubereitungszeit: 2 Stunden
Garzeit: 45–50 Minuten

Für den Teig das Mehl auf ein Holzbrett geben und in die Mitte eine Mulde drükken. • Das Eigelb vom Eiweiß trennen. Das Eiweiß mit ⅛ l Wasser, dem Zitronensaft und Salz in die Vertiefung geben. Dann alles rasch miteinander verkneten. Den Teig 10 Minuten unter einem nassen Tuch ruhen lassen. • Die Butter in einer Pfanne zerlassen. • Den Teig dünn ausrollen und mit der Butter begießen. Den Teig von allen Seiten zusammenschlagen, ausrollen und wieder zusammenschlagen. Diesen Vorgang dreimal wiederholen und den Teig nochmals 10 Minuten im Kühlschrank ruhen lassen. • In der Zwischenzeit das Fleisch in haselnußgroße Stücke schneiden. Die Zwiebeln schälen und in sehr kleine Würfel schneiden. Die Möhre waschen, schaben und in kleine Würfel schneiden. • 2 Eßlöffel Butter in einem Topf zerlassen und das Fleisch darin anbraten. Die Zwiebeln zufügen und Salz, Pfeffer, das Paprikapulver und den Kreuzkümmel zugeben. Die Möhre und die Erbsen zufügen und mit ⅛ l Wasser angießen. Nach 15 Minuten Kochzeit die Petersilie zugeben und alles zusammen in etwa 20 Minuten garen. • Den Backofen auf 180° vorheizen. • Den Teig aus dem Kühlschrank nehmen, in 4 Portionen teilen und diese dünn ausrollen. In die Mitte des Teiges jeweils ¼ des Fleisches geben und den Teig darüber zusammenschlagen. Die Ränder mit den Fingern zusammendrücken. Die Teigtaschen auf eine gebutterte Fettpfanne legen, mit dem Eigelb bepinseln und im Backofen 25 Minuten backen.
(Nuran Ayyıldız)

Halbmonde mit Käsefüllung

Puf Böreği

Die Halbmonde gehen beim Backen hoch wie etwa die deutschen Windbeutel. Man gibt sie auf die »Rakı«-Tafel, serviert sie aber auch zum Frühstück oder Nachmittagstee. Gerne – vor allem im Sommer – reicht man auch das Joghurt-Getränk »Ayran« dazu.

Für 4–6 Personen:
Für den Teig: 300 g Mehl · 1 Ei · 1 Eßl. Joghurt · 1 Teel. Salz · 2 Eßl. Butter
Für die Füllung: 250 g Schafkäse · je 2 Eßl. frisch gehackte Kräuter: Petersilie und Dill · 1 Teel. Rosenpaprikapulver
Zum Braten: etwa ¼ l Öl

Zubereitungszeit: 1½ Stunden

Für den Teig das Mehl in eine Schüssel geben und in die Mitte eine Vertiefung drücken. In die Mulde das Ei, den Joghurt und das Salz geben. Alles vermischen und gut durchkneten. Dann den Teig in 10 oder 15 Portionen teilen, in eine Schüssel geben, mit einem nassen Tuch bedecken und 30 Minuten ruhen lassen. • Die Teigportionen zu runden, etwa 2–3 mm dicken Platten von 10 cm Durchmesser ausrollen. • Die Butter zerlassen und mit dem Schneebesen leicht cremig schlagen. Dann werden je 5 Teigplatten übereinandergelegt, wobei die unteren 4 mit Butter bepinselt werden. Die oberste Teigschicht wird nicht mit Butter bestrichen. Diese Teigplattentürme werden jetzt zu jeweils 2–3 mm dikken runden Platten ausgerollt. • Für die Füllung den Schafkäse mit der Gabel zerkleinern, mit den gehackten Kräutern und dem Paprikapulver würzen. • Den Käse dann auf die Teigplatten etwa 10 cm vom Rand entfernt in Abständen von 10 cm in kleinen Häufchen auf den Teig setzen. Den Teigrand jeweils halbmondförmig über den Käse schlagen. Mit einem Teigschneider an der sichelförmigen Seite die Teigränder abschneiden oder mit einer umgekehrten Untertasse abstechen. Den übriggebliebenen Teig wieder ausrollen, mit Käse belegen, ausstechen und so fortfahren, bis der gesamte Teig verbraucht ist. • Das Öl in einer Pfanne erhitzen und die Halbmonde von beiden Seiten in jeweils 1 Minute goldbraun braten. Auf Küchenkrepp abtropfen lassen.
(M. Renan Atalay)

Tip: Man kann den Schafkäse für die Teigfüllung auch durch die gleiche Menge Hackfleisch ersetzen. Statt Dill werden dann 1 geschälte, geriebene Zwiebel, 2 Eßlöffel frisch gehackte Petersilie, Salz, Pfeffer und Paprikapulver nach Geschmack verwendet.

Teigblätter mit Spinatfüllung

Ispanaklı Börek

Für 6–8 Personen:
Für den Spinat: 500 g frischer Blattspinat · 2 Zwiebeln · 2–3 Eßl. Butter · Salz · Pfeffer · 2 Teel. Rosenpaprikapulver
Für die Joghurt-Sauce: 125 g Butter · 3 Eier · ¼ l Milch · 1 Becher Joghurt (150 g) 6 Yufka (Teigblätter; aus dem türkischen Spezialgeschäft)

Zubereitungszeit: 1 Stunde
Backzeit: etwa 25–30 Minuten

Das köstlich schmeckende türkische Nationalgericht »Gefüllte Teigtaschen« (Talaş Kebabı) läßt sich sehr gut mit tiefgekühltem Blätterteig zubereiten. ▷

Den Spinat gründlich waschen und kleinhacken. Die Zwiebeln schälen und reiben. • Die Butter in einem Topf zerlassen und die Zwiebeln darin glasig andünsten. Den Spinat zugeben und mit Salz, Pfeffer und dem Paprikapulver würzen. Den Spinat so lange dünsten lassen, bis das Wasser verdampft ist; das dauert etwa 15 Minuten. Den Spinat vom Herd nehmen und erkalten lassen. • Für die Joghurt-Sauce in einem anderen Topf die Butter zerlassen und abkühlen lassen. Die Eier verquirlen. Die Milch, den Joghurt und die Eier zu der Butter geben und mit einem Schneebesen gut verrühren. • Den Backofen auf 180° vorheizen. • In eine gebutterte Fettpfanne ein Teigblatt legen und mit den Fingern kräuseln. Darauf etwas von der Joghurt-Sauce verteilen. Die nächsten beiden Teigblätter ebenfalls kräuseln, auf die Teigplatte in der Fettpfanne legen und dabei jeweils mit etwas Joghurt-Sauce beträufeln. Die dritte Platte wird zusätzlich mit dem Spinat belegt. Die übrigen Platten obenauf legen; dabei jeweils kräuseln und mit Joghurt-Sauce beträufeln. Die oberste Platte wird mit der restlichen Joghurt-Sauce begossen. • Die Teigblätter in den Backofen schieben und in 25–35 Minuten goldgelb backen, dann aus dem Backofen nehmen und, damit sich keine harte Kruste bildet, mit einem feuchten Tuch bedeckt 5–10 Minuten ruhen lassen. Anschließend mit einem scharfen Messer in Stücke schneiden und servieren.
(M. Renan Atalay)

Variante: Teigblätter mit Hackfleischfüllung
(Kıymalı Börek)
Man kann die Teigblätter auch mit Hackfleisch füllen. Statt des Spinats verwendet man 300 g Rinderhackfleisch, das mit 2 geschälten und geriebenen Zwiebeln angebraten und mit Salz, Pfeffer, Paprikapulver und gehackter Petersilie gewürzt wird.
(M. Renan Atalay)

Variante: Teigblätter mit Käsefüllung
(Peynirli Börek)
Die Teigblätter schmecken sehr delikat mit einer Käsefüllung: Dazu zerdrückt man 300 g Schafkäse mit einer Gabel und vermischt ihn mit gehacktem Dill und Paprikapulver.
(M. Renan Atalay)

Nudeln mit Hackfleisch und Joghurt

Makarna Mantısı

Salz · 400 g kleine Schmetterlingsnudeln ·
3 mittelgroße Zwiebeln ·
6 Knoblauchzehen ·
250 g Joghurt · 6 Eßl. Butter ·
250 g Rinderhackfleisch · Pfeffer ·
½ Teel. Paprikapulver

Zubereitungszeit: 40 Minuten
Garzeit: etwa 30 Minuten

In einem großen Topf 2 l Wasser zum Kochen bringen, kräftig salzen und die Nudeln darin unter gelegentlichem Rühren 12–15 Minuten garen lassen. • In der Zwischenzeit die Zwiebeln schälen und reiben. Die Knoblauchzehen schälen und zerdrücken. • Den Knoblauch mit 1 Teelöffel Salz in den Joghurt geben und gut verrühren. • In einer Pfanne 3 Eßlöffel Butter zerlassen, die Zwiebeln, das Hackfleisch, Salz und Pfeffer zufügen und alles 7 Minuten braten. • In einer anderen Pfanne die restliche Butter zerlassen und mit dem Paprikapulver vermischen. • Die Nudeln abgießen. Beim Servieren die Nudeln auf die Teller geben, etwas von der Fleischmischung darauf verteilen und den Joghurt, der mit der Paprika-Butter beträufelt wird, darübergeben.
(Meryem Fleischer)

Käse-Makkaroni

Peynirli Makarna

Salz · 1 Eßl. Öl · 400 g Makkaroni ·
150 g weißer türkischer Schafkäse ·
je 2 Eßl. frisch gehackte Kräuter: Dill und Petersilie · Paprikapulver · 4 Eßl. Butter

Zubereitungszeit: 30 Minuten
Garzeit: etwa 25 Minuten

In einem großen Topf 3 l Wasser zum Kochen bringen, kräftig salzen und mit dem Öl versetzen. Die Makkaroni einige Male brechen und in dem Wasser 12–15 Minuten garen. • In der Zwischenzeit den Käse mit einer Gabel zerdrücken. Die Kräuter mit Salz und Paprikapulver unter den Käse mischen. • Die Makkaroni abgießen. • In einem Topf die Butter zerlassen und die Makkaroni hineingeben, gut umrühren und 1–2 Minuten ziehen lassen. • Die Nudeln auf Teller verteilen und jeweils etwas von der Käsemischung darüber verteilen.
(M. Renan Atalay)

Tip: Statt Schafkäse kann man auch geriebenen Kaşar-Käse oder Greyerzer nehmen – dann allerdings auf die Kräuter verzichten.

Tomaten-Makkaroni

Domatesli Makarna

Salz · 1 Eßl. Öl · 400 g Makkaroni ·
3–4 Tomaten · 4 Knoblauchzehen ·
4 Eßl. Butter · Paprikapulver

Zubereitungszeit: 40 Minuten
Garzeit: 20 Minuten

In einem großen Topf etwa 3 l Wasser zum Kochen bringen, kräftig salzen und mit dem Öl versetzen. Die Makkaroni mehrere Male zerbrechen und in dem Wasser 12–15 Minuten kochen. • In der Zwischenzeit die Tomaten waschen, kreuzweise einritzen und mit kochendem Wasser überbrühen. Die Haut abziehen und die Stielansätze entfernen. Die Tomaten kleinschneiden. Die Knoblauchzehen schälen und sehr fein hakken. • In einer Pfanne die Butter zerlassen. Den Knoblauch und die Tomaten zufügen und mit Salz und Paprikapulver würzen. Das Ganze garen, bis die Tomaten zermust sind. Das dauert etwa 10 Minuten. • Die Makkaroni abgießen und zum Tomatenpüree in den Topf geben. Gut durchmischen, 1–2 Minuten ziehen lassen und auftragen.
(M. Renan Atalay)

Eier mit Sucuk

Sucuklu Yumurta

8 Eier · 250 g Sucuk (türkische Hartwurst aus dem türkischen Spezialgeschäft) · Salz · Paprikapulver · 3 Eßl. Butter

Zubereitungszeit: 20 Minuten
Garzeit: 10 Minuten

Die Hartwurst häuten und in ½ cm dicke Scheiben schneiden. Die Butter in einer großen Pfanne zerlassen und die Wurstscheiben darin von beiden Seiten anbraten. 3 Eßlöffel Wasser zufügen und die Wurst 2 Minuten kochen lassen, bis das Wasser verdampft ist. • Die Eier über die Wurst schlagen und mit Salz und Paprikapulver bestreuen. Die Pfanne mit einem Deckel verschließen und die Eier stocken lassen. Das dauert etwa 3–4 Minuten.
(M. Renan Atalay)

Tip: Anstelle von Sucuk kann man auch Pastırma (ein Trockenfleisch, das man im türkischen Spezialgeschäft kaufen kann) verwenden. In diesem Fall läßt man zunächst 1 gehackte Zwiebel in der Butter glasig werden, bevor man das Fleisch darin anbrät. Statt Wasser gießt man mit ¼ l Brühe auf und läßt das Fleisch darin 5–6 Minuten kochen. Dann fortfahren wie im Rezept beschrieben.

Gefüllte Eier

Yumurta Dolması

10 Eier · ½ Bund Petersilie · 50 g weißer türkischer Schafkäse · Paprikapulver · Olivenöl zum Braten

Zubereitungszeit: 30 Minuten
Garzeit: 15 Minuten

8 Eier in 10 Minuten hartkochen, schälen und der Länge nach durchschneiden; die Eigelbe beiseite stellen. • Die Petersilie waschen, trockenschwenken und sehr fein hacken. • Den Käse mit einer Gabel zerdrücken, Paprikapulver, die Petersilie und die Eigelbe untermischen und diese Füllung in die Eiweißhälften geben. • Das Öl in einer Pfanne erhitzen. • Inzwischen die restlichen Eier verquirlen. Die gefüllten Eier hineintauchen und im Öl von beiden Seiten jeweils 3 Minuten braun braten. Auf Küchenkrepp abtropfen lassen und anrichten.
(M. Renan Atalay)

Tip: Die Eier können auch ungebraten serviert werden.

Omelette mit Schafkäse

Beyaz Peynirli Omlet

250 g weißer türkischer Schafkäse · je 2 Eßl. frisch gehackte Kräuter: Petersilie und Dill · 2 Teel. Salz · 2 Teel. Paprikapulver · 3 Eßl. Butter · 8 Eier

Zubereitungszeit: 15 Minuten
Garzeit: etwa 7 Minuten

Den weißen Schafkäse in einer Schüssel mit einer Gabel zerdrücken. Die Petersilie, den Dill, das Salz und das Paprikapulver unterrühren. • Die Butter in einer großen Pfanne erhitzen. • Die Eier in eine Schüssel schlagen und das Käsegemisch damit verrühren. Das Ganze in die heiße Pfanne geben und zugedeckt von beiden Seiten je 3 Minuten braten. • In 4 Teile schneiden und servieren.
(M. Renan Atalay)

Tip: Statt weißem Schafkäse kann man auch geriebenen Kaşar-Käse verwenden; dann aber Dill und Petersilie weglassen.

Hackfleisch-Eier-Pfanne

Kıymalı Yumurta

1 große Zwiebel · 1 große Tomate · 1 grüne Peperone/Spitzpaprika · 3 Eßl. Butter · 200 g Rinderhackfleisch · Salz · 8 Eier · Pfeffer

Zubereitungszeit: 25 Minuten
Garzeit: 17 Minuten

Die Zwiebel schälen und hacken. Die Tomate kreuzweise einritzen und mit kochendem Wasser überbrühen; die Haut abziehen und den Stielansatz entfernen. Die Tomate kleinschneiden. Die Peperone waschen und in dünne Ringe schneiden. • Die Butter in einem kleinen Topf erhitzen und die Zwiebel darin glasig werden lassen. Das Hackfleisch zufügen, salzen und etwa 7 Minuten anbraten. Die Tomate und die Peperone 3 weitere Minuten mitgaren. • Das Hackfleischgemisch in einen großen Topf geben und für die Eier mit einem Löffel Vertiefungen eindrücken. Dann die Eier darüberschlagen. Mit Salz und Pfeffer bestreuen. Die Eier im geschlossenen Topf 3–4 Minuten stocken lassen.
(Hannelore Aypar)

Gemüsepfanne mit Eiern

Sebzeli Yumurta

Diese herzhafte Gemüsepfanne mit Lauch, Paprikaschoten, Champignons, Tomaten und Zwiebeln entstammt der bäuerlichen Küche aus dem ägäischen Raum.

2 Stangen Lauch/Porree · 2 Zwiebeln · 500 g Paprikaschoten · 500 g Champignons · 3 Tomaten · 3 Eßl. Butter · Salz · Pfeffer · 1 Teel. Rosenpaprikapulver · 1 Teel. Knoblauchsalz · 4 Eier

Zubereitungszeit: 40 Minuten
Garzeit: 15 Minuten

Den Lauch der Länge nach halbieren und unter fließendem Wasser gründlich waschen. Nur das Weiße benutzen und kleinschneiden. Die Zwiebeln schälen und kleinschneiden. Die Paprikaschoten waschen, halbieren, von Kernen und Rippen befreien und kleinschneiden. Die Champignons waschen, putzen und halbieren. Die Tomaten kreuzweise einschneiden und in kochendem Wasser kurz überbrühen. Die Haut abziehen und die Stengelansätze entfernen. Die Tomaten kleinschneiden. • In einer Pfanne die Butter erhitzen. Die Zwiebeln, den Lauch, die Paprikaschoten, die

Champignons und die Tomaten in die Pfanne geben und etwa 10 Minuten dünsten. Mit Salz, Pfeffer, dem Paprikapulver und dem Knoblauchsalz würzen. Die Eier nacheinander rasch in die Pfanne schlagen und bei geschlossenem Deckel in etwa 5 Minuten zu Spiegeleiern stokken lassen.
(Cemile Yaman)

Eier in Tomaten

Fırında Domatesli Yumurta

Dieses einfach zu bereitende Eigericht erfreut das Auge und schmeckt gut und frisch.

4 große Tomaten · 4 Eßl. Butter · 4 Eier · Salz · Pfeffer · 1 Teel. Rosenpaprikapulver

Zubereitungszeit: 40 Minuten
Garzeit: 20 Minuten

Den Backofen auf 150° vorheizen. • Die Tomaten waschen. An den Stengelansätzen die Deckel abschneiden und aufbewahren. Die Tomaten mit einem Teelöffel sorgfältig aushöhlen. In jede Tomate 1 Eßlöffel Butter geben. Dann in jede Tomate 1 rohes Ei füllen. Mit Salz, Pfeffer und dem Paprikapulver bestreuen. • Die Tomaten mit den vorher abgeschnittenen Deckeln verschließen und vorsichtig in eine gebutterte Auflaufform setzen. Im Backofen etwa 20 Minuten (nach Möglichkeit nur bei Unterhitze) backen.
(Mustafa Sürücü)

Tip: Zu dieser beliebten türkischen Eierspeise paßt Brot am besten. Je nach Geschmack können die Tomaten nach dem Backen mit gehackter Petersilie oder gehacktem Basilikum bestreut werden.

◁ Es gibt vielerlei Arten, Rührei zu servieren. Türkisches Rührei mit Gemüse (Menemen) schmeckt frisch und würzig. Fladenbrot paßt gut dazu.

Rührei mit Gemüse

Menemen

»Menemen«, Rührei mit Gemüse, ist in der ganzen Türkei beliebt. Vor allem im Sommer wird diese pikante Speise gerne gegessen.

1 Zwiebel · 4 Tomaten · 4 grüne scharfe Peperoni · 5 Eßl. Butter · 8 Eier · Salz · Pfeffer · 1 Teel. Rosenpaprikapulver

Zubereitungszeit: 20 Minuten
Garzeit: etwa 10 Minuten

Die Zwiebel schälen und kleinschneiden. Die Tomaten waschen, kreuzweise einritzen und in kochendem Wasser kurz überbrühen. Die Haut abziehen und die Stielansätze entfernen. Die Tomaten kleinschneiden. Die Peperoni waschen und in Ringe schneiden. • In einem Topf die Butter erhitzen und die Zwiebel darin anbraten. Die Peperoni und die Tomaten zufügen und alles 2–3 Minuten dünsten. • Die Eier verquirlen, mit Salz, Pfeffer und dem Paprikapulver würzen und auf das Gemüse geben. Einmal umrühren und die Eier-Gemüse-Masse bei geschlossenem Topf 5 Minuten stocken lassen.
(Mehmet Şahin)

Pochierte Eier auf Knoblauch-Joghurt

Çılbır

Leicht, frisch, gesund und exquisit zugleich ist diese Eierspeise, die in Istanbul ebenso geschätzt wird wie in Ankara und in der Westtürkei.

½ Tasse Essig · Salz · 4–5 Knoblauchzehen · 3 Becher Joghurt (je 150 g) · 8 Eier · 3 Eßl. Butter · 2 Teel. Rosenpaprikapulver

Zubereitungszeit: 25 Minuten
Garzeit: Etwa 10–15 Minuten

In einem großen Topf reichlich Wasser zum Kochen bringen und mit dem Essig und Salz würzen. In der Zwischenzeit die Knoblauchzehen schälen und mit Salz zerdrücken. Das Knoblauchsalz mit dem Joghurt vermischen. Den Knoblauch-Joghurt auf eine ausreichend große Servierplatte geben. • Die Eier aufschlagen und nacheinander mit einer Schöpfkelle vorsichtig ins kochende Essigwasser gleiten lassen. So lange pochieren, bis das Eiweiß hart ist. Die Eier dann mit einem Schaumlöffel aus dem Wasser nehmen und auf die Servierplatte mit dem Joghurt legen. • Die Butter in einer Pfanne zerlassen und das Paprikapulver darin etwa 2 Minuten unter Rühren braten. • Die Paprika-Butter über die Eier und den Joghurt gießen.
(Ayla Pehlivan)

Süßspeisen und Gebäck

Süßspeisen und Gebäck

Die für die türkische Küche typische Freude an der Vielfalt kommt auch beim letzten Gang, dem Nachtisch, zum Tragen. Für jeden Geschmack ist hier etwas dabei. Berühmt sind die besonders süßen Gebäckstücke: Käseplätzchen, Joghurt-Kuchen, Spritzkuchen, gebackene Teigschnitten, Mandelkuchen, Mandelgebäck, Nuß-Honig-Schnitten oder Nachtigallennester werden süß zubereitet und zusätzlich noch mit Zuckersirup übergossen. Leckermäuler, die nicht auf ihre schlanke Linie achten müssen, können hier sorglos zugreifen. Aber auch für diejenigen, die kalorienbewußt auswählen, gibt es einen passenden Nachtisch: Hier eignen sich Reismehl-, Trauben- und Mandelpudding, Orangengelee, Reismehlhelwa, Käse- und Grießhelwa oder auch Apfelrollen, Äpfel im Turban und Plätzchen in der Pfanne. Für die ganze Familie empfehlen sich natürlich die verschiedenen Obstkuchen und – je nach Jahreszeit – Eistorten oder Käsekuchen.
Aber auch die Liebhaber von frischem Obst kommen auf ihre Kosten: Zucker- oder Wassermelonen, Feigen, Pfirsiche, Birnen und Äpfel werden gerne aufgetragen. In der heißen Jahreszeit schneidet man das Obst in mundgerechte Stükke, legt es auf eine große Platte und garniert es mit viel Eiswürfeln. So aufgetragen ist es eine köstliche Erfrischung. Nachtisch und Vorspeise werden übrigens in der Türkei in der Sommerzeit auch gerne als leichtes, aber wohlschmeckendes Frühstück serviert. Dazu gehören schwarzer Tee mit Zitrone, warm getrunken, ein Stück Schafkäse und ein großes Stück Zucker- oder Wassermelone. Weder Brot noch Butter noch Wurst werden dazu gereicht. Der Vorteil: Man ist gesättigt, der Magen ist nicht überfüllt, und man kann getrost zum Schwimmen gehen, ohne Angst haben zu müssen, daß einem dieses bekömmliche Frühstück einen Strich durch einen sonnigen Urlaubstag macht.

◁ Ein Nachtisch, der zu einem kleinen Gästeessen paßt, sind Äpfel mit Turban (Türbanlı Elma). Unter der Haube verbirgt sich eine feine Füllung.

Nachtisch – ob Pudding, Kleingebäck, Kuchen oder süße Leckerei – wird in der Türkei auch gern daheim zum Teetreff serviert. Es ist dies eine feste Einrichtung wie bei uns in den guten alten Zeiten das Kaffeekränzchen. Man trifft sich reihum am Nachmittag mit Freundinnen und Kindern zum geselligen Beisammensein.
Die Zubereitung der süßen Speisen ist meist sehr zeitaufwendig. Da sich aber vieles auch ein paar Tage aufheben läßt, werden meist größere Mengen vorbereitet. Sonst würde sich auch die Mühe nicht lohnen. Vor allem bei den Speisen, die in Zuckersirup getränkt werden, kann man sich nicht auf kleine Portionen beschränken. Der zum Tränken benötigte Zuckersirup wird übrigens nicht gänzlich mitgegessen. Überschüssiges wird weggeworfen.
(Hubert Knich)

Äpfel mit Turban

Türbanlı Elma

Die Äpfel mit Turban zu servieren, ist im Hause Atalay beliebt. Dieses Rezept wird traditionell von der Mutter an die Tochter weitergereicht.

4 mittelgroße süße Äpfel · 150 g Zucker · 150 g gehackte Haselnüsse · 1 Eßl. Sultaninen · 1 Teel. Zimt · 1 Teel. Pimentpulver · 2 Teel. Vanillinzucker · 2 Eiweiße

Zubereitungszeit: 1¼ Stunden
Garzeit: 45 Minuten

Die Äpfel waschen, schälen und das Kerngehäuse mit einem Apfelausstecher entfernen. • Den Backofen auf 180° vorheizen. • Die Äpfel in einem Topf mit dem Zucker und 1 Tasse Wasser 20 Minuten kochen lassen. Dann mit einer Schaumkelle aus dem Sirup nehmen und den Sirup aufheben. • Die Haselnüsse, die Sultaninen, den Zimt, das Pimentpulver und den Vanillinzucker mischen und in die Äpfel füllen. Die Äpfel in eine gebutterte Auflaufform setzen. • Die Eiweiße zu steifem Schnee schlagen und unter Rühren den Sirup zufügen, so daß eine Creme entsteht. • Diese Creme in einen Spritzbeutel füllen und auf den Äpfeln in Form von einem Turban verteilen. Man kann den Turban auch mit einem Löffel aufsetzen. • Die Äpfel im Backofen 20–25 Minuten leicht braun werden lassen.
(M. Renan Atalay)

Süßes Allerlei

Aşure

Bevor Noah mit seiner Arche nach der Sintflut auf dem Berge Ararat, dem höchsten Berg in der Türkei, landete, so erzählt man sich, ließ er alle Lebensmittel zusammentragen und aus den Resten etwas kochen. In Erinnerung daran wird jedes Jahr in der Türkei in einem bestimmten Monat »Aşure« gekocht. Dieses süße Naschwerk muß aus mindestens sieben verschiedenen Zutaten bestehen und wird an mindestens sieben Freunde verteilt. »Aşure« findet auch bei Nicht-Türken großen Anklang.

Für 6–8 Personen: 100 g weiße Bohnen · 100 g Kichererbsen · 125 g weißer Weizen (aus dem Reformhaus) · 2–3 Orangen · 5–6 getrocknete Feigen · 100 g getrocknete Aprikosen · 100 g getrocknete Pflaumen · 2 Eßl. Stärkemehl · 500 g Zucker · 1 Eßl. Rosenwasser · 150 g gehackte Walnüsse

Einweichzeit: 12 Stunden
Zubereitungszeit: 1½ Stunden
Garzeit: 40 Minuten

Die weißen Bohnen, die Kichererbsen und den Weizen am Vortag getrennt in kaltem Wasser einweichen. • Am Tag der Zubereitung die Orangen schälen und in Stücke schneiden. Die Feigen und die Aprikosen in Stücke schneiden. Die Pflaumen entkernen und ebenfalls in Stücke schneiden. • Die Kichererbsen und die weißen Bohnen sowie den Weizen in reichlich Wasser 20 Minuten kochen lassen und dann abgießen. • Die Kichererbsen, die Bohnen und den Weizen zusammen mit den Orangen, den Feigen, den Aprikosen und den Pflaumen in einen großen Topf geben. • Das

Stärkemehl mit 1 Tasse Wasser verrühren. • 1 l Wasser und 500 g Zucker zu dem Gemüse und den Früchten in den Topf geben, das verrührte Stärkemehl zufügen und alles 15–20 Minuten kochen lassen. Mit dem Rosenwasser parfümieren. • Das süße Allerlei in Dessertschalen füllen, mit den Walnüssen verzieren und heiß oder kalt servieren.
(Abdullah Yavuz)

Tip: Besonders schön wird das »Aşure«, wenn man zusammen mit den Walnüssen noch Granatapfelkerne darüberstreut. Auch kann man mit den getrockneten Früchten noch 100 g Sultaninen zufügen.

Reismehlpudding

Muhallebi

Aus Reismehl lassen sich wunderschöne Nachtische bereiten. Wegen seiner leichten Bekömmlichkeit wird Reismehl auch als Säuglings- und Kindernahrung verwendet. Im Familien-»Pastane«, einem türkischen Café für die ganze Familie, werden zu Getränken und Kaffee neben Eis und Gebäck auch gerne süße Reismehlspeisen angeboten. Sie schmecken auch Westeuropäern gut.

Für 6–8 Personen:
50 g Reismehl · 1 Eigelb · ½ l Milch · 100 g Zucker

Zubereitungszeit: 45 Minuten
Garzeit: 15–20 Minuten

Das Reismehl in ⅛ l Wasser anrühren und zusammen mit dem Eigelb verquirlen. • In der Zwischenzeit die Milch mit dem Zucker zum Kochen bringen. Wenn die Milch kocht, die Hitze reduzieren und das angerührte Reismehl unter ständigem Rühren langsam in die Milch geben. Das Ganze leise kochen lassen, bis ein dicklicher Brei entsteht. Das dauert etwa 4 Minuten. • Wenn der Pudding etwas abgekühlt ist, in Dessertschälchen anrichten und kalt servieren.
(Mustafa Gürgün)

Reismehlpudding mit Zwieback

Etimekli Muhallebi

Für 6–8 Personen:
1 Paket Zwieback · 1 l Milch · 200 g Zucker · 1 Eßl. Mais- oder Reismehl · 1 Eigelb · 50 g Butter · 100 g gehackte Haselnüsse

Zubereitungszeit: 45 Minuten
Garzeit: 15–20 Minuten

Den Boden einer Schüssel mit einer Lage Zwieback bedecken. • ½ l Milch mit 100 g Zucker einmal aufkochen lassen und über den Zwieback gießen. • In einem anderen Topf die restliche Milch, den restlichen Zucker, das Mais- oder Reismehl, das Eigelb und die Butter unter Rühren etwa 7 Minuten lang kochen, bis ein dicklicher Teig entsteht. • Den Pudding auf dem Zwieback verteilen. • Wenn der Pudding abgekühlt ist, wird er mit gehackten Haselnüssen bestreut und in Portionen geschnitten.
(Şule Demiral)

Reismehlpudding mit Kokosraspel

Hindistan Cevizli Muhallebi

1–2 Eßl. Reismehl · 1–2 Eßl. Stärkemehl · ½ l Milch · 100 g Zucker · 1 Prise Salz · 100 g Kokosraspel

Zubereitungszeit: 45 Minuten
Garzeit: 15–20 Minuten

Das Reis- und das Stärkemehl in wenig Wasser anrühren. • Die Milch mit dem Zucker, dem Salz und den Kokosraspeln unter Rühren zum Kochen bringen. Dann das Reis- und Stärkemehl langsam in die Milch geben und 2–3 Minuten gut rühren, bis ein Brei entsteht. • Den Pudding etwas abkühlen lassen und in Dessertschälchen servieren.
(Durmuş Uzluk)

Traubenpudding

Üzüm Muhallebisi (Pepeci)

1 kg frische Weintrauben · 200 g Stärkemehl · 500 g Zucker

Zubereitungszeit: 1¼ Stunden
Garzeit: 25 Minuten

Die Trauben von den Stielen zupfen, gut waschen und mit 1 Tasse Wasser 15 Minuten kochen. Dann die Trauben durch ein Haarsieb streichen und erneut in einem Topf zum Kochen bringen. • Das Stärkemehl mit 1 Tasse Wasser verrühren und zusammen mit dem Zucker in den Topf geben. Alles unter Rühren so lange kochen, bis eine dickliche Masse entsteht, das dauert 6–8 Minuten. Dann den Pudding erkalten lassen.
(Orhan Erten)

Hühnerbrustpudding

Tavuk Göğsü

Die Türken machen sich ein Vergnügen daraus, Ausländer raten zu lassen, woraus dieser Pudding zubereitet worden ist. Der Geschmack ist interessant, erinnert aber in keiner Weise an Huhn. Hühnerbrustpudding ist eine Nationalspeise, die auch international berühmt geworden ist.

2 Hähnchenbrustfilets · 1 l Milch · 350 g Zucker · 100 g Reismehl · einige Tropfen Rosenwasser · 1 Teel. Zimt

Zubereitungszeit: etwa 5 Stunden
Garzeit: 50 Minuten

Die Hähnchenbrust in Wasser 30 Minuten lang kochen. Das Fleisch dann 3–4 Stunden in eine Schüssel mit reichlich Wasser legen, wobei das Wasser alle 30 Minuten gewechselt werden muß. Anschließend die Hähnchenbrust zerzupfen, unter fließendem Wasser abspülen und gut abtropfen lassen. • In einem Topf die Milch mit dem Zucker zum Kochen bringen. • In einem anderen Topf das Hähnchenfleisch mit etwas gekochter Milch unter ständigem Rühren 15 Minuten kochen. • Das Reismehl mit 1 Tasse von der abgekühlten gesüß-

ten Milch verrühren. Die restliche Milch zur Fleisch-Milch-Mischung geben, das angerührte Reismehl und das Rosenwasser zufügen und alles gut verrühren, bis die Masse dicklich geworden ist. Den Topf vom Herd nehmen und weitere 5 Minuten rühren, bis das Hähnchenfleisch ganz zerfallen ist. • Dann den Pudding in Portionsschälchen füllen und mit Zimt bestreuen.
(Gülizar Yılmaz)

Schokoladencreme

Çukulatalı Krema

In der Türkei wird die Milch, da sie nicht pasteurisiert ist, vor dem Gebrauch vorgekocht. Da dies hierzulande nicht erforderlich ist, fehlt dieser Vorgang in den Rezepten.

½ l Milch · 2 Eier · 50 g bittere Schokolade oder 2–3 Eßl. Kakao · 150 g Zucker · 2 Eßl. Mehl · ½ Päckchen Vanillinzucker · 50 g gehackte Haselnüsse · 50 g gehackte Pistazien

Zubereitungszeit: 35 Minuten
Garzeit: 15 Minuten

Die Milch erwärmen. Die Eier trennen. Die Schokolade reiben. • In einem Topf die Schokolade oder den Kakao, den Zucker, das Mehl, die Eigelbe und den Vanillinzucker vermischen. Die Milch zufügen und alles gut verrühren. Unter ständigem Rühren etwa 10 Minuten kochen lassen. • Die Eiweiße zu steifem Eischnee schlagen. Etwas von der Schokoladencreme mit dem Eischnee verrühren und dann diese Mischung in die Schokoladencreme geben. Das Ganze bei mittlerer Hitze nochmals aufkochen lassen. • Den Nachtisch etwas abkühlen lassen, in Dessertschälchen füllen, mit den Haselnüssen und Pistazien bestreuen und kalt servieren.
(Yıldız Soylu)

Topfboden

Kazandibi

Die in der ganzen Türkei beliebte Nachspeise »Kazandibi« wird häufig im »Pastane«, dem türkischen Familien-Café, angeboten.

½ l Milch · 250 g Zucker · 3 Eßl. Reismehl · 3–4 Eßl. Puderzucker · 1 Eßl. Rosenwasser

Zubereitungszeit: 50 Minuten
Garzeit: 20 Minuten

In einem Topf die Milch, den Zucker und das Reismehl unter Rühren so lange kochen, bis ein dicker Brei entsteht. Das dauert etwa 7–10 Minuten. • In einer breiten, gebutterten Auflaufform 2 Eßlöffel Puderzucker auf dem Boden verteilen. Dann den Brei in das Gefäß geben und bei mittlerer Hitze etwa 10 Minuten auf der Herdplatte garen lassen. Dabei die Auflaufform mehrmals auf der Platte drehen. • Den Pudding etwas abkühlen lassen, in Stücke schneiden und mit der Topfbodenseite nach oben auf eine Servierplatte geben, so daß die braune Seite oben liegt. • Den Pudding mit Rosenwasser beträufeln und mit dem restlichen Puderzucker bestäuben.
(Münevver Abalı)

Mandelpudding

Keşkül

Mandeln, Milch, Reismehl, Pistazien und Kokosraspel geben dieser türkischen Spezialität ihr feines Gepräge.

Für 6 Personen:
300 g Mandeln · 1 l Milch (am besten Vollmilch) · 1 Prise Salz · 4–5 Eßl. Reismehl · 300 g Zucker · 150 g gehackte Mandeln · 100 g gehackte Pistazien · 100 g Kokosraspel

Zubereitungszeit: 1¼ Stunden
Garzeit: 35 Minuten

Die Mandeln zusammen mit 1 Tasse Wasser zum Kochen bringen und anschließend die Schale entfernen und die Mandeln feinmahlen. Die Mandeln in eine Schüssel geben und mit 1 Tasse Milch verkneten. • Die restliche Milch mit dem Salz aufkochen. • Das Reismehl mit ½ Tasse Wasser anrühren und unter Rühren in die Milch geben. Dann den Zucker und die Mandel-Milch-Mischung zufügen und alles mit dem Schneebesen gut verrühren, bis ein dikker Brei entsteht. Das dauert etwa 6 Minuten. • Den Mandelpudding in Dessertschälchen geben und abkühlen lassen. • Dann schichtweise die gehackten Mandeln, die gehackten Pistazien und die Kokosraspeln auf dem Pudding verteilen.
(Şayan Zorlu)

Orangengelee

Portakal Jölesi

Für 6–8 Personen:
500 g Zucker · 15 Blätter Gelatine · Saft von 10 Orangen

Zubereitungszeit: 45 Minuten
Garzeit: etwa 15 Minuten

½ l Wasser mit dem Zucker 10 Minuten kochen lassen. Wenn an der Oberfläche Schaum entsteht, diesen mit der Schaumkelle abheben. • Die Gelatine in kaltem Wasser einige Minuten einweichen, auspressen und mit dem Orangensaft in das heiße, aber nicht mehr kochende Zuckerwasser geben. So lange rühren, bis sich die Gelatine aufgelöst hat. • Das Gelee noch warm in Dessertschälchen füllen und erkalten lassen.
(Fadime Gürler)

Tip: Dieses Dessert kann man mit beliebigen Fruchtsäften herstellen. Man kann das Gelee auch als Glasur für Kuchen verwenden.

Erdbeergelee
Çilek Peltesi

Für 6–8 Personen:
750 g Erdbeeren · 400 g Zucker ·
70 g Stärkemehl · ½ Päckchen
Vanillinzucker

Zubereitungszeit: 30 Minuten
Garzeit: 5–10 Minuten

Die Erdbeeren reinigen und waschen. 300 g von den Erdbeeren beiseite stellen, den Rest mit einer Gabel zerdrücken. Den Zucker mit 1 l Wasser aufsetzen. Das Stärkemehl mit 4–5 Eßlöffeln Wasser anrühren und zu dem Zuckerwasser geben. Alles 5 Minuten kochen lassen. Wenn die Masse im Topf hochschäumt, vom Herd nehmen und den Vanillinzukker unterrühren. Das Ganze vom Herd nehmen, abkühlen lassen, in Portionsschalen füllen. Nach dem Erkalten mit den zurückbehaltenen Erdbeeren verzieren.
(Türkan Dikkaya)

Mosaikkuchen
Mozaik Pastası

Für 8–10 Personen:
250 g Löffelbiskuits · ⅛ l Milch ·
250 g Butter · 4 Eßl. Kakaopulver ·
125 g Zucker · 2 Eier · 1 Päckchen
Vanillinzucker

Zubereitungszeit: 2½ Stunden
Gefrierzeit: 2 Stunden

Die grob zerbröckelten Biskuits in eine Kastenform geben und mit der Milch begießen. • In einem Topf die Butter zerlassen und sofort vom Herd nehmen. Den Kakao, den Zucker, die Eier und den Vanillinzucker zufügen und alles gut vermischen. Die Hälfte dieser Mischung in die Kastenform geben und mit der Biskuit-Milch verrühren. Den Rest obenauf verteilen. • Die Form für 2 Stunden ins Gefrierfach stellen und anschließend in Stücke schneiden und servieren.
(Şule Demiral)

Mokka-Eistorte
Kahveli Dondurma Pastası

Dieses feine Dessert für Erwachsene eignet sich gut als Abschluß eines Gäste-Essens.

Für 8–10 Personen:
2 Päckchen Dessertschaum (trockene
Sahne, im Lebensmittelgeschäft
erhältlich) · ¼ l Milch · 6 Eier ·
125 g Zucker · 2 Eßl. Kakao ·
1 Eßl. Instant-Kaffee

Zubereitungszeit: 30 Minuten
Gefrierzeit: 24 Stunden

In einem Topf den Dessertschaum und die Milch mit einem Schneebesen sehr fest schlagen. • In einem anderen großen Topf die Eier und den Zucker schaumig rühren, dann den Kakao und das Kaffeepulver unterrühren. • Die Sahne mit einem Löffel unterheben. • Das Ganze in eine ungefettete Springform füllen und im Gefrierfach 24 Stunden stehen lassen. • Die Mokka-Eistorte in Stücke schneiden und servieren. • Nach Belieben kann man das Dessert auch mit gemahlenen Haselnüssen bestreuen.
(M. Renan Atalay)

Hochzeitsreis
Zerde

Safran ist eine teure Angelegenheit und so bereitet man diesen Reis nur sehr selten zu – so selten, wie man heiratet.

125 g Langkornreis · 300 g Zucker ·
½ Teel. Safran · 15 g Pfeilwurzelmehl
(Arrowroot, aus dem türkischen
Spezialgeschäft oder Delikateßladen) ·
100 g Rosinen · 100 g Pinienkerne ·
die Kerne von 1 Granatapfel

Zubereitungszeit: 1½ Stunden
Garzeit: 30 Minuten

Den Reis gründlich waschen und mit 1½ l Wasser und dem Zucker zum Kochen bringen. Den Reis 20 Minuten kochen lassen. • Inzwischen den Safran in 5–6 Eßlöffeln heißem Wasser auflösen. Das dauert etwa 15–20 Minuten. • Das Pfeilwurzelmehl mit 3–4 Eßlöffeln kaltem Wasser verrühren. • Nach 12 Minuten Kochzeit den Safran und das Pfeilwurzelmehl unter den Reis rühren und alles bei schwacher Hitze so lange weiterkochen, bis eine dickliche Masse entsteht. • Die Rosinen inzwischen mit warmem Wasser waschen und abtrocknen. • Den Reis etwas abkühlen lassen und in Portionsschälchen füllen. Mit den Pinienkernen, den Granatapfelkernen und den Rosinen bestreuen.
(İnci Pazarkaya)

Reismehlhelwa
Pirinç Unu Helvası

Helwas sind Süßigkeiten, die zu religiösen Feiernächten in großen Mengen hergestellt werden. Man verteilt sie an Bekannte und Nachbarn und ißt sie im Familienkreis. Helwas sind keine Puddings, sondern ein eher krümeliges Naschwerk. Wer türkische Eßgewohnheiten nicht kennt, sollte von den Helwas zunächst die Grießhelwa ausprobieren.

Für 3–4 Personen:
125 g Butter · 250 g Reismehl ·
250 g Zucker · ¼ l Milch · ½ Teel. Zimt

Zubereitungszeit: 50 Minuten
Garzeit: 15–20 Minuten

Die Butter im Topf zerlassen. Das Reismehl zufügen und unter Rühren 5–10 Minuten durchbraten. Dann 200 g Zucker, die Milch und 1 Tasse Wasser unterrühren. Das Ganze bei schwacher Hitze kochen lassen, bis die Flüssigkeit verdampft ist. Das dauert etwa 6–8 Minuten. • Den Topf von der Kochstelle nehmen, den restlichen Zucker und den Zimt auf dem Brei verteilen, den Topf mit einem Deckel verschließen und alles 10 Minuten ziehen lassen. Die Helwa umrühren und servieren.
(Durmuş Uzluk)

Mehlhelwa
Un Helvası

125 g Butter · 250 g Mehl ·
150 g Pistazien oder gehackte Walnüsse ·
¼ l Milch · 250 g Zucker

Zubereitungszeit: 50 Minuten
Garzeit: 15–20 Minuten

In einem Topf die Butter erhitzen und das Mehl unter Rühren darin bräunen lassen. Dann die Pistazien oder Walnüsse zufügen und alles 3–5 Minuten bei schwacher Hitze braten lassen. Ab und zu umrühren. • Die Milch mit dem Zukker mischen und zufügen. Alles so lange kochen lassen, bis alle Flüssigkeit verdampft ist. Das dauert etwa 6–8 Minuten. • Dann ist die Helwa servierbereit. (İrfan Pehlivan)

Tip: Man kann die Helwa in eine Kuchenform geben und bei 180° im Backofen 15 Minuten backen. Dann wird die Helwa wie ein Kuchen aufgeschnitten und zum Kaffee gereicht. In diesem Falle die Zutaten für das Rezept verdoppeln.

Sultan-Cem-Helwa
Cem Sultan Helvası

200 g Butter · reichlich ½ l Milch ·
300 g gemahlene Mandeln · 300 g Grieß ·
250 g Puderzucker · 2 Teel.
Vanillinzucker · 1 Teel. Zimt

Zubereitungszeit: 50 Minuten
Garzeit 15–20 Minuten

Die Butter zerlassen. • Die Milch erwärmen. Die Mandeln in der Butter anrösten und den Grieß zufügen. Beides bei schwacher Hitze leicht bräunen lassen und den Puderzucker und den Vanillinzucker zugeben. Die warme Milch zugießen und alles gut verrühren. Den Zimt darüberstreuen, den Deckel verschließen und das Ganze bei schwacher Hitze garen, bis die Flüssigkeit verdampft ist. Das dauert etwa 6–8 Minuten. • Die Speise sollte möglichst lauwarm gegessen werden.
(Nefise Temizkan)

Grießhelwa
İrmik Helvası

Diese Speise, die auch Westeuropäern sehr gut schmeckt, wird mit Löffel oder Gabel gegessen.

Für 6–8 Personen:
325 g Butter · 500 g Grieß ·
50 g Pinienkerne · reichlich ¾ l Milch ·
800 g Zucker · 1 Teel. Zimt

Zubereitungszeit: 50 Minuten
Garzeit: 15–20 Minuten

Die Butter im Topf zerlassen. Den Grieß und die Pinienkerne darin bei schwacher Hitze unter Rühren leicht bräunen. Die Milch und 500 g Zucker zugeben und alles gut verrühren. Bei schwacher Hitze so lange kochen, bis die Flüssigkeit verdampft ist. Das dauert etwa 8–10 Minuten. Den Topf von der Kochstelle nehmen und den restlichen Zucker und den Zimt auf dem Brei verteilen. Den Deckel schließen und alles 10 Minuten ziehen lassen. • Die Helwa umrühren und servieren.
(Naim Öktem)

Käsehelwa
Peynir Helvası

Für 6–8 Personen:
500 g Schichtkäse · 325 g Grieß ·
825 g Zucker

Zubereitungszeit: 50 Minuten
Garzeit: 20 Minuten

Den Schichtkäse im Topf zerlassen. Bei schwacher Hitze unter Rühren den Grieß zugeben und 10 Minuten kochen lassen. Dann unter Rühren den Zucker zufügen und alles weitere 5 Minuten kochen lassen. • Den Topf von der Kochstelle nehmen und 10 Minuten ziehen lassen. Die Helwa umrühren und sofort servieren.
(Naim Öktem)

Gebackene Teigschnitten in Zuckersirup
Gözleme Tatlısı

Für 8–10 Personen:
Für den Sirup: 1 kg Zucker · Saft von ½ Zitrone
Für den Teig: 2 Eier · Saft von 1 Zitrone ·
⅛ l Olivenöl · Mehl nach Bedarf ·
reichlich Öl zum Braten

Zubereitungszeit: 1 Stunde
Garzeit: je Teigstück 2–3 Minuten

Für den Sirup den Zucker mit ¾ l Wasser zum Kochen bringen und den Zitronensaft zufügen. Wenn sich an der Oberfläche Schaum bildet, diesen mit der Schaumkelle entfernen. Den Sirup weitere 10 Minuten kochen und dann erkalten lassen. • Für den Teig die Eier, den Zitronensaft, das Olivenöl, ¼ l Wasser und das Mehl zu einem Teig verkneten und auf einer leicht bemehlten Unterlage etwa 3 cm dick zu einem Quadrat ausrollen. Dieses Quadrat zusammenrollen und in mundgerechte Stücke schneiden. • Das Öl in einer Friteuse erhitzen und die Teigstücke darin braun backen. Nicht zu viele Teigstücke gleichzeitig in den Topf geben, da sie sonst aneinanderkleben. Die fertigen Teigstücke mit der Schaumkelle aus dem Öl heben, abtropfen lassen und 5 Minuten im Sirup ziehen lassen.

Käseplätzchen in Zuckersirup
Peynir Tatlısı (Höşmelim)

Für Gebäck, das in Zuckersirup getränkt wird, benötigt man eine große Menge Sirup, der im übrigen nicht gänzlich mitgegessen wird. Sirupgebäck wird in der Türkei für Sonn- und Feiertage zubereitet. Die Mengen sind reichlich bemessen, so daß ein Teil in den Kühlschrank kommt und als Naschwerk für die nachfolgenden Tage zur Verfügung steht. An die intensive Süße dieses Gebäcks, das man zum Mokka genießt, muß sich ein Mitteleuropäer erst gewöhnen.

Für 6–8 Personen:
Für die Plätzchen: 700 g Schichtkäse ·
4 Eier · 1 Päckchen Backpulver ·
300 g Mehl
Für den Sirup: 1 kg Zucker · Saft von
½ Zitrone

Zubereitungszeit: 1½ Stunden
Garzeit: 1 Stunde

Den Backofen auf 180° vorheizen. • Den Schichtkäse in einem Sieb 30 Minuten abtropfen lassen; dann mit den Eiern, dem Backpulver und dem Mehl gründlich verrühren. • Ein gebuttertes Backblech mit etwas Mehl bestäuben und walnußgroße Stücke in genügend großem Abstand daraufsetzen. Die Plätzchen im Backofen in 30 Minuten recht braun backen. Dann herausnehmen und erkalten lassen. • In einem großen Topf den Zucker mit 1 l Wasser zum Kochen bringen. Dann den Zitronensaft hinzufügen. Sollte an der Oberfläche Schaum entstehen, diesen mit der Schaumkelle entfernen. Den Sirup etwa 10 Minuten kochen und dann etwas erkalten lassen. Das erkaltete Gebäck mit einer Gabel einstechen und in den Sirup geben. Alle Gebäckteile im geschlossenen Topf etwa 30 Minuten ziehen lassen. • Das Gebäck auf eine Servierplatte geben und den restlichen Sirup darübergießen.
(Rukiye Oral)

Käseplätzchen Bursa in Zuckersirup

Bursa Peynir Tatlısı

Sie werden in den Zutaten vergeblich nach Käse suchen. Dennoch hat es mit der Rezeptbezeichnung seine Richtigkeit: In der Stadt Bursa wird diese Süßigkeit Käsegebäck genannt. Sie schmeckt auch Nicht-Türken gut.

Für 6–8 Personen:
Für die Plätzchen: 100 g Butter ·
4 größere Eier ·
500 g Grieß · 200 g Mehl ·
1 Teel. Backpulver
Für den Sirup: 750 g Zucker

Zubereitungszeit: 2 Stunden
Backzeit: 14–16 Minuten
Zeit zum Ziehen: 1 Stunde

Den Backofen auf 250° vorheizen. • Die Butter zerlassen. • Die Eier verquirlen. • Die Eier mit dem Grieß, der Butter, dem Mehl und dem Backpulver kräftig verkneten. Den Teig mit einem feuchten Tuch abdecken und 1 Stunde stehenlassen. Aus dem Teig dann knapp walnußgroße Bällchen formen und diese auf ein gebuttertes Backblech setzen. Dabei auf genügend große Abstände zwischen den Plätzchen achten. Die Plätzchen im Backofen 14–16 Minuten backen. • In einem großen Topf den Zucker mit 1 l Wasser und den gebackenen Plätzchen zum Kochen bringen. Der Topf muß dabei geschlossen sein. Ab und zu mit einem Holzlöffel umrühren. Den Sirup so lange kochen, bis er dicklich ist. Das dauert etwa 20 Minuten. Dann die Plätzchen im Sirup erkalten lassen. • Die Plätzchen mit Schlagsahne auftragen.

Tip: Die gebackenen Plätzchen sind bis zu 6 Monaten haltbar. Vor dem Servieren müssen sie im Sirup gekocht werden.

Nachtigallennester

Bülbül Yuvası

Für 6–8 Personen:
Für den Sirup: 750 g Zucker · Saft von
½ Zitrone · ½ Teel. Rosenwasser
Für das Gebäck: 80 g Butter · 2 Yufka
(vorgebackene Teigplatten aus dem
türkischen Spezialgeschäft) · 50 g geschälte
Pistazien · 2 Teel. Zucker · Alufolie

Zubereitungszeit: 1½ Stunden
Backzeit: 20–30 Minuten

Für den Sirup: Den Zucker mit ½ l Wasser zum Kochen bringen und den Zitronensaft zugeben. Wenn sich an der Oberfläche Schaum bildet, diesen mit der Schaumkelle entfernen. Den Sirup weitere 10 Minuten kochen und dann abkühlen lassen, bis er lauwarm ist. Mit Rosenwasser parfümieren. • Den Backofen auf 180° vorheizen. • Für das Gebäck: die Butter zerlassen. • Zunächst die runden Yufka-Platten so an den Rändern beschneiden, daß Quadrate entstehen. Diese halbieren und die entstandenen Rechtecke jeweils in 3 Teile teilen. Mit der Butter bestreichen. • Die Hälfte der Pistazien feinhacken und mit dem Zucker mischen. • Diese Mischung auf die Teigteilchen geben, die Teigränder nach innen einschlagen, mit zerlassener Butter bestreichen und zu einer Nestform zusammendrücken. Die Nester mit der restlichen Butter bepinseln. • Die Nachtigallennester im Backofen 20–30 Minuten goldbraun backen und aus dem Ofen nehmen. • Die Nachtigallennester mit dem abgekühlten Zuckersirup übergießen, mit Alufolie bedecken und etwa 30 Minuten lang ziehen lassen. Die Nachtigallennester mit einer Schöpfkelle auf die Servierplatte legen. • Die restlichen Pistazien grobhacken und über die einzelnen Nester streuen.
(Gisela Öymen)

Grießkuchen in Zuckersirup

İrmik Tatlısı

Für 8–10 Personen:
Für den Sirup: 1 kg Zucker · Saft von
½ Zitrone
Für den Kuchen: 200 g Butter · 3 Eier ·
500 g Grieß · 250 g Zucker · 1 Teel.
Backpulver · 1½ Becher Joghurt (225 g) ·
Alufolie

Zubereitungszeit: 1½ Stunden
Backzeit: 40–50 Minuten

Für den Sirup den Zucker mit ¾ l Wasser zum Kochen bringen und den Zitronensaft zugeben. Wenn sich an der Oberfläche Schaum bildet, diesen mit einer Schaumkelle entfernen. Den Sirup noch weitere 20 Minuten kochen und dann erkalten lassen. • Den Backofen auf 180° vorheizen. • Für den Kuchen die Butter

Die hübsch geformten Nachtigallennester (Bülbül Yuvası) werden mit Zuckersirup begossen und mit gehackten Pistazien bestreut. ▷

Süßspeisen und Gebäck

zerlassen. • In eine Schüssel die Eier, den Grieß, den Zucker, das Backpulver, den Joghurt und die Butter geben. Alles gut verrühren. • Den Teig in eine gebutterte Springform füllen und im Backofen 40–50 Minuten backen. • Den Kuchen aus der Form lösen, in eine Fettpfanne legen und in Stücke schneiden. Den Sirup auf die Kuchenoberfläche geben und gleichmäßig verteilen. Die Fettpfanne mit Alufolie rundherum gut zudecken und den Sirup 30 Minuten lang einziehen lassen.
(Sabriye Sarıcan)

Grießkuchen »Marmara« in Zuckersirup

Marmara Revanisi

Für 8–10 Personen:
Für den Sirup: 1 kg Zucker
Für den Grießkuchen: 6 Eier · 125 g Zucker · etwas abgeriebene Zitronen- und Orangenschale · Saft von ½ Zitrone · 125 g Mehl · 140 g Grieß · Alufolie

Zubereitungszeit: 1½ Stunden
Garzeit: 25–35 Minuten

Für den Sirup den Zucker mit 1 l Wasser in einem großen Topf zum Kochen bringen. Wenn sich Schaum gebildet hat, diesen mit einer Schaumkelle abschöpfen. Den Sirup weitere 10 Minuten kochen und dann erkalten lassen. • Den Backofen auf 180° vorheizen. • Für den Grießkuchen die Eier mit dem Zucker schaumigrühren. Die Zitronen- und Orangenschale hinzufügen und alles nochmals 5 Minuten lang schlagen. Dann den Zitronensaft unterrühren und Mehl und Grieß einrühren. • Den Teig in eine gebutterte Springform geben und im Backofen etwa 25–35 Minuten lang backen. • Den Kuchen aus der Form lösen, in eine Fettpfanne legen und in Stücke schneiden. Den Sirup auf die Kuchenoberfläche geben und gleichmäßig verteilen. Die Fettpfanne mit Alufolie rundherum gut zudecken und den Sirup 30 Minuten lang einziehen lassen.
(M. Renan Atalay)

Joghurt-Kuchen in Zuckersirup

Yoğurt Tatlısı

In Zuckersirup getränkt ist dieser Kuchen ein Nachtisch. Ohne Sirup wird der wohlschmeckende Joghurt-Kuchen wie ein normaler Kuchen zum Nachmittagstee serviert.

Für 8–10 Personen:
Für den Joghurt-Kuchen: 2 Eier · etwas abgeriebene Zitronen- oder Orangenschale · 1 Päckchen Backpulver · 1½ Becher Joghurt (225 g) · 200 g Puderzucker · 200 g Mehl · 6–7 Eßl. Öl
Für den Sirup: 1 kg Zucker · Saft von ½ Zitrone · Alufolie

Zubereitungszeit: 2 Stunden
Garzeit: etwa 1 Stunde

Den Backofen auf 180° vorheizen. • Die Eier in einer Schüssel mit der abgeriebenen Zitronenschale oder der Orangenschale verrühren, das Backpulver, den Joghurt, den Puderzucker, das Mehl und das Öl nach und nach zufügen. Alles zu einem Teig verarbeiten. • Den Teig in eine gebutterte Springform geben und den Kuchen etwa 50 Minuten im Backofen backen. • In der Zwischenzeit in einem Topf den Zucker mit 1 l Wasser zum Kochen bringen. Den Zitronensaft zufügen. Sollte an der Oberfläche Schaum entstehen, diesen mit der Schaumkelle entfernen. Den Sirup weitere 10 Minuten kochen lassen. • Den Kuchen aus der Form lösen, in eine Fettpfanne legen und erkalten lassen. Den heißen Sirup über die Kuchenoberfläche geben und gleichmäßig verteilen. Die Fettpfanne mit Alufolie rundherum gut abdecken und den Sirup 30 Minuten einziehen lassen. Den Kuchen in Stücke schneiden und auftragen.
(Şule Demiral)

Spritzkuchen in Zuckersirup

Tulumba Tatlısı

Für 8–10 Personen:
Für den Sirup: 750 g Zucker · Saft von ½ Zitrone
Für den Spritzkuchen: 3–4 Eßl. Butter · 1 Teel. Salz · 200 g Mehl · 2–3 Eßl. Stärkemehl · 1–2 Eßl. Reismehl · 6 Eier · reichlich Öl zum Braten

Zubereitungszeit: 1 Stunde
Garzeit: je Spritzkuchen 2–3 Minuten

Für den Sirup den Zucker mit ½ l Wasser zum Kochen bringen und den Zitronensaft zufügen. Wenn sich an der Oberfläche Schaum bildet, diesen mit der Schaumkelle entfernen. Den Sirup weitere 10 Minuten kochen und dann erkalten lassen. • Für den Spritzkuchen in einem Topf die Butter zerlassen. Das Salz zufügen und mit ¼ l Wasser kochen. Dann das Mehl zufügen und alles gut verrühren. Die Hitze reduzieren und mit einem Holzlöffel den Teig 10 Minuten lang rühren. Das Stärke- und das Reismehl zufügen, erneut aufkochen lassen, umrühren und alles etwas erkalten lassen. Dann den Teig zusammen mit den Eiern 10 Minuten durchkneten. • Das Öl in einer breiten, hohen Pfanne erhitzen. • Den Teig in einen Spritzbeutel mit einer größeren, sternförmigen Tülle füllen und etwa 5 cm lange Teigstücke ins heiße Öl spritzen. Immer nur wenige Teigstücke gleichzeitig ins Öl spritzen! Die Spritzkuchen müssen von allen Seiten bräunliche Farbe annehmen. Das dauert etwa 2–3 Minuten. • Dann die Spritzkuchen mit der Schaumkelle aus dem Öl nehmen, abtropfen lassen und in den Sirup geben. Nach 5 Minuten aus dem Sirup nehmen und servieren. Für die weiteren Teigportionen das Öl kurz von der Herdplatte nehmen, etwas abkühlen lassen und dann wieder auf die heiße Herdplatte stellen. Dann kann der Teig ins Öl gegeben und anschließend mit Sirup überzogen werden.
(Şavan Zorlu)

Kußmündchen

Dilber Dudağı

Für 6–8 Personen:
Für die Plätzchen: 4 Eßl. Butter · 3 Eigelbe · 1 Eiweiß · 1 Eßl. Joghurt · Mehl nach Bedarf · 1 Teel. Backpulver · 1 Eßl. Essig
Für den Sirup: 1 kg Zucker · Saft von ½ Zitrone

Zubereitungszeit: 1½ Stunden
Backzeit: 30 Minuten

Den Backofen auf 180° vorheizen. • Für die Plätzchen die Butter zerlassen. • Die Eigelbe und das Eiweiß in einer Schüssel mit dem Schneebesen schlagen. Dann die Butter, den Joghurt und etwas Mehl zufügen. Alles miteinander gut verrühren und das Backpulver, den Essig und nochmals so viel Mehl hinzugeben, daß ein geschmeidiger Teig entsteht. Den Teig gut durchkneten. • Den Teig in 3 Portionen teilen, 2–3 mm dick ausrollen, mit einer Mokkatasse oder einem kleinen Glas runde Plätzchen ausstechen und diese dann halbieren. • Auf ein gebuttertes Backblech die Halbkreise legen und im Backofen 20–30 Minuten lang goldbraun backen. Dann die Plätzchen aus dem Ofen nehmen und erkalten lassen. • Für den Sirup in einem Topf den Zucker mit 1 l Wasser zum Kochen bringen. Den Zitronensaft zufügen. Wenn sich an der Oberfläche Schaum bildet, diesen mit der Schaumkelle entfernen. Den Sirup weitere 10 Minuten kochen. • Die Halbkreise 10 Minuten in dem heißen Sirup ziehen lassen.
(Melek Parladı)

Gemusterte Plätzchen in Zuckersirup

Kalbura Bastı Tatlısı

Für 6–8 Personen:
Für die Plätzchen: 250 g Butter · 2 Eier · 2 Becher Joghurt (je 150 g) · ⅛ l Öl · 250 g Zucker · 1 Teel. Backpulver · Mehl nach Bedarf · 100 g gehackte Walnüsse
Für den Sirup: 1 kg Zucker · Saft von ½ Zitrone

Zubereitungszeit: 1½ Stunden
Backzeit: 30 Minuten

Den Backofen auf 180° vorheizen. • Für die Plätzchen die Butter zerlassen. • In einer Schüssel die Eier verquirlen, den Joghurt, das Öl, die Butter und den Zukker zufügen. Alles gut miteinander verrühren. Dann das Backpulver und so viel Mehl zugeben, daß ein geschmeidiger Teig entsteht. Den gut gekneteten Teig in walnußgroße Portionen teilen und Bällchen daraus formen. Diese auf einer Schaumkelle zu flachen Plätzchen drücken. Wichtig ist, daß das Muster der Schaumkelle sich auf den Plätzchen abzeichnet. Auf die Teigmitte der unbemusterten Plätzchenseite etwas von den gehackten Walnüssen geben und die Plätzchen zusammenrollen. Die gemusterte Seite befindet sich jetzt außen. • Die Plätzchen auf ein leicht gebuttertes Backblech legen und im Backofen 20–30 Minuten backen. Dann aus dem Ofen nehmen und erkalten lassen. • Für den Sirup in einem Topf den Zucker mit 1 l Wasser zum Kochen bringen, dann den Zitronensaft zufügen. Wenn sich an der Oberfläche Schaum bildet, diesen mit einer Schaumkelle entfernen. Den Sirup noch 10 Minuten kochen lassen. • Die abgekühlten Plätzchen 10 Minuten in dem heißen Sirup ziehen lassen.
(Aysel Şenol)

Mandelkuchen in Zuckersirup

Badem Tatlısı

Für 6–8 Personen:
Für den Sirup: 1 kg Zucker · Saft von ½ Zitrone
Für den Kuchen: 50 g Butter · 8 Eier · 75 g Zucker · 75 g Mehl · 200 g gehackte Mandeln · ½ Teel. Vanillinzucker · Alufolie

Zubereitungszeit: 2 Stunden
Backzeit: 50 Minuten

Für den Sirup den Zucker mit 1 l Wasser zum Kochen bringen. Dann den Zitronensaft zufügen. Wenn sich an der Oberfläche Schaum bildet, diesen mit einer Schaumkelle entfernen. Den Sirup weitere 10 Minuten kochen und dann erkalten lassen. • Den Backofen auf 180° vorheizen. • Für die Plätzchen die Butter zerlassen. • Die Eier trennen. • Die Eigelbe mit dem Zucker in einem Topf bei schwacher Hitze mit dem Schneebesen etwa 10 Minuten schlagen. Den Topf von der Kochstelle nehmen. • In das Eigelb-Zucker-Gemisch das Mehl, die Hälfte der gehackten Mandeln, die zerlassene Butter und den Vanillinzucker geben. Alle Zutaten mit dem Holzlöffel gut verrühren. Die Eiweiße zu steifem Schnee schlagen und vorsichtig unter den Teig heben. Den Teig in eine gebutterte Springform geben und mit den restlichen Mandeln bestreuen. Im Backofen 40–50 Minuten backen. • Dann den Kuchen aus der Form lösen, in eine Fettpfanne legen und den Sirup auf dem warmen Kuchen verteilen. Die Fettpfanne mit Alufolie rundherum gut zudecken und den Sirup 30 Minuten lang einziehen lassen. Den Kuchen in Stücke geschnitten servieren.
(Şehriban Arslan)

Mandelgebäck in Zuckersirup

Şekerpare

Für 8–10 Personen:
Für den Sirup: 750 g Zucker · Saft von ½ Zitrone
Für den Teig: 300 g Mehl · 100 g Puderzucker · 125 g Butter · 1 Ei · 1 Teel. Backpulver · 1 Prise Salz · 1 Eßl. Zitronensaft · 150 g ganze geschälte Mandeln

Zubereitungszeit: 1½ Stunden
Backzeit: 40 Minuten

Für den Sirup den Zucker mit ¾ l Wasser zum Kochen bringen und den Zitronensaft zugeben. Wenn sich an der Oberfläche Schaum bildet, diesen mit der Schaumkelle entfernen. Den Sirup noch weitere 10 Minuten kochen und dann erkalten lassen. • Den Backofen auf 180° vorheizen. • Für das Gebäck das Mehl in eine Schüssel geben und in die Mitte eine Mulde drücken. • In die Mulde die zerlassene Butter, den Puderzucker und

das Ei geben und gut verrühren. Das Backpulver, das Salz und den Zitronensaft zugeben und alles zu einem glatten Teig verkneten. Walnußgroße Bällchen formen und auf ein Backblech legen. In jedes Bällchen 1 Mandel leicht eindrükken und alles in 40 Minuten goldbraun backen. Das Gebäck heiß vom Blech nehmen und 20 Minuten im kalten Sirup ziehen lassen, dann servieren.
(İlkay Terzi)

Frauennabel

Hanım Göbeği

Für 8–10 Personen:
Für den Sirup: 1 kg Zucker · Saft von ½ Zitrone
Für die Plätzchen: 100 g Butter · 1 Prise Salz · 300 g Mehl · 4 Eier · reichlich Öl zum Braten

Zubereitungszeit: 1½ Stunden
Backzeit: 2–3 Minuten je Plätzchen

Für den Sirup den Zucker mit 1 l Wasser zum Kochen bringen. Den Zitronensaft zufügen. Wenn sich an der Oberfläche Schaum bildet, diesen mit der Schaumkelle entfernen. Den Sirup noch weitere 10 Minuten kochen und dann erkalten lassen. • Für das Gebäck in einem Topf die Butter zerlassen, das Salz hinzufügen und mit ⅜ l zuvor erhitzten Wassers zum Kochen bringen. Das Mehl dazugeben und alles gut verrühren. Die Hitze reduzieren und den Teig mit einem Holzlöffel 10 Minuten lang rühren. Dann etwas abkühlen lassen. Die Eier hineinschlagen und den Teig gut durchkneten. • Aus dem Teig walnußgroße Bällchen formen, diese mit den Händen etwas flachdrükken und in die Mitte eine Vertiefung drücken. Die Teilchen von beiden Seiten in heißem Öl in 2–3 Minuten goldbraun braten. Das Gebäck mit einer Schaumkelle aus dem Öl nehmen und gut abtropfen lassen. • Die heißen Küchlein in den Sirup geben und nach 5 Minuten mit einer anderen Schaumkelle herausnehmen und servieren. Vor jeder neuen Portion das Öl kurz von der Herdplatte nehmen, damit es nicht zu heiß wird, dann den Backvorgang wiederholen, bis der Teig aufgebraucht ist.
(M. Renan Atalay)

Nuß-Honig-Schnitten

Baklava

Eine der ausgesprochen süßen Nachspeisen, die sich von der Türkei aus die ganze Welt erobert haben, ist Baklava. Bei dem vorliegenden Rezept handelt es sich um eine eingedeutschte Version; denn in der Türkei gibt es keinen tiefgefrorenen Blätterteig. Dort wird diese Köstlichkeit nur zu großen Festtagen selbst zubereitet, da die Herstellung viel Mühe kostet. In der städtischen Konditorei ist diese Leckerei allerdings jederzeit zu haben.

Für 5 Personen:
500 g tiefgefrorener Blätterteig · 125 g Butter · 250 g Walnüsse · 75 g Pistazien · 75 g Mandeln · 1 Glas Honig (250 g) · 3 Eßl. Orangensaft · Saft von ½ Zitrone · Alufolie

Zubereitungszeit: 1½ Stunden
Garzeit: 45 Minuten

Den Blätterteig nach Vorschrift auftauen lassen. • Den Backofen auf 180° vorheizen. • Den Boden einer Kastenform mit Alufolie auslegen. Den Formrand und die Alufolie gut einfetten. • Die Butter zerlassen. • Jede Teigplatte zu doppelter Kastenformgröße ausrollen und halbieren. • Die Walnüsse und die Pistazien hacken, die Mandeln feinmahlen. Alles gut miteinander vermischen. • Eine Teigplatte in die Form legen, mit Butter bepinseln und mit Nußmischung bestreuen. Diesen Vorgang so oft wiederholen, bis alle Teigplatten und die Nüsse verbraucht sind. Mit einer Teigplatte abschließen. Das Gebäck im Backofen auf der untersten Schiene 15 Minuten, dann in 30 Minuten auf der mittleren Schiene goldbraun backen. • Inzwischen den Honig erwärmen und mit dem Orangen- und Zitronensaft würzen. • Den Sirup über den fertigen Kuchen gießen und über Nacht einziehen lassen. • Baklava in Scheiben schneiden und mit türkischem Mokka servieren.
(Selver Çepni)

Nußnester

Cevizli Tel Kadayıf

Für 6–8 Personen:
Für den Sirup: 1 kg Zucker · Saft von ½ Zitrone
Für die Nußnester: 500 g Tel Kadayıf (Fadennudeln, tiefgefroren aus dem türkischen Spezialgeschäft) · 250 g Butter · 300 g gemahlene Walnüsse · 1 Teel. Zimt · 150 g gehackte Pistazien · Alufolie

Zubereitungszeit: 1½ Stunden
Garzeit: 20–30 Minuten

Tel Kadayıf auftauen lassen. • In der Zwischenzeit den Sirup zubereiten: Den Zucker mit ¾ l Wasser zum Kochen bringen und den Zitronensaft zufügen. Wenn sich Schaum an der Oberfläche bildet, diesen mit der Schaumkelle entfernen. Den Sirup weitere 10 Minuten kochen und dann erkalten lassen. • Den Backofen auf 180° vorheizen. • Für die Nußnester: die Butter zerlassen. • Tel Kadayıf mit den Fingern zerzupfen und die Hälfte auf den Boden einer gebutterten Fettpfanne verteilen. Die Hälfte von der Butter löffelweise über die Teigfäden geben. Mit den Walnüssen bestreuen und dem Zimt bestäuben. Den Rest der Teigfäden obenauf verteilen. Die restliche Butter darübergeben. Die Fettpfanne mit Alufolie gut abdecken und im Backofen so lange backen, bis beide Seiten goldbraun sind. Das dauert 20 bis 30 Minuten. • Das Gebäck aus dem Backofen nehmen und den kalten Sirup darüber verteilen. Das Gebäck 20 Minuten ziehen lassen, in Stücke schneiden, auf Dessertteller legen und mit Pistazien dekorieren.
(Ali Gülüm)

Tip: Man kann Tel Kadayıf fertig zubereitet kaufen, dann wird diese Spezialität 30 Minuten vor dem Servieren mit heißem Sirup übergossen und mit Pistazien bestreut.

Die Nuß-Honig-Schnitten (Baklava) sind in der ganzen Türkei sehr beliebt. Als süßes Feingebäck haben sie Eingang in die internationale Küche gefunden. ▷

Gefüllte Reismehlblätter

Güllaç

Vor allem während des »Ramandan« wird diese Süßspeise traditionell als Zwischenmahlzeit oder als Nachtisch serviert.

1 l Milch · 450 g Zucker · 10 Reismehlblätter (unter der Bezeichnung »Güllaç« auf Bestellung im türkischen Spezialgeschäft erhältlich) · 150 g gehackte Mandeln · 3–4 Eßl. Rosenwasser

Zubereitungszeit: 45 Minuten

Die Milch mit dem Zucker zum Kochen bringen und etwa 10 Minuten einkochen lassen. Dann die süße Milch in eine breite Auflaufform gießen und darin erkalten lassen. • Die Reismehlblätter kurz in die Milch tauchen und auf einem Arbeitsbrett auslegen. Auf jedes Reismehlblatt mit einem Eßlöffel in der Mitte etwas von den gehackten Mandeln verteilen. Die Reismehlblätter jeweils von den Ecken her über den Füllungen zusammenschlagen. Die so verschlossenen Reismehlblätter wenden und auf eine tiefe Platte legen. • Das Rosenwasser in die kalte Milch rühren und diese Mischung mit einem Eßlöffel über die gefüllten Reismehlblätter geben. Die Reismehlblätter etwa 10 Minuten ruhen lassen, damit sie sich voll Milch saugen können. Dabei die Oberseite immer wieder mit der Milch beträufeln, damit die Reismehlblätter oben nicht trocken werden.
(İnanç Kurşun)

Tip: Man kann diese gefüllten Reismehlblätter auch mit Reismehlpudding, Rezept Seite 90, servieren und mit gehackten Pistazien bestreuen.

Quitten in Zuckersirup

Ayva Tatlısı

4 Quitten (vom Markt oder aus dem türkischen Spezialgeschäft von Oktober bis Januar) · 500 g Zucker · 1 Teel. Zimt · 125 g Schlagsahne

Zubereitungszeit: 1 Stunde
Garzeit: 40 Minuten

Die Quitten schälen, halbieren und mit einem Löffel die Kerne entfernen. • Den Zucker mit ½ l Wasser aufkochen, dann die Quitten hineingeben und bei mittlerer Hitze 10 Minuten kochen lassen. • Den Backofen auf 180° vorheizen. • Die Quitten mit dem Zimt würzen und weitere 10 Minuten kochen, dann mit einem Schaumlöffel in eine gebutterte Auflaufform geben. Den Sirup aufheben. • Die Quitten im Backofen 15 Minuten bakken, mit Sirup beträufeln und auf jede halbe Frucht etwas Schlagsahne geben.
(Ayfer Aslan)

Kastanien in Zuckersirup

Kestane Şekeri

Die Kastanien in Zuckersirup bleiben etwa einen Monat frisch. Man kann sie Gästen als Naschwerk anbieten oder als Dessert reichen.

1 kg Kastanien/Maronen · 750 g Zucker · 1 Päckchen Vanillinzucker · Alufolie

Zubereitungszeit: 5½ Stunden
Garzeit: 5¼ Stunden

Die rohen Kastanien mit einem scharfen Messer schälen, dann in einem Topf mit reichlich Wasser 5 Minuten kochen lassen, in ein Sieb gießen und die Haut entfernen. • In einem Topf den Zucker mit ¾ l Wasser zum Kochen bringen und die Kastanien zufügen. Bei schwacher Hitze 3 Stunden kochen lassen. • Die Kastanien vom Herd nehmen und etwa 24 Stunden ziehen lassen. Die Kastanien dann nochmals 2 Stunden bei schwacher Hitze kochen. Zum Schluß mit dem Vanillinzucker würzen. • Aus Alufolie 7 cm große Quadrate schneiden und jede Kastanie einzeln in Alufolie wickeln und kühl stellen.
(M. Renan Atalay)

Honigspeise aus Van

Murtağa (Van'dan)

Für 6–8 Personen:
125 g Butter · 300 g Mehl · 2 Eier · 3–4 Eßl. Honig

Zubereitungszeit: 25 Minuten
Backzeit: 15 Minuten

Die Butter in einem Topf zerlassen. • Das Mehl unter Rühren zur Butter geben und leicht bräunen lassen. Dann die Eier zufügen und nun nicht mehr rühren. Der Topf wird sofort zugedeckt und von der Kochplatte genommen. Nach etwa 5 Minuten sind die Eier gestockt. • Die Speise auf einer Platte anrichten und den Honig darauf verteilen.
(Fadime Gürler)

Erdbeerkuchen

Çilekli Pasta

Für 8–10 Personen:
6 Eier · 150 g Zucker · 150 g Mehl · 1 Päckchen Backpulver · 500 g Erdbeeren · 1 Päckchen Vanillepuddingpulver · ¾ l Milch · ¼ l Erdbeersaft (aus 200 g Erdbeeren) · 100 g gehackte Haselnüsse

Zubereitungszeit: 1½ Stunden
Backzeit: 30–40 Minuten

Den Backofen auf 180° vorheizen. • Die Eier mit dem Schneebesen gut schlagen und den Zucker unterrühren. Das Mehl und das Backpulver ebenfalls zugeben und das Ganze zu einem Teig verkneten. • Den Teig in eine gebutterte Springform füllen und im Backofen 30–40 Minuten backen. • In der Zwischenzeit die Erdbeeren waschen, die Stengelansätze entfernen und die Früchte abtropfen lassen. • Von dem Puddingpulver und der

Milch nach Vorschrift einen Pudding kochen und etwas abkühlen lassen. • Den fertigen, etwas abgekühlten Kuchen einmal waagerecht durchschneiden und eine Kuchenhälfte mit dem Erdbeersaft beträufeln. Auf diese Kuchenhälfte 300 g halbierte Erdbeeren verteilen und darüber die Hälfte des Vanillepuddings streichen. Mit der zweiten Kuchenplatte abdecken. Den restlichen Pudding darauf verteilen. Die restlichen Erdbeeren darauf dekorieren und das Ganze mit den Haselnüssen bestreuen. • Im Kühlschrank in 1 Stunde erkalten lassen und anschließend in Stücke schneiden.
(Cemile Yaman)

Likör-Kuchen

Likörlü Kek

250 g Butter · 300 g Zucker · 2–3 Eßl. Kakao · 3 Eßl. Likör (Banane, Apfelsine, Mandarine) · ½ Päckchen Vanillinzucker · ¼ l Milch · 4 Eier · 300 g Mehl · 1 Teel. Backpulver · Für die Form: Butter · Mehl oder Grieß

Zubereitungszeit: 45 Minuten
Backzeit: 30 Minuten

Den Backofen auf 180° vorheizen. • Die Butter zerlassen und in einer Schüssel mit 200 g Zucker, dem Kakao, dem Likör und dem Vanillinzucker vermischen. Die Milch langsam unterrühren. Von dieser Mischung 1 Glas beiseite stellen. Das Übrige mit den Eiern und dem restlichen Zucker verrühren. Dann das Mehl und das Backpulver untermischen und 1–2 Minuten gründlich schlagen. • Eine gebutterte Kastenform mit Mehl oder Grieß ausstreuen und den Teig einfüllen. Den Kuchen im Backofen in 25–30 Minuten goldbraun backen. • Den Kuchen aus dem Backofen nehmen, auf ein Gitter geben und mit der zurückbehaltenen Mischung bestreichen, solange er noch heiß ist. Den Kuchen dann auskühlen lassen.
(Melek Helfer)

Teekuchen

Çaylı Kek

Für 8–10 Personen:
125 g Butter · ¼ l starker schwarzer Tee · 2 Eier · 300 g Zucker · 375 g Mehl · 3 Eßl. Kakao · 1 Teel. Backpulver · 50 g Puderzucker

Zubereitungszeit: 1½ Stunden
Backzeit: 50 Minuten

Die Butter im heißen Tee auflösen. • Die Eier mit dem Zucker schaumig rühren und mit dem Mehl, dem Kakao und dem Backpulver in den Tee geben. Alles gut verrühren. • Den Teig in eine gebutterte Kastenform geben und im Backofen 50 Minuten backen. • Vor dem Servieren mit dem Puderzucker bestreuen.
(Şule Demiral)

Türkischer Kuchen

Türk Pastası

Dieser wohl älteste Kuchen der Türkei wird in einer runden Form gebacken. Er wird gerne zum Tee gereicht.

Für 8–10 Personen:
8 Eier · 250 g Zucker · 250 g gemahlene Haselnüsse · Saft von ½ Zitrone · 500 g Mehl

Zubereitungszeit: 1½ Stunden
Backzeit: 40–50 Minuten

Den Backofen auf 180° vorheizen. • Die Eigelbe von den Eiweißen trennen. Die Eigelbe mit dem Zucker etwa 10 Minuten schaumig rühren. • Die Eiweiße steif schlagen. • Die Haselnüsse, den Zitronensaft, den Eischnee und das Mehl zu den Eigelben geben und alles gut miteinander verrühren. • Den Teig in eine runde gebutterte Kuchenform geben und im Backofen in 40–50 Minuten goldbraun backen.
(Münevver Abalı)

Walnußmonde

Cevizli Ay

Dieses wohlschmeckende Gebäck ißt man einfach mit der Hand. Es findet auch bei Westeuropäern guten Anklang.

Für 8–10 Personen:
Für den Teig: 300 g Mehl · 125 g weiche Butter · 400 g Puderzucker · ½ Teel. Backpulver · 1 Ei · 1 Eßl. Milch
Für die Füllung: 100 g Sultaninen · 300 g gemahlene Walnüsse · 150 g Puderzucker · 3–4 Eßl. Milch · 1 Teel. Zimt · 1 Eigelb

Zubereitungszeit: 1½ Stunden
Backzeit: 30 Minuten

Für den Teig das Mehl in eine Schüssel geben und in die Mitte eine Vertiefung drücken. Dahinein die Butter, den Puderzucker, das Backpulver, das Ei und die Milch geben. Die Zutaten in der Mulde verrühren und nach und nach mit dem Mehl mischen. Das Ganze zu einem Teig kneten und 15 Minuten ruhen lassen. • Den Backofen auf 180° vorheizen. • In der Zwischenzeit die Füllung vorbereiten. Die Sultaninen mit warmem Wasser waschen und abtrocknen. • Die Walnüsse, den Puderzucker, die Sultaninen, die Milch und den Zimt so lange mit der Hand kneten, bis eine cremeartige Masse entsteht. Den Teig etwa ½ cm dick ausrollen. Kleinere Dreiecke daraus schneiden, wobei eine Seite länger sein sollte als die andere. Parallel zu dieser längeren Seite etwas von der Füllung geben und von dieser Seite aus die Dreiecke aufrollen. Während man die Dreiecke auf ein gebuttertes Backblech legt, beide Enden so weit nach innen biegen, bis ein Halbmond entsteht. • Das Eigelb verquirlen und die Walnußmonde damit bestreichen. Die Walnußmonde im Backofen 30 Minuten backen.
(Fidan Kınalı)

Apfelrollen

Elmalı Kurabiye

Ob zum Nachmittagstee oder als Nachspeise – Apfelrollen finden immer guten Zuspruch.

Für 8–10 Personen:
Für die Füllung: 3 saure Äpfel · 4–5 Eßl. Zucker · 3 Teel. Zimt · 20 g gehackte Hasel- oder Walnüsse
Für den Teig: 375 g Mehl · 250 g Butter · 1 Eßl. Joghurt · 1 Teel. Backpulver · etwas abgeriebene Zitronenschale · ½ Päckchen Vanillinzucker · 4–5 Eßl. Puderzucker

Zubereitungszeit: 1½ Stunden
Backzeit: 30 Minuten

Die Äpfel waschen, schälen, vom Kerngehäuse befreien und reiben. In einem Topf den Zucker mit den Äpfeln unter Rühren zum Kochen bringen und 10 Minuten köcheln lassen. Dann die Mischung erkalten lassen, den Zimt und die Nüsse zufügen und noch einmal umrühren. • Den Backofen auf 180° vorheizen. • Das Mehl in eine Schüssel geben und in die Mitte eine Vertiefung drükken. Dahinein die Butter, den Joghurt, das Backpulver, die Zitronenschale, den Vanillinzucker und den Puderzucker geben. Die Zutaten in der Mulde miteinander verrühren und nach und nach mit dem Mehl zu einem Teig vermengen. • Den Teig in eigroße Portionen teilen und diese mit der Handfläche oder einer Backrolle zu flachen, ovalen Plätzchen formen. Auf der Schmalseite etwas Apfelmus verteilen, den Teig aufrollen und mit der Nahtstelle nach unten auf das gebutterte Backblech setzen. • Im Backofen 30 Minuten lang backen. Die Apfelrollen nach Belieben mit Puderzucker überziehen.
(M. Renan Atalay)

◁ Sesamkringel (Susamlı Simit) reicht man gerne zum Frühstück oder am Nachmittag zu warmem Tee. Dazu schmeckt Schafkäse besonders gut.

Marmeladenknöpfe

Marmelatlı Düğme Bisküvisi

Dieses Gebäck sieht nicht nur hübsch aus, es schmeckt auch sehr gut.

Für 8–10 Personen:
250 g Mehl · 140 g Butter · 1 Ei · 70 g Puderzucker · 1 Päckchen Vanillinzucker · etwas abgeriebene Zitronenschale · 1 Teel. Backpulver · 1 Eiweiß · 6–7 Eßl. Konfitüre (Aprikosen- oder Kirschkonfitüre)

Zubereitungszeit: 1 Stunde
Backzeit: 15–20 Minuten

Das Mehl mit der Butter in einer Schüssel gut vermischen und in die Mitte eine Vertiefung drücken. In diese Mulde das Ei, den Puderzucker, den Vanillinzucker, die Zitronenschale und das Backpulver geben. Die Zutaten in der Mulde zunächst miteinander mischen und dann mit dem Mehl und der Butter sorgfältig verkneten. Den Teig mit einem nassen Tuch abdecken und 5 Minuten ruhen lassen. • Den Backofen auf 220° vorheizen. • Das Eiweiß leicht verquirlen, aber nicht zu Schnee schlagen. • Aus dem Teig knapp walnußgroße Bällchen formen, in das Eiweiß tauchen und auf ein gebuttertes Backblech setzen. In die Mitte mit dem Finger ein Loch drücken und etwas Marmelade einfüllen. Die Plätzchen im Backofen 15–20 Minuten backen.
(Neşe Kaya)

Korinthenplätzchen

Üzümlü Kurabiye

Dieses leckere Hefegebäck ißt man mit der Hand. Es schmeckt auch Westeuropäern sehr gut.

Für 8–10 Personen:
400 ccm Milch · 160 g Butter · 125 g Korinthen · 30 g Hefe · 40 g Zucker · 1 Teel. Salz · 1 Teel. Zimt · 2 Eier · 500 g Mehl

Zubereitungszeit: 1½ Stunden
Backzeit: 30–40 Minuten

Die Milch erwärmen. Die Butter zerlassen und abkühlen lassen. Die Korinthen mit warmem Wasser waschen und abtrocknen. • Die zerbröckelte Hefe, den Zucker, das Salz, den Zimt und die Milch miteinander verrühren. 100 g der Butter, die Eier und das Mehl zufügen und aus diesen Zutaten einen geschmeidigen Teig kneten. Die Korinthen zufügen und alles noch einmal durchkneten. Den Teig bei Zimmertemperatur gehen lassen, bis er zur doppelten Größe aufgegangen ist. Ab und zu umrühren. • Den Backofen auf 180° vorheizen. • Den Teig in walnußgroße Bällchen teilen und diese mit der Hand flach drücken, auf ein gebuttertes Backblech legen und mit der restlichen Butter bestreichen. Im Backofen in etwa 30–40 Minuten goldbraun backen.
(Kadriye Şener)

Sesamkringel

Susamlı Simit

Die Sesamkringel kann man mit den süddeutschen Laugenbrezeln vergleichen. Sie werden gern auf der Straße verkauft.

500 g Mehl · 25 g Hefe · 50 g weiche Butter · 1 Teel. Salz · 1 Ei · 100 g Sesam

Zubereitungszeit: 1 Stunde
Backzeit: etwa 20–30 Minuten

Das Mehl in eine Schüssel geben und in die Mitte eine Vertiefung drücken. In diese Mulde die zerbröckelte Hefe und ¼ l lauwarmes Wasser geben und beides miteinander verrühren. Die Butter und das Salz zufügen und alles zu einem Teig verkneten. Den Teig 1 Stunde gehen lassen. • Den Backofen auf 180° vorheizen. • Den Teig in 8 Portionen teilen. Mit der Hand die Teigstücke rollen und zu Kränzen formen. Die Teigkringel kurz in Wasser tauchen und auf ein gebuttertes Backblech legen. • Das Ei verquirlen und die Oberseite der Teigkringel damit bepinseln. Die Kränze mit Sesam bestreuen und etwa 10 Minuten ruhen lassen. Im Backofen 20–30 Minuten backen.
(Cavidan Yerkaz)

Plätzchen aus der Pfanne

Tavada Kurabiye

Die Ausstechförmchen haben in der Türkei alles in allem dieselben Formen wie hierzulande, so daß man mit hiesigen Exemplaren im Aussehen originale türkische Plätzchen herstellen kann.

Für 6–8 Personen:
1 Ei · 4–5 Eßl. Öl · 4–5 Eßl. Joghurt · 4–5 Eßl. Zucker · 2 Teel. Backpulver · Mehl nach Bedarf · reichlich Öl zum Braten · 4–5 Eßl. Puderzucker · Ausstechförmchen

Zubereitungszeit: etwa 1 Stunde
Garzeit: je Plätzchen 4–6 Minuten

Das Ei, das Öl, den Joghurt, den Zucker und das Backpulver in eine Schüssel geben und mit so viel Mehl verrühren, daß ein geschmeidiger Teig entsteht. Den Teig etwa 1 cm dick ausrollen und mit den Förmchenfiguren ausstechen. • In einer Pfanne Öl erhitzen, die Teigplätzchen darin von beiden Seiten in je 2–3 Minuten goldbraun braten und anschließend auf Küchenkrepp abtropfen lassen. • Die Plätzchen auf einer Servierplatte mit gesiebtem Puderzucker bestreuen.
(Hacer Apaydın)

Baiser

Beze

Immer wieder bleiben beim Backen Eiweiße übrig. Sie werden mit Zucker steif geschlagen und im Backofen bei schwacher Hitze mehr getrocknet als gebakken. Wie die meisten süßen Gebäckstücke wird auch Baiser auf türkische Art recht süß bereitet. Sie schmecken zu türkischem Kaffee, aber auch als Dessert zum Eis sehr gut.

4 Eiweiße · 1 Päckchen Vanillinzucker · 300 g Puderzucker · Pergamentpapier oder Backtrennpapier

Zubereitungszeit: etwa 2 Stunden
Backzeit: 1¾ Stunden

Die Eiweiße steif schlagen und dabei nach und nach den Vanillinzucker und den Puderzucker einrieseln lassen. So lange rühren, bis sich der Zucker vollkommen aufgelöst hat. Der Eischnee muß zum Schluß sehr steif sein. • Den Backofen auf 100–120° vorheizen. • Das Pergamentpapier oder das Backtrennpapier auf ein Backblech legen und die Schaummasse mit einem Eßlöffel oder einem Spritzbeutel mit großer Sterntülle in guten Abständen auf dem Blech verteilen. • Die Baisers auf der mittleren Schiebeleiste im Backofen trocknen lassen.
(M. Renan Atalay)

Tips: Sie können die Baisers verändern, wenn Sie geriebene Schokolade unter den Eischnee mischen. – Wenn Sie ganz frische Eier verwenden, geben Sie 1 Prise Salz zu, dann gerinnt das Ganze nicht. – Beim Schlagen der Eiweiße zunächst nur eine kleine Menge Zucker beigeben; ist der Schnee steif, den übrigen Zucker nach und nach folgen lassen. Der Eischnee gerät dann glatter. – Der Zucker soll sich im Eischnee auflösen: darum nur feinen Zucker verwenden.

Kandil-Ringe

Kandil Simidi

Seinen Namen hat dieses Gebäck von den Kandil-Feiertagen her, an denen abends zwischen den Minaretts Tausende von Lichtern brennen. An diesen Festtagen werden die Kandil-Ringe von Straßenverkäufern angeboten.

1 Ei · 4 Eßl. Olivenöl · 4 Eßl. Joghurt · 1 Eßl. Mahleb (Wildkirschenpulver aus dem türkischen Spezialgeschäft) · 250 g Butter · 2 Teel. Salz · ½ Teel. Backpulver · etwa 500 g Mehl · 50 g Sesam · Für das Blech: Butter

Zubereitungszeit: 1 Stunde
Backzeit: etwa 25–30 Minuten

Den Backofen auf 180° vorheizen. • Das Eigelb vom Eiweiß trennen. • Das Öl, den Joghurt, das Mahleb, die Butter, das Salz, das Backpulver und das Eigelb gut miteinander verrühren. Das Mehl nach und nach unterarbeiten, bis ein geschmeidiger Teig entsteht. Daraus eigroße Bällchen formen. Diese zu fingerdikken »Würsten« rollen und zu Ringen mit einem Durchmesser von 6–7 cm legen. Die Enden zusammendrücken. Die Ringe auf ein gebuttertes Blech legen, mit Eiweiß bestreichen und mit dem Sesam bestreuen. Die Kandil-Ringe im Backofen 25–30 Minuten backen.
(M. Renan Atalay)

Salzstangen

Tuzlu Çubuk

250 g Mehl · 125 g Butter · 2 Eßl. Joghurt · Salz · 2 Eier · Sesam · Kümmel · Für das Blech: Butter

Zubereitungszeit: 1 Stunde
Backzeit: 30 Minuten

Den Backofen auf 180° vorheizen. • Das Mehl, die Butter, den Joghurt, Salz und 1 Ei zu einem geschmeidigen Teig verkneten. • Walnußgroße Bällchen daraus formen und diese zu 10–12 cm langen Strängen ausrollen. Jeweils 2 oder 3 Stränge zu Zöpfen flechten und auf ein gebuttertes Backblech legen. Mit verquirltem Eigelb bestreichen und mit Sesam und Kümmel bestreuen. • Die Stangen in 25–30 Minuten goldbraun bakken.
(M. Renan Atalay)

Menüzusammenstellungen

In der traditionellen bürgerlichen türkischen Küche werden in der Regel Menüs mit mehreren Gängen serviert. Meist folgen aufeinander: Suppe, Eierspeisen, dann wahlweise Fisch, Geflügel oder Fleisch als Hauptgericht, anschließend warme oder kalte Gemüsegerichte, Teigwaren und schließlich Dessert, Obst und Mokka.
Die hier zusammengestellten Menüvorschläge haben wir – die Speisefolge variierend – dem europäischen Geschmack entsprechend gestaltet. So haben wir manchmal statt der Suppe oder vor ihr kalte oder warme Vorspeisen oder auch Teigwarengerichte aufgeführt. Außerdem haben wir darauf geachtet, daß in keinem Menü mehrere zeitraubende Gerichte kombiniert worden sind. Unsere Menüzusammenstellungen enthalten zum Schluß des Kapitels zwei Beispiele für die Festtagsküche.
(Ulya Breuer Üçer)

Zwiebelsuppe · Soğan Çorbası (Seite 23)
Hähnchen mit Gemüse im Römertopf · Sebzeli Tavuk Güveci (Seite 46)
Topfboden · Kazandibi (Seite 91)
Kaffee

Passierte Gemüsesuppe · Ezme Sebze Çorbası (Seite 23)
Lammfleisch auf Artischockenböden · Enginarlı Kuzu Kebap (Seite 52)
Halbmonde mit Käsefüllung · Puf Böreği (Seite 82)
Obst
Kaffee

Hochzeitssuppe · Düğün Çorbası (Seite 19)
Auberginenpüree mit Ragout · Hünkar Beğendi (Seite 65)
Schokoladencreme · Çukulatalı Krema (Seite 91)
Obst
Kaffee

Schöne-Frauen-Suppe · Güzel Hanım Çorbası (Seite 19)
Grüne Bohnen in Olivenöl · Zeytinyağlı Taze Fasülye (Seite 40)
Hähnchen und Gemüse in Aspik · Sebzeli Tavuk Jölesi (Seite 40)
Reismehlpudding mit Kokosraspel · Hindistan Cevizli Muhallebi (Seite 90)
Kaffee

Kartoffelsuppe · Patates Çorbası (Seite 23)
Fleischtopf mit Reis · Taskebaplı Pilav (Seite 53)
Traubenpudding · Üzüm Muhallebisi (Pepeci, Seite 90)
Kaffee

Almsuppe · Yayla Çorbası (Seite 19)
Gemüse-Fleisch-Topf · Tencere Kebabı (Seite 53)
Orangengelee · Portakal Jölesi (Seite 91)
Kaffee

Mehlsuppe · Un Çorbası (Seite 26)
Dicke Bohnen in der Schote · Zeytinyağlı Taze Bakla (Seite 37)
Fischfrikadellen · Balık Köftesi (Seite 76)
Gebackene Teigschnitten in Zuckersirup · Gözleme Tatlısı (Seite 93)
Kaffee

Auberginen mit Käsefüllung · Peynirli Patlıcan (Seite 41)
Gebratene Lammkeule · Fırında Kuzu Budu (Seite 48) mit gemischtem Reis · İç Pilav (Seite 44)
Obst
Kaffee

Auberginenpüree kalt · Patlıcan Ezmesi (Seite 36)
Fischsuppe · Balık Çorbası (Seite 22)
Obst
Kaffee

Gurken mit Joghurt (Tsatsiki) · Cacık (Seite 29)
Den Imam hat's umgehauen · İmam Bayıldı (Seite 34)
Hacksteak · Kıyma Bifteği (Seite 57)
Nußnester · Cevizli Tel Kadayıf (Seite 98)
Kaffee

Tomatensalat · Domates Salatası (Seite 29)
Gefüllte Auberginen · Karnıyarık (Seite 69) mit türkischem Pilaw · Pirinç Pilavı (Seite 44)
Kaffee

Gemüse mit Tomatenpüree · Domatesli Karışık Kızartma (Seite 37)
Gefüllter Hackbraten · Dalyan Köfte (Rulo Köfte, Seite 57)
Käsehelwa · Peynir Helvası (Seite 93)
Kaffee

Zucchinifladen · Mücver (Seite 30)
Gebackener Bonito · Palamut Balığı Fırında (Seite 75) mit grünem Salat
Käseplätzchen Bursa in Zuckersirup · Bursa Peynir Tatlısı (Seite 94)
Kaffee

Gefüllte Weinblätter · Zeytinyağlı Yaprak Dolması (Seite 33)
Hackfleischbällchen in saurer Sauce · Ekşili Köfte (Seite 57)
Reismehlpudding mit Zwieback · Etimekli Muhallebi (Seite 90)
Kaffee

Möhren in Mayonnaise · Mayonezli Havuç (Seite 27)
Hähnchenröllchen · Tavuk Köftesi (Seite 48)
Hühnerbrustpudding · Tavuk Göğsü (Seite 90)
Obst
Kaffee

Gefüllte Auberginen und Paprikaschoten · Zeytinyağlı Biber, Patlıcan Dolması (Seite 36)
Fleischspießchen · Şiş Kebap (Seite 50) mit Salat
Grießkuchen in Zuckersirup · İrmik Tatlısı (Seite 94)
Obst
Kaffee

Rote Bohnen in Olivenöl · Zeytinyağlı Barbunya (Seite 38)
Sardellen-Pilaw · Hamsi Pilavı (Seite 72)
Nuß-Honig-Schnitten · Baklava (Seite 98)
Kaffee

Mandelmilchsuppe · Sütlü Badem Çorbası (Seite 26)
Teigblätter mit Spinatfüllung · Ispanaklı Börek (Seite 82)
Tscherkessenhuhn · Çerkez Tavuğu (Seite 48)
Obst
Kaffee

Artischocken mit Reisfüllung · Enginar Dolması (Seite 36)
Truthahn mit Kastanien · Kestaneli Hindi (Seite 48)
Joghurt-Kuchen in Zuckersirup · Yoğurt Tatlısı (Seite 96)
Obst
Kaffee

Besondere Zutaten der türkischen Küche

Ein original türkisches Essen auf den Tisch zu bringen, fällt auch hierzulande weniger schwer, als man zunächst glauben möchte. Nicht nur in größeren, häufig auch in kleineren Städten gibt es türkische Spezialgeschäfte, in denen man besondere Zutaten kaufen kann, die den Gerichten dann das typische Gepräge geben. Damit Ihnen der Umgang mit all den köstlichen Spezialitäten leicht fällt, finden Sie hier einen Überblick über wichtige Besonderheiten.
(M. Renan Atalay)

Ayran: Dieses erfrischende Sommergetränk, das man gerne zu Salzgebäck reicht, wird wie folgt zubereitet: Man verrührt 500 g Joghurt mit ⅛ l Wasser sehr gründlich und würzt nach Geschmack mit Salz.

Çiroz: Dieser türkische Stockfisch wird aus Makrelen hergestellt. Man salzt ihn und läßt ihn an der Luft trocknen. Er wird gerne für eine Vorspeisen-Tafel verwendet. Die Fische vor Gebrauch rösten, häuten, für etwa 20 Minuten in Essig und Öl legen und mit Dill bestreut servieren.

Fladenbrot: Das berühmte Fladenbrot wurde früher von jeder Hausfrau für den Tagesbedarf gebacken. Heute wird dies nur noch an Festtagen gemacht, vor allem während des Fastenmonats Ramadan. – Im türkischen Spezialgeschäft ist es jederzeit frisch erhältlich. Für die ganz Eifrigen, die es ausprobieren wollen, hier das Rezept: Man benötigt 1 Päckchen Hefe, 500 g Weizenmehl, etwa ⅛ l Wasser, Salz, 1 Eigelb, ½ Teelöffel Zucker, Sesamkörner und 1 Teelöffel Olivenöl. Die Hefe wird in lauwarmem Wasser aufgelöst. Mehl und Salz werden mit dem Hefewasser zu einem Teig verarbeitet, der etwas weicher als ein Ohrläppchen sein soll. Den Teig mit einem trockenen Tuch abdecken und 15–20 Minuten gehenlassen. Auf einer bemehlten Unterlage einen Fladen formen und mit den Fingern die Mitte etwas flacher drücken. Das Eigelb, das Olivenöl und den Zucker verrühren und den Fladen damit bestreichen. Den Fladen mit Sesam bestreuen und in dem auf 200° vorgeheizten Backofen auf einem gebutterten Blech in 10–15 Minuten goldgelb backen.

Gerbersumach (Sumak): Diese linsenähnliche Frucht des Sumak-Baumes (oder -Busches) wird in Südanatolien gern als Gewürz verwendet. Sie gibt den Speisen einen angenehm säuerlichen Geschmack. Man kann das Gewürz unter der Bezeichnung »Sumak« gemahlen kaufen.

Granatäpfel: Diese Frucht wächst in der Türkei in vielen Gärten. Man verarbeitet sie zu Säften, die herb im Geschmack und erfrischend sind. Auch die saftigen Kerne werden gerne gegessen. Granatäpfel verwendet man viel in Desserts.

Joghurt: Vor allem auf dem Land wird Joghurt auch heute noch selbst zubereitet. Joghurt gilt in der Türkei nicht nur als schmackhaft, es wird ihm auch eine beruhigende Wirkung nachgesagt. Joghurt wird meist in größeren Mengen für die ganze Woche hergestellt. Und so wird's gemacht: Man benötigt 1 l Vorzugsmilch (Vollmilch, möglichst frisch). Die Milch wird gekocht, in einen Topf oder eine Schale gegossen und zum Abkühlen an einen ruhigen und warmen Ort gestellt. Wenn die Milch bis auf 40° (Fingerprobe) abgekühlt ist, verteilt man mit einem Teelöffel 4 Eßlöffel Joghurt gleichmäßig in der Milch. Das Gefäß mit einem Deckel verschließen, in eine gut wärmende Decke einschlagen und 18–20 Stunden stehen lassen. Danach ist der Joghurt fertig und kann in den Kühlschrank gestellt werden.

Kaşar-Käse: Der schönste Kaşar-Käse wird aus Schafmilch hergestellt. Man geht aber heute immer häufiger dazu über, Kaşar-Käse aus Kuhmilch herzustellen. Dies gilt insbesondere für die hierzulande lebenden Türken.

Kaviar, roter: An der ägäischen Küste wird vorwiegend aus heimischen Seefischen, aber auch aus Flußfischen roter Kaviar in recht guter Qualität gewonnen. Man bereichert damit gerne die Vorspeisen-Tafel.

Kavurma: Das Kavurma-Verfahren ist in erster Linie eine Art Konservierung von Lebensmitteln, das auf dem Lande, wo noch viele Dörfer ohne Strom und damit auch ohne Kühlmöglichkeiten sind, verbreitet ist. Man stellt eine Art Schmalz her, dem man kleine gebratene Fleischstücke beigibt. Das Ganze läßt sich dann in Steintöpfen aufbewahren. Es schmeckt ganz köstlich und wird gern mit fettarmen Gerichten kombiniert.

Kornelkirschen: Diese Frucht eines auch hierzulande gerne angepflanzten Zierstrauchs ist olivenförmig und hat einen länglichen Stein. Der Geschmack ist herbsauer. Die Kornelkirsche ist recht saftig und eignet sich gut zur Herstellung von Marmelade. Kornelkirschensaft gibt eine schöne Beigabe zu Desserts ab. In Istanbul ist die Frucht ein Bestandteil der Serail-Suppe, einer Variante der berühmten Tarhana-Suppe.

Kreuzkümmel: Dieses Gewürz, das auch in Pulverform erhältlich ist, wird in der Türkei mit Vorliebe zur Würzung von Fleischgerichten verwendet.

Lammnetz: Lammnetz besteht aus einer mit Fett durchwachsenen Innenhaut des Lammes. Auf Bestellung bekommt man Lammnetz bei jedem Metzger. In der türkischen Küche werden gerne Rollbraten darin eingeschlagen.

Leblebi: Wenn man Kichererbsen in der Pfanne röstet, geben sie eine leckere Knabberei ab. In der Türkei gibt es sie – ähnlich wie bei uns Studentenfutter – im Freiluftkino. Leblebi ist auch eine beliebte Beilage zu »Rakı«.

Lokum: Dieses türkische Naschwerk ist hierzulande auch unter dem Namen »türkischer Honig« bekannt. Es wird aus Zucker und Stärkemehl hergestellt und mit Mandeln, Kokosraspel oder auch Pistazien angereichert. Es gibt »Lokum« in einer Unzahl von Varianten.

Maismehl: An der Schwarzmeer-Küste und in der nördlichen Türkei wird Maismehl bevorzugt. Man verwendet es so wie anderenorts Weizenmehl.

Minzblätter: Die türkische Küche liebt frische Kräuter. Minze, im Küchengarten selbst gezogen, wird wegen seiner erfrischenden Wirkung besonders an heißen Sommertagen geschätzt. Man gibt das Kraut frisch gehackt in die Joghurtspeise »Cacık« und verwendet es zur Würzung von Gemüsegerichten und Hackfleischfüllungen. Auch die Almsuppe enthält frische Minze.

Besondere Zutaten der türkischen Küche

Okra: Dieses in der Türkei sehr beliebte Gemüse gibt es neuerdings auch hierzulande frisch auf dem Markt. Die an grüne Bohnen erinnernde Frucht enthält in ihrem Inneren einen flüssigen Schleim, der beim Kochen nicht austreten soll, so daß man beim Abschneiden der Stiele vorsichtig sein muß. Im Westen und Nordwesten der Türkei, wo Okra viel verwendet wird, zieht man das Gemüse auf Schnüre, wie man dies auch mit Peperoni und Paprikaschoten macht. Auf diese Weise kann man im Winter über getrocknetes Gemüse verfügen. Getrocknete Okras werden vor der Zubereitung 2–3 Stunden eingeweicht. Dann können sie wie frische behandelt werden.

Paprikapulver: Ohne dieses Gewürz ist die türkische Küche nicht denkbar. Zusammen mit Zwiebeln und Knoblauchzehen gibt es vielen Gerichten die geschmackliche Basis. Schon früh daran gewöhnt, lieben auch die türkischen Kinder scharf gewürzte Speisen. Zerlassene Butter wird gern mit Paprikapulver vermischt, um Suppen, Saucen, Gemüse- oder Fleischgerichten einen spritzigen Geschmack und nicht zuletzt auch einen hübschen Farbfleck zu geben.

Pastırma: Aus der Gegend von Kayseri stammt dieses Trockenfleisch, eine Art luftgetrockneter Schinken, der von einer Würzschicht aus Paprika und Knoblauch umgeben ist. In seiner Ursprungsgegend wird »Pastırma« oft dem frischen Fleisch vorgezogen – es wird aber auch in der gesamten Türkei als Spezialität geschätzt.

Peperoni/Spitzpaprika: In der türkischen Küche sind Gerichte mit Peperoni/Spitzpaprika beliebt. Hierzulande werden auf dem Markt Peperoni/Spitzpaprika von mild bis scharf angeboten. Zum Eingewöhnen sollte man zunächst zu den milden Sorten greifen und bei der Zubereitung die Samenkerne entfernen.

Pfeilwurzelmehl (Arrowroot): Das dem Safran ähnliche Pulver wird in der türkischen Küche weniger des Geschmacks als vielmehr des Farbstoffs wegen benutzt – häufig, um den teuren Safran zu »strecken«. Es wird aus dem Wurzelstock der Kurkumapflanze gewonnen.

Pinienkerne: In der Türkei werden Pinienkerne auch »Dolma Fıstığı« genannt. Während sie hierzulande als Zutaten bei Kuchen, Eis und Desserts vorkommen, verfeinert man in der türkischen Küche auch gerne Füllungen für Gemüse mit ihnen.

Reismehl: Das aus Reiskörnern gemahlene Mehl wird wegen seines angenehm zarten Geschmacks und seiner guten Quellfähigkeit gerne für die Bereitung von Kinderbrei und diversen Desserts verwendet.

Rosenwasser: Da die Türkei ein rosenreiches Land ist, wird dort Rosenwasser häufig für die Zubereitung von Desserts und Gebäck verwendet.

Sucuk: Wie »Pastırma« stammt auch »Sucuk« aus Kayseri. Diese mit viel Knoblauch gewürzte Wurst war bis vor zehn Jahren die einzige in der Türkei bekannte Hartwurst.

Tahin: Diese Sesampaste wird in der türkischen Küche viel verwendet – als Brotaufstrich, für Vorspeisen und Desserts. Die berühmte Speise »Humus« (Rezepte Seite 34) enthält reichlich Tahin.

Tarhana: Diese Mischung aus Mehl, Gemüse und Joghurt, die im Sommer in großen Mengen an der Sonne getrocknet und dann in Pulver- und Pastenform für den Winter aufgehoben wird, gibt der »Tarhana«-Suppe (Rezept Seite 20), einer in der ganzen Türkei beliebten Wintersuppe, ihre spezifische Note. »Tarhana« gibt es im türkischen Spezialgeschäft fertig zu kaufen.

Tel Kadayıf: Es handelt sich um einen fadennudelartigen Teig, aus dem man süße Mehlspeisen herstellt. Der Teig ist im türkischen Spezialgeschäft erhältlich.

Weinblätter: Wie Gurken in einer Salzlake eingelegt, hat die türkische Hausfrau Weinblätter stets auf Vorrat zu Hause, um daraus Rouladen aller Art zu bereiten.

Zimt: Dieses Gewürz wird in der türkischen Küche vielseitiger verwendet als hierzulande. Man würzt damit mit viel Geschick Süßspeisen, Gebäck, Reisspeisen und Fleischgerichte.

Zuckersirup: In der Türkei wird Gebäck häufig in Zuckersirup getränkt. Sirupgebäck, das mit seiner intensiven Süße gut zum türkischen Mokka paßt, hält sich im Kühlschrank 1–2 Tage frisch. Es wird meist zu Sonn- und Feiertagen bereitet. Der Sirup wird stets frisch zubereitet. Bei längerem Stehen würde er verzuckern. 1 kg Zucker kocht man in ¾ l Wasser 10 Minuten lang; dann ist der Sirup fertig zur weiteren Verwendung. Meist gibt man das fertige Gebäck in den erkalteten Sirup. Soll es gut mit Sirup durchtränkt sein, sticht man es vor dem Eintauchen mit der Gabel einige Male an. Gelegentlich gießt man aber auch den Sirup heiß über Kuchen oder Gebäck. Als Geschmackszutat gibt man meist Zitronensaft oder auch Rosenwasser in den Sirup. Die bei den Rezepten angegebene Zuckermenge wirkt auf den Westeuropäer etwas reichlich. Doch muß man bedenken, daß nicht sämtlicher Sirup, der zum Tränken verwendet wird, auch später gegessen wird. Überschüssiges wird weggeschüttet. – Manchmal wird Sirup für Gebäck auch aus Honig hergestellt. Dies ist zum Beispiel bei den berühmten Nuß-Honig-Schnitten (Baklava, Rezept Seite 98) der Fall; der Honigsirup wird für dieses feine Gebäck mit Orangen- und Zitronensaft parfümiert.

Mengenangaben

Produkte	1 Eßlöffel	1 Tasse
Butter	10 g	–
Grieß	12 g	100 g
Käse, gerieben	10 g	80 g
Mehl	10 g	80 g
Öl	9 g	75 g
Reis	15 g	120 g
Semmelbrösel/-Paniermehl	10 g	80 g
Speisestärke	15 g	–
Wasser, Brühe, Milch,	15 g	125 g
Zucker	15 g	120 g

1 Tasse entspricht ⅛ l
1 Schnapsglas entspricht 2 cl
2 Eßlöffel frisch gehackte Kräuter entsprechen etwa 1 Bund

Türkei – Nahtstelle zwischen Europa und Asien

In der Türkei treffen Europa und Asien aufeinander, Geschichte und Kultur des Landes legen hierfür ein bewegtes Zeugnis ab. Man kann dies schon an den drei Namen der großen Stadt am Bosporus, des heutigen Istanbul ablesen. Seit Jahrhunderten ist sie eine Weltstadt: In der Antike 660 vor Christus als Byzanz gegründet, wurde sie 330 nach Christus als Konstantinopel Hauptstadt des Oströmischen Reiches. Von 1453 bis 1923 war Istanbul Hauptstadt der Türkei, mußte aber dieses Vorrecht von da ab an Ankara abtreten.
In Istanbul war noch vor zwölf Jahren der Besuch des europäischen Teils von der asiatischen Seite her nicht so einfach. Denn es gab keine Brücke, sondern nur Fährschiffe. Für die Reisenden, vor allem aber für den Transportverkehr, bedeutete dies stundenlanges Warten. Am 29. Oktober 1973 wurde dann endlich die Europabrücke eröffnet.
Kleinasien war seit je Schauplatz vielfältiger bedeutsamer geschichtlicher Ereignisse und kultureller Leistungen. Vor nicht allzu langer Zeit wurden zum Beispiel auf dem Gebiet der heutigen Türkei Spuren der großartigen Kultur der Hethiter (2000 bis 1200 vor Christus) entdeckt. Im Süden und Westen Kleinasiens künden Troja, Pergamon, Milet und Aspendos vom Geiste Griechenlands, der hier einst eine blühende Kultur schuf. Auch das Christentum setzte hier weltpolitische Zeichen. Das Osmanische Reich war das letzte in der Reihe morgen- und abendländischer Imperien, das hier die Kultur formte. Das Erbe dieses Reiches wurde vor mehr als vierzig Jahren in seinem Kernland Anatolien zu einer neuen Einheit verschmolzen: der Türkischen Republik.

Das Reich der Seldschuken und Osmanen

Die Turkvölker hatten im 6. Jahrhundert nach Christus in Zentralasien ein Reich von großer Ausdehnung, aber nur kurzem Bestand. Im 10. Jahrhundert übernahmen die nomadisierenden türkischen Stämme von den Persern den islamischen Glauben. In den folgenden Jahrhunderten, in denen die Völkerwanderung in Europa zum Stillstand kam, setzte der Zug der Türken gen Westen ein, der sich über sechshundert Jahre erstreckte. Die Seldschuken, ein Stamm aus den Steppen am Aral-See, drangen im 11. Jahrhundert bis nach Anatolien vor. Anfang des 12. Jahrhunderts hatten sie größere Teile Anatoliens ihrem Herrschaftsbereich eingegliedert und Konya zur Hauptstadt ihres Reiches gemacht. Die prächtige Aladin-Moschee sowie das Doppelminarett in Sivas oder auch die von Touristen viel bewunderten Paläste und Karawansereien lassen die Bedeutung, die dieses Reich für die Religion, die Philosophie und die gesamte Kultur hatte, erahnen.
Anfang des 13. Jahrhunderts brauste der große Mongolensturm nach Westen. Auch in Kleinasien drangen die Mongolen ein, unterwarfen den Seldschukensultan, zogen sich aber wieder zurück. Dann wanderten die Osmanen nach Westen. Dieser Türkenstamm fand auf dem Hochplateau Anatoliens eine neue Heimat für seine Familien und Weideplätze für die Herden. Der Seldschuken-Sultan siedelte diesen Stamm an der Nordwestgrenze seines Reiches an – in dem Byzenz vorgelagerten Gebiet. Mit dem allmählichen Verfall der Seldschukenmacht ging die Herrschaft an diesen Osmanenstamm über; im Jahre 1326 waren sie bereits Herren der ganzen Provinz Bursa. Immer weiter dehnten sie ihren Herrschaftsbereich nach Westen aus, und schon Mitte des 14. Jahrhunderts war Konstantinopel rings von osmanischem Gebiet umgeben. Hundert Jahre später, 1453, eroberte der Osmanen-Sultan Mehmet II. schließlich die Stadt selbst.
In der zweiten Hälfte des 17. Jahrhunderts erreichte das Osmanenreich seine größte Ausdehnung: Der ganze Balkan, Teile von Polen, Georgien, Persien und Arabien gehörten zum türkischen Herrschaftsbereich. Die Türken beherrschten das Schwarze Meer und das östliche Mittelmeer. Sie waren die größte Macht in Europa und im Vorderen Orient. Der Niedergang dieses Riesenreiches beginnt mit dem Verlust Ungarns. Eine fast ununterbrochene Periode von Kriegen beschleunigte den Untergang des Osmanenreiches, der mit den Verträgen von Sèvres (1920) und Lausanne (1923) endgültig besiegelt wird. Noch heute begegnet der Reisende im Gebiet des Taurusgebirges der nomadischen Tradition. Wie seit Jahrhunderten wird im Sommer das Vieh auf saftige Weiden des Taurus geführt, im Winter in die Täler zurückgeholt, aber nicht in Ställen untergebracht. Von der Pracht vergangener Jahrhunderte zeugen die Zelte mit mehreren Kuppeln. Zentren des Osmanischen Reiches waren die Städte Bursa, Edirne und Istanbul. Auf osmanische Tradition geht auch das Miteinander von Moschee, Universität, Bibliothek und Armenküche zurück – wohl eine der ersten sozialen Einrichtungen der Welt überhaupt.

Die Türkische Republik

Unter Mustafa Kemal, bald Atatürk – das heißt »Vater der Türken« – genannt, formt sich ein neuer Nationalstaat, dessen Bevölkerung durch zahlreiche Reformen näher an Europa herangeführt wird. Die Verlegung der Hauptstadt aus dem kosmopolitischen Istanbul nach Ankara in das Herz Anatoliens, die Abschaffung des Kalifats und der Derwisch-Orden sowie die Schließung der Koranschulen (Medressen), der Umbau der gesamten Verwaltung des Landes, die Übernahme des modernen schweizerischen Bürgerlichen Gesetzbuches, die Einführung des lateinischen Alphabets und der europäischen Kleidung, der Wegfall des Frauenschleiers – das sind wichtige Bausteine der jungen Türkei und zugleich die wesentlichsten Elemente im Lebenswerk ihres Gründers Atatürk.
Mustafa Kemal gelang es, das 1918 besetzte Land im Unabhängigkeitskrieg (1919 bis 1923) zu befreien und den ehemaligen Siegermächten Waffenstillstand und den Vertrag von Lausanne abzutrotzen. Auf dem der Türkei verbliebenen Staatsgebiet baute Atatürk eine Republik auf, deren 1924 verkündete Verfassung jedem Staatsbürger, also auch den Frauen, gleiches Recht zusicherte. Zehn Jahre später wurde das Frauenwahlrecht eingeführt. Die höchste Macht im neuen Staat lag bei der Großen Nationalversammlung, die Legislative und Exekutive zugleich darstellte. Der Staatspräsident und die Minister wurden aus den

Reihen der Abgeordneten gewählt und waren praktisch nur Vollzugsorgane des Parlaments. Eine Gewaltenteilung war nicht vorgesehen. Zum ersten Staatspräsidenten der neuen Republik wurde Atatürk gewählt. Er prägte dem ganzen Land seinen Stempel auf und fand in den regelmäßig abgehaltenen Wahlen immer neue Bestätigung seiner reformerischen Politik. Er starb 1938.

Asien »en miniature«

Die Türkei hat gemeinsame Landesgrenzen mit Griechenland und Bulgarien im Westen, mit der Sowjetunion im Nordosten, mit dem Iran, dem Irak und Syrien im Osten und Südosten. Die politischen Beziehungen der Türkei zur Sowjetunion, die die Meerengen am Bosporus und an den Dardanellen (Durchgang vom Schwarzen Meer in das Marmara-Meer und von hier in das Mittelmeer) aufgrund von internationalen Verträgen nicht ohne weiteres mit Kriegsschiffen passieren darf, sind seit Atatürk von Festigkeit und auch von verschiedentlich unter Beweis gestelltem Behauptungswillen gekennzeichnet. Traditionelle Freundschaft verbindet die Türkei mit Deutschland.
Der Westküste Kleinasiens sind unzählige Inseln und Inselchen im Ägäischen Meer vorgelagert. Die meisten von ihnen gehören jedoch nicht zu türkischem, sondern zu griechischem Hoheitsgebiet. Wenn man das türkisfarbene Meer, das von üppiger Natur eingerahmt ist, hinter sich läßt und zu den rauhen Hochebenen Anatoliens kommt, läßt einen der Anblick frösteln: Kein Strauch, kein Baum und auch nicht ein Grashalm erfreuen das Auge. Dennoch ist das Massiv in seiner Stille majestätisch. Man ist oft stundenlang unterwegs, um von einem kleinen Dörfchen zum anderen zu gelangen. Elektrischen Strom gibt es dort nicht, dafür aber eine unbeschreiblich herzliche Gastfreundschaft. Der Name Kleinasien drückt die Gestalt des Landes treffend aus: Es ist ein asiatischer Kontinent »en miniature« mit seinen Hochebenen, dem rauhen Klima im Landesinneren, mit seiner Kette von bewaldeten und verhältnismäßig üppigen Randgebirgen – im Norden das Pontische und im Süden das Taurische Gebirge. Dazwischen liegt die weite Hochebene Zentralanatoliens, die mit zahlreichen längst erloschenen Vulkankegeln durchsetzt ist. Die höchste Erhebung auf türkischem Boden ist der aus der Bibel bekannte Berg Ararat (Agri), der über 5000 m hoch ist. Doch ist er keineswegs der einzige Berg der Türkei, der ewigen Schnee trägt.
Für den Besucher ist der klimatische Wechsel vom feucht-milden Mittelmeerklima im Westen und Süden zum rauhen, trockenen Kontinentalklima im Osten und Nordosten auffällig. Auch das Schwarzmeer-Gebiet ist erheblich kühler als die Mittelmeerregion. Natürlich spielen für die klimatischen Unterschiede auch die beträchtlichen Höhenunterschiede zwischen den Ebenen an der Küste einerseits und den oft jäh emporsteigenden Gebirgszügen andererseits eine Rolle.
Geographisch gesehen begegnet man in der Türkei sieben Landschaften mit stark unterschiedlichem Charakter. Es sind dies die Schwarzmeer-Küste, das Marmara-Gebiet, der ägäische Raum, die Mittelmeer-Region, Mittelanatolien, Ostanatolien und Südostanatolien.

Das Schwarzmeer-Gebiet

Eine Entdeckung wert ist das bei Urlaubern wenig bekannte Schwarzmeer-Gebiet. Der dicht besiedelte Küstenstreifen von 100–200 km Breite lebt in der Hauptsache vom Fischfang und der fischverarbeitenden Industrie. Für Akkerbau ist hier zu wenig Platz, dafür wird intensive Gartenbauwirtschaft betrieben, die reichlichen Ertrag bringt. Bei der Hauptstadt Trabzon, die schon vor vielen Jahrhunderten ein wichtiger Handelsplatz im Osten dieses Gebiets und Ziel zahlreicher Karawanen aus Persien war, und bei Ordu gedeihen vorwiegend Haselnüsse, bei Rize Orangen, Mandarinen, Tee und Tabak. In der parallel zur Küste laufenden Bergkette, an der sich der Seewind bricht, läßt die Besiedlungsdichte ab 500 m Höhe nach; dort wächst Gemüse aller Art, vor allem Bohnen, Kartoffeln und Mais. Wirtschaftliches Zentrum des mittleren Schwarzmeer-Gebietes ist die Hauptstadt Samsun. Weiter westlich hat sich um die Stadt Zonguldak ein kleines Industriegebiet entwickelt, dessen Mittelpunkt der Steinkohlenbergbau ist. Bei Karablük liegen Eisen- und Stahlwerke.

Die Marmara-Region

Das Marmara-Gebiet reicht vom Schwarzen Meer bis zur Ägäis, hier liegt der Schnittpunkt der beiden Kontinente. Für Fischgenießer ein Tip: Die besten Fische werden im Marmara-Meer gefangen. Der Grund hierfür ist in der Strömung vom Mittelmeer und von der Ägäis zu suchen. Sie verursacht Schwankungen in der Wassertemperatur und im Salzgehalt, was den Fischgeschmack ungemein günstig beeinflußt. Zum Glück ist die Verschmutzung des Wassers hier noch nicht so weit, wie wir es leider von anderen europäischen Ländern her kennen. Die Landschaft ist hügelig, die flachen Hänge sind mit Büschen bedeckt, in den höheren Lagen mit Wäldern. Am Ostrand geht die fruchtbare Ebene allmählich in Steppe über. Dieses Gebiet ist mit seiner Industrie, der Millionenstadt Istanbul und vielen weiteren Städten pulsierendes Zentrum der Türkei. Einen besonderen Anziehungspunkt stellt Bursa, die einstige Hauptstadt des Osmanen-Reiches dar; sie wird ihrer Schwefel- und Thermalquellen wegen als Kurort und ihrer Lage nahe dem Uludag-Gebirge wegen als Wintersportgebiet geschätzt. Manch einer besucht den Ort aber auch ausschließlich um der berühmten Bursa-Seide und -Wolle willen. An der Nahtstelle beider Kontinente, wo man für 40 Pfennige von Europa nach Asien gelangt – soviel kostet die Überfahrt mit der Fähre –, erhebt sich die jahrtausendalte Stadt: Istanbul-Konstantinopel-Byzanz, eine faszinierende Stadt, die nie zur Ruhe kommt. Alte Prachtbauten und moderne Wolkenkratzer ergänzen sich hier zu einem imponierenden Panorama. Nicht umsonst sagt man, wer Istanbul nicht gesehen hat, der kennt die Türkei nicht. Die Stadt war durch viele Jahrhunderte hindurch Drehscheibe der Völker und Kulturen, eine Residenz mächtiger Herrscher, christlich-abendländischer ebenso wie

Türkei – Nahtstelle zwischen Europa und Asien

islamisch-morgenländischer Herkunft. Von der wechselvollen Geschichte dieser Stadt künden zahlreiche antike und byzantinische Bauwerke, die teils noch erhalten, teils wieder ausgegraben worden sind, vor allem aber auch die unzähligen Moscheen, deren Kuppeln und Minaretts die Silhouette des Stadtbildes beherrschen. Hier steht die älteste noch erhaltene christliche Kirche, die 1400 Jahre alte Hagia Sophia (heute als Museum benutzt) und das größte islamische Gotteshaus, die »Blaue Moschee«. Einige der islamischen Bauten stammen von dem berühmten osmanischen Baumeister Sinan, der viele prächtige Moscheen und Paläste in der Türkei geschaffen hat.

Der ägäische Raum

Der ägäische Raum ist ganz dem Meer geöffnet. So können die Seewinde weit ins Landesinnere vordringen und bringen die für die Landwirtschaft nötige Feuchtigkeit. Edles Obst, Gemüse, Trauben und Tabak wachsen auf den Feldern. Vor allem die köstlichen Feigen sollte man sich nicht entgehen lassen, wenn man in dieser Region Station macht. Dies gilt im übrigen auch für die herrlichen Fischspezialitäten. Im ägäischen Raum gibt es auch viele Wildschweine. Ihr Fleisch wird exportiert oder als Braten den Touristen angeboten, da der Genuß von Schweinefleisch nach dem Koran verboten ist. Außer in der Landwirtschaft finden die Bewohner ihren Erwerb in der Zucker-, Tuch- oder Teppichindustrie sowie im Chrom-, Mangan- oder Braunkohlenbergbau. Das ägäische Gebiet, seit dem Altertum besiedelt, hat in Izmir (dem alten Smyrna) sein wirtschaftliches Zentrum. Mit seinen günstigen Verbindungen ins Hinterland war es schon immer Endpunkt von Karawanen aus Zentral- oder Ostanatolien. Heute ist es mit seinem großen Umschlaghafen das türkische »Tor zur Welt«, zu dem alljährlich Besucher aus allen Ländern zur Internationalen Industriemesse strömen. Izmir ist Sitz der EG-Universität und des Hauptquartiers der NATO.

Die Mittelmeer-Region

Die Mittelmeer-Region greift, ähnlich wie das Schwarzmeer-Gebiet, nicht so tief ins Landesinnere wie der ägäische Raum. Sie erreicht nur eine Breite bis zu 180 km und wird im Norden vom Taurus, im Osten vom Nurj Daglari jenseits des Golfes von Iskenderun begrenzt. Die Berge treten auf weiten Strecken bis dicht an die Küste heran. In den Ebenen um Adana (Seyhan) gedeihen Zitrusfrüchte, Bananen, Tomaten und Erdnüsse. Auch die Baumwollpflanzungen und Samenzüchtereien sind von wirtschaftlicher Bedeutung. Adana ist eine ausgesprochen reiche Stadt, dies gilt auch für die zu ihr gehörende Hafenstadt Mersin (Içel). Am Golf von Antalya finden sich, ähnlich wie im ägäischen Raum, zahlreiche antike Ruinenstädte, Zeugnisse einer stolzen Blütezeit.

Mittelanatolien

Wer das Hochland Mittelanatolien besucht, befindet sich im Herzen der Türkei. Eine klimatisch rauhe Landschaft von besonderem Reiz empfängt ihn. Das vom Westen nach Osten hin ansteigende Gebiet ist regenarm, die Niederschlagsmenge liegt in manchen Jahren unter 300 mm – und entsprechend dünn besiedelt, zumal auch das Ackerland nur einige Jahre hintereinander bebaut werden kann und dann wieder jahrelang ruhen muß. Hier gibt es weit mehr Steppenweide für Ziegen und Schafe als Ackerland. Einst war das anatolische Binnenland mit dichten Wäldern bedeckt. Aber ebenso wie in den romanischen Ländern wurde hier zur Zeit der Römerherrschaft rücksichtslos abgeholzt, um das für den Schiffsbau nötige Holz zu gewinnen. Und diese kurzsichtige Vernichtung der Waldbestände wurde in osmanischer Zeit fortgesetzt, so daß heute nur noch kleine Haine und Einzelbäume gedeihen. In der Steppe grünt es nur noch von März bis Juni. Dann schießen flammendrote Wildtulpen, viele Mohnarten, Gladiolen und zahlreiche andere leuchtend-bunte Blumen aus dem Boden; die wilden Mandel- und Birnbäume blühen rosa und weiß. Im Juli aber ist alles schon wieder verdorrt, das Graublau der Disteln gibt der Landschaft ihr Gepräge; Sand- und Wirbelstürme ziehen über die Steppe, begraben die letzten Pflanzen unter Staub und Sand und treiben entwurzelte Dornbüsche vor sich her. Im Zentrum dieser von Extremen gezeichneten Landschaft liegt an der alten west-östlichen Heerstraße die Hauptstadt Ankara, mit über 3,5 Millionen Einwohnern heute die zweitgrößte Stadt des Landes. Das heutige Ankara ist noch sehr jung. Es wurde an der Stelle einer unbedeutenden Siedlung aus grauer Vorzeit in den zwanziger Jahren dieses Jahrhunderts auf Atatürks Initiative von deutschen Architekten geplant und als typisches Verwaltungszentrum gebaut. Seither hat es sich um die drei Hügel mit der alten Festung, dem Präsidentenpalast und dem monumentalen Mausoleum Atatürks gewaltig ausgedehnt und sich auch zu einem kulturellen Zentrum entwickelt. Doch Mittelanatolien kann noch mit weiteren Sehenswürdigkeiten aufwarten. Allen voran Konya im Süden des Gebietes, das einst politischer und geistiger Mittelpunkt des Seldschuken-Reiches war. Zahlreiche, zum Teil noch gut erhaltene Bauten aus jener Epoche legen beredtes Zeugnis von dieser Blütezeit der Stadt ab. Im Südosten, am Fuße des Vulkans Erciyes (Argeus) liegt Kayseri, das antike Cäsarea, eine freundliche Oase in der kargen Landschaft. Kayseri mit ihren vielen meisterlichen Bauwerken wird zu Recht die »Stadt der Mausoleen« genannt. Von besonderem Reiz aber ist auch Honat-Han, eine alte Karawanserei, und weiter nördlich Sivas, ein Zentrum der Teppichknüpferei.

Ostanatolien

Ostanatolien, jenseits des Euphrat und des Quellflusses des Kizilirmak, entzieht sich eher dem Besucher. Nur wenige Pässe erlauben den Zugang ins Innere dieser Hochgebirgslandschaft mit vielen erloschenen Vulkanen. Die Hänge sind nur spärlich bewaldet, das Klima ist rauh mit langen Wintern. Hier leben mehr Ziegen und Schafe als Menschen, sagt man. Im Süden bestimmt der Van-See mit der gleichnamigen Stadt an seinem Ostufer das Bild der Landschaft. Hauptstadt dieses Gebietes ist Erzurum, die »Metropole des Ostens«, eine Stadt mit vielen Gesichtern. Zwischen seldschukischen Bauten liegen mitten in osmanischen Stadtteilen ein moderner Regierungskomplex und viele öffentliche neue Bauten.

Südanatolien

Südanatolien, die Kornkammer des Landes, ist eine weite, ebene Landschaft, im Norden durch den östlichen Taurus begrenzt, im Süden gen Mesopotamien geöffnet. Die Sommer sind hier lang und heiß. Südostanatolien ist das Durchgangsgebiet nach Syrien und dem Irak.

Urlaubsland Türkei

Die Türkei, dies nimmt bei einem Überblick über die verschiedenen Regionen nicht wunder, ist ein typisches Urlaubsland. Die geographischen Gegebenheiten des Landes bieten unendlich viele Möglichkeiten. Das Land ist an drei Seiten von Meer umgeben und besitzt kilometerlange weiße Sandstrände. An der sogenannten »Türkischen Riviera«, der Südwestküste zwischen Bodrum, Antalya, Alanya, Silifke und Mersin herrscht neun Monate im Jahr das schönste Wetter, so daß man während dieser ganzen Zeit im Meer baden kann. Darüber hinaus hat Kleinasien dem Besucher vieles zu bieten, was er in anderen Ländern nicht beisammen findet. Außergewöhnliche Erlebnisse verheißen die Besuche der zweieinhalb Jahrtausende alten Zeugnisse der Frühkultur im Landesinneren oder den Städten aus hellenistischer und römischer Zeit an der West- und Südküste Kleinasiens. Hier findet der Reisende riesige Amphitheater (Aspendos) und langgestreckte Arenen (Perge), mächtige Stadttore (Side) und herrliche Tempelbauten (Sardis). Pergamon mit seinem antiken Heilbad, dem Asklepieion und der Akropolis; Ephesus, einst eine Stadt, deren Einwohner Hunderttausende zählte, die zeitweise mit ihren Bibliotheken, Badehäusern und Gymnasien, Tempelchen und seiner berühmten Marmorstraße größere Bedeutung als Athen hatte – dies alles spiegelt das Leben versunkener Epochen lebendig wider. Oft verschmelzen die Zeugen vergangener Jahrhunderte an einem einzigen Ort zu einem Bild einmaliger Schönheit, wie etwa in Ephesus, wo Griechentum und frühes Christentum einander begegnen: Hier vermutet man das letzte Wohnhaus der Jungfrau Maria und das Grab und die Basilika des Apostels Johannes. Außerdem finden sich hier die Festung und die Moschee der Seldschukenzeit. Von christlicher Urzeit künden auch die sogenannten Höhlenkirchen in der »Mondlandschaft« von Göreme und das Grab des Heiligen Nikolaus im Museum von Antalya, von der großartigen »Hagia Sophia« in Istanbul ganz zu schweigen. Auf Schritt und Tritt begegnet der Besucher Schätzen seldschukischer und osmanischer Baukunst: Sultanpalästen und Serails, Karawansereien, Moscheen mit ihren Höfen und dem reichgeschmückten Inneren sowie den eigenartigen Grabmälern (Türbe).

Die Kunst des Teppichknüpfens

Wohin den Reisenden auch sein Weg führt, an allen Orten trifft er auch auf einen alten traditionellen Erwerbszweig, für den die Türkei weltberühmt ist: die Teppichknüpferei. Die Kunst des Teppichknüpfens ist uralt, die Türken kannten sie bereits vor 2500 Jahren. Im 13. Jahrhundert brachten venezianische und genuesische Kaufleute von ihren Handelsreisen in den Orient zum erstenmal Teppiche türkischer Herkunft nach Europa. Damit wurden türkische Teppiche bald zu einer begehrten und kostbaren Handelsware. Von altersher werden die Teppiche als Gemeinschaftsarbeit in der Familie produziert und mit Naturfarben versehen. Vorsicht ist beim Kauf alter Teppiche geboten: Der Zoll achtet darauf, daß nicht all diese Kostbarkeiten, an deren Farbenpracht und Vielfalt der Muster man sich nicht sattsehen kann, aus dem Lande geschafft werden.

Keramik und Porzellan

Eine reizvolle Neuentdeckung sind übrigens auch für viele Reisenden die türkischen Arbeiten aus Porzellan und Keramik. Die Techniken und Muster der berühmten Fayencen von Kütahya werden seit altersher angewendet. Im Familienbetrieb der türkischen Keramikherstellung ist es wie in der türkischen Küche: Formen, Farbzusammenstellung und künstlerische Gestaltung werden von den Eltern an die Kinder weitergegeben. Daneben gibt es im Raum Istanbul große Fabriken, die in Künstlerateliers Glasteller und Glasschalen mit reichen Goldpailletten besetzt in Handarbeit herstellen.

Das Ferienland Türkei mit seinem 7000 km langen Strand will Ihnen all seine Schönheit und Sehenswürdigkeiten zu Füßen legen. Wenn Sie Thrakien überqueren und über den Bosporus hinüberfahren, wird Sie Anatolien, eine der schönsten Halbinseln der Welt, empfangen. Im Süden das sonnige Mittelmeer – sein subtropisches Klima lädt Sie das ganze Jahr hindurch zum Baden ein, unzählige unberührte Buchten reihen sich aneinander, ein Paradies der Orangen und Bananen, geschützt vom Taurusgebirge. Während im Inneren Anatoliens Winter herrscht, können Sie sich hier am Mittelmeer in der Sonne ausruhen. Wollen Sie die heißesten Sommertage auf einer wunderbaren Schiffsreise verbringen, dann erwartet Sie mit seinem milden Klima das Schwarze Meer. Die Bergketten vom Pontus, Wälder, Nußbäume und Teeplantagen, eine unberührte, der Natur überlassene Landschaft, eine einmalige Küste, grundverschieden von der des Mittelmeers – das Schwarzmeer wartet darauf, Sie in seinen Wellen zu wiegen, Ihnen Wohlbehagen und Ruhe zu schenken. Der Regen, der ab und zu fällt, darf Sie nicht in Sorge versetzen. Er bleibt nicht lange und vergeht rasch. Bevorzugen Sie ein mildes Klima und ein ruhiges Meer, dann kommen Sie an die Marmara-Küste oder an die Ägäis. Die grüne Ägäis empfängt Sie mit Olivenhainen, Feigenbäumen, Tabakplantagen, einem einmalig feinen Sandstrand und einem klaren Meer. Und überall leuchtet Ihnen die freundliche türkische Sonne.

(Hubert Knich)

Mustafa Kemal Atatürk

Mustafa Kemal Atatürk, der Gründer der heutigen westlich orientierten Republik Türkei, wurde im Jahre 1881 in Saloniki geboren. Sein Vater war der Zollbeamte Ali Riza Bey, seine Mutter Zübeyde Hanım. Schon in der Schule fiel er als ein fleißiger und strebsamer Schüler auf, besonders sein Erfolg im Mathematikunterricht und seine Fähigkeit, logisch zu denken und zu konstruieren, brachte ihm den zweiten Namen Kemal ein, was Vollkommenheit und Reife bedeutet. Nach der Grundschule besuchte er das militärische Gymnasium und die Militärakademie, und im Jahre 1911 wurde er Leutnant der damaligen osmanischen Armee. Anschließend absolvierte er die Schule für Stabsoffiziere und wurde Hauptmann im Generalstab.
In der Militärakademie und als junger Offizier kritisierte er die damaligen osmanischen Herrschafts- und Regierungsverhältnisse und knüpfte Kontakte mit den im Ausland agierenden fortschrittlichen Jung-Türken und oppositionellen Kreisen an. Er gründete selbst Vereinigungen, um die überholten innenpolitischen Verhältnisse zu bekämpfen. Schon als Student in der Militärakademie hatte er konkrete Pläne und Vorstellungen über die Zukunft seines Landes. Er war aber keineswegs ein Träumer oder Abenteurer, er füllte seine Funktion als Stabsoffizier mit beispielhafter Verantwortung und Präzision aus und nutzte jede Gelegenheit, um sich auszuzeichnen.
Als die Italiener Tripolis angriffen, organisierte er den Widerstand. Dann wurde er Kommandant der osmanischen Streitkräfte auf dem Balkan und rettete sie vor dem totalen Zusammenbruch. Während des Ersten Weltkrieges kämpfte er an verschiedenen Fronten. Vor allem wegen seiner Erfolge bei den Dardanellen wurde er schon zu Lebzeiten zu einem legendären Volkshelden.
Als der Erste Weltkrieg verloren war, brach das Osmanische Reich zusammen. Das Land wurde unter den Siegermächten verteilt. Mustafa Kemal Atatürk gab jedoch nicht auf, sondern setzte sich mit seinen Freunden und Weggefährten nach Samsun ab, das er am 19. 5. 1919 erreichte. Für die türkische Geschichte fing eine neue historische Periode an. Atatürk organisierte den Befreiungskampf und führte ihn selbst in vorderster Front. Es erübrigt sich, darüber viel zu schreiben, wenn man bedenkt, daß der mit ungleichen Mitteln geführte Befreiungskampf in weniger als fünf Jahren gewonnen wurde. Am 29. Oktober 1923 gründete Mustafa Kemal Atatürk die Türkische Republik und wurde ihr erster Präsident.
Nun begann ein neuer Kampf für Atatürk. Er mußte gegen die Armut, gegen die Unterentwicklung des leidgeprüften Landes und gegen die religiös-fanatische Opposition kämpfen. Gleichzeitig hatte er die junge Republik nach außen hin, also außenpolitisch unabhängig und souverän zu führen. In kürzester Zeit setzte er zahlreiche Reformen durch, die die Grundsteine der neuen, westlich orientierten Türkei sein sollten. Er konnte nur fünfzehn Jahre die von ihm gegründete erste demokratische türkische Republik führen. Er starb am 10. November 1938.
Er war nicht nur ein charmanter, wortgewandter Politiker und Kavalier, sondern auch ein ausgesprochener Feinschmekker. Als junger Offizier hatte ihn der Weg sowohl im Osten als auch im Westen über die Landesgrenzen hinausgeführt – auch nach Deutschland. Wenn er dabei auch die Eß- und Trinkgewohnheiten anderer Länder kennengelernt hatte, so blieb er doch dem »Rakı« und den »Meze«, den Vorspeisen zur »Rakı-Tafel«, treu. Er liebte es, allabendlich an einer auch für das Auge geschmackvoll angerichteten Tafel zu speisen. Nicht wenige wichtige Entscheidungen wurden bei solchen Essen getroffen. Neben den Stammgästen, die immer dabei waren – wie Ministerpräsident Ismet Inönü –, wurden je nach dem aktuellen Anlaß des Tages inländische und ausländische Gäste eingeladen. Die Unterhaltungen, die an diesen »geschmackvollen Abenden« an Atatürks Tisch geführt wurden, sorgen auch heute noch für Gesprächsstoff: Es fielen nicht nur freundliche Worte, es gab immer wieder Diskussionen und Kritik, was bei hochbrisanten politischen Themen selbstverständlich und nötig ist. Aber Atatürk war nicht ein Führer, der immer recht haben wollte, er war kein selbstsüchtiger Herrscher, sondern ein herausragender Diplomat. Von ihm selbst stammt der Ausspruch: »Meiner Meinung nach ist der ein Diktator, der die anderen seinem Willen unterwirft. Ich möchte regieren, indem ich die Herzen gewinne, nicht, indem ich sie breche.«
(Cemal Demirer)

Dank an die Autoren

Der WDR und der Verlag danken allen, die für dieses Buch Rezepte zur Verfügung gestellt und so zu seinem Gelingen beigetragen haben:

Abalı, Münevver: Seite 91, 101
Acar, Semra: Seite 76
Akbaşak, İlknur: Seite 40, 46, 70
Akçakaya, Asiye: Seite 61, 76
Akiş, Güneş: Seite 36, 45
Aksoy, Nesrin: Seite 27, 76
Apaydın, Hacer: Seite 104
Arslan, Şehriban: Seite 29, 57, 97
Aslan, Ayfer: Seite 100
Aslan, Nimet: Seite 24
Atalay, M. Renan: Seite 20, 22, 23, 29, 30, 33, 34, 36, 38, 40, 43, 44, 50, 57, 58, 65, 68, 75, 77, 79, 80, 81, 82, 84, 85, 89, 92, 96, 98, 100, 103, 104
Ataş, Farah: Seite 56
Aydemir, Mehmet: Seite 59
Aygen, Necmiye: Seite 46
Aygül, Hayriye: Seite 29, 56
Aypar, Cengiz: Seite 26
Aypar, Hannelore: Seite 85
Ayyıldız, Nuran: Seite 82

Başar Fevziye: Seite 61
Başaran, Fatma: Seite 37
Biçer, Mukdat: Seite 49
Birgül, Meral: Seite 54
Bulut, Gülizar: Seite 58
Büyük, Zekiye: Seite 33, 72

Can, Tülay: Seite 49, 56

Çakmak, İbrahim: Seite 41, 68
Çamlık, İsmail: Seite 27, 38, 50, 61
Çay, Semanur: Seite 26, 67
Çelik, Hayrettin: Seite 72
Çepni, Selver: Seite 98

Demiral, Şule: Seite 90, 92, 96, 101
Dikkaya, Türkan: Seite 49, 81, 92
Dülge, Feriştah: Seite 53

Elitay, Aysun: Seite 57
Ergin, Gülseren: Seite 59
Erten, Orhan: Seite 76, 90

Ferkar, Hicret: Seite 38
Fidan, Alican: Seite 52
Fleischer, Meryem: Seite 84

Gökbulut, Nesrin: Seite 54
Gökkaya, Seyhan: Seite 65, 72, 73
Gözlü, Lale: Seite 24
Grützman (Mutlu), Hacer: Seite 23, 26
Gülüm, Ali: Seite 36, 98
Gündoğdu, Fazilet: Seite 19, 22, 59
Günkut, Oktay: Seite 41, 45
Gürgün, Mustafa: Seite 90
Gürler, Fadime: Seite 34, 50, 91, 100

Han, Sabahat: Seite 23
Helfer, Melek: Seite 101
Henki, Hatice: Seite 26
Hersek, Ailesi (Familie Hersek): Seite 27

Işın, Ayfer: Seite 30, 52

Karso, Candan: Seite 20, 62, 68
Kaya, Neşe: Seite 103
Keskin, Nargüle: Seite 34
Kına, Birten: Seite 20
Kınalı, Fidan: Seite 101
Kurşun, İnanç: Seite 100
Kuşku, Nazmiye: Seite 56

Musluoğlu, Afet: Seite 45

Nar, Y.: Seite 37

Oral, Rukiye: Seite 94

Öktem, Naim: Seite 93
Önel, Mualla: Seite 19, 72
Öymen, Gisela: Seite 38, 40, 77, 94
Özkuban, Gülay: Seite 69
Özten, Yaşar: Seite 48, 73

Parladı, Melek: Seite 73, 97
Pazarkaya, İnci: Seite 92
Pehlivan, Ayla: Seite 34, 62, 69, 87
Pehlivan, İrfan: 43, 62, 68, 93

Sarıcan, Sabriye: Seite 96
Sert, F.: Seite 45, 77
Sert, Gisela: Seite 29
Soylu, Yıldız: Seite 43, 91
Sünbül, Feriha: Seite 52
Sürücü, Mustafa: Seite 22, 24, 41, 53, 69, 87

Şahin, Mehmet: Seite 67, 87
Şener, Kadriye: Seite 103
Şenol, Aysel: Seite 23, 97
Şenyer, Nazmiye: Seite 22
Şirin, Seyhan: Seite 73, 75

Takşat, Ramazan: Seite 49
Temizkan, Nefise: Seite 93
Terzi, İlkay: Seite 37, 98
Tosun, Sabriye: Seite 57

Uzluk, Durmuş: Seite 33, 48, 58, 90, 92
Üstün, İlknur: Seite 48, 53, 62

Yaman, Cemile: Seite 29, 58, 87, 101
Yavuz, Abdullah: Seite 90
Yazıcıgil, Hatice: Seite 67
Yerkaz, Cavidan: Seite 103
Yılmaz, Gülizar: Seite 91

Zaimoğlu, Güler: Seite 80
Zorlu, Şayan: Seite 91, 96

Rezept- und Sachregister

Das türkische Alphabet weist, verglichen mit dem deutschen, einige Besonderheiten auf. Den türkischen Rezepttiteln wurde deshalb in Klammern die jeweilige Aussprache beigefügt. Außerdem enthält das Register wichtige türkische Begriffe aus dem Bereich Essen und Trinken. Im Anschluß an das Register finden Sie einen kurzen Überblick über Besonderheiten des türkischen Alphabetes.

Rezept- und Sachregister

Rezept- und Sachregister

Rezept- und Sachregister

Rezept- und Sachregister

Das Türkische wird im allgemeinen so gesprochen, wie man es schreibt. Es sind nur einige wenige Ausnahmen, die man beachten muß. Die folgende Aufstellung soll einen raschen Überblick über diese Besonderheiten ermöglichen. Wer sich diese Ausnahmen merkt und vermeidet, die erste Silbe eines Wortes zu betonen – bei zwei- und mehrsilbigen Wörtern trägt meist die zweite Silbe den Ton – wird keine Schwierigkeiten haben, die türkischen Namen in diesem Kochbuch zu lesen – zumal wir auch im Register für jeden Rezepttitel eine Aussprachehilfe in Klammern beigefügt haben.

a = kurz wie in Masse
c = »Dsche« wie in Dschungel (weiches sch)
ç = »Tsche« wie in Tscherkessenhuhn (hartes sch)
e = kurz wie in Ente oder Plätzchen
ğ = »G-Yumuşak«, wird nicht gesprochen (Yoğurt = sprich Joo-urt)
h = h wie in Honig, Huhn; am Wortende wie ch (etwa wie in Bach) gesprochen
ı = Kreuzung zwischen e und i (etwa wie in Dattel)
j = »Je«, wie in Journal
s = »ße« wie in Meßbecher
ş = »Sche« wie in Schale
v = »We« wie in Wasser
y = »Je« wie Joghurt
z = »Se« wie in Saft

(Dores v. Stritzky)

Die Farbfotos auf der Einband-Vorderseite zeigen links von oben nach unten: Häuser in Istanbul, Gemüse mit Tomatenpüree (Rezept Seite 37), Gefüllte Teigtaschen (Rezept Seite 82) und die Hagia Sophia in Istanbul; Mitte: Gefüllte Auberginen (Rezept Seite 69); rechts von oben nach unten: Äpfel mit Turban (Rezept Seite 89), Fleischspießchen (Rezept Seite 50).

Das Bild neben der Titelseite zeigt Okras mit Hammelfleisch (Rezept Seite 49).

Farbfotos
Mehmet Tançgil: Seite 9 bis 17
Alle übrigen Farbfotos gestaltete das Fotostudio Teubner.

Die Deutsche Bibliothek - CIP-Einheitsaufnahme

Türkisch kochen: 200 köstliche Spezialitäten aus allen Provinzen und Wissenswertes über Essen und Trinken in d. Türkei = Türk mutfağı/WDR. Hrsg.: Hubert Knich. Fachliche Beratung: Melek Renan Atalay. - 7. Aufl. - München: Gräfe und Unzer, 1993.

ISBN 3-7742-5825-2

NE: Knich, Hubert (Hrsg.); Westdeutscher Rundfunk (Köln); PT

7. Auflage 1993

Redaktion: Elisabeth Döpp unter Mitarbeit von Dores v. Stritzky
Übersetzung der eingesandten Rezepte von Melek Renan Atalay
Allgemeine Textbeiträge wurden von folgenden Autoren verfaßt: Ulya Breuer-Üçer, Dr. Yüksel Pazarkaya, Cemal Demirer, Ergun Gülen, Örsan Öymen und Hubert Knich
Herstellung: Monika Gerretz
Einbandgestaltung: Heinz Kraxenberger
Printed in Italy

ISBN: 3-7742-5825-2

Hubert Knich
betreute seit 1965 für den Westdeutschen Rundfunk die türkischen Hörer in der Bundesrepublik Deutschland. Bis zu seinem Ruhestand vor einiger Zeit war er Leiter der türkischen Redaktion des WDR. Als Freund der Türkei, seiner Menschen und seiner Küche faßte er im Herbst 1982 den Plan, ein türkisches Kochbuch in deutscher Sprache herauszubringen.

Melek Renan Atalay,
aus der ägäischen Region der Türkei stammend, kam 1963 zum Studium der Keramik und Kunstgeschichte in die Bundesrepublik Deutschland. Wie in den meisten türkischen Familien wurde bei ihr zu Hause gerne gekocht. Und so nimmt es nicht wunder, daß auch bei ihr Freunde und Gäste traditionell mit den schönsten türkischen Gerichten verwöhnt werden. Melek Renan Atalay gibt seit 1979 an der Volkshochschule in Köln Sprach- und Kochkurse.